中国石油天然气集团公司统编培训教材

工程建设业务分册

国际工程建设项目 人力资源管理

《国际工程建设项目人力资源管理》编委会　编

石 油 工 业 出 版 社

内 容 提 要

本书根据人力资源管理流程,在总结国际工程建设项目人力资源管理经验的基础上,结合现代人力资源管理理论,系统阐述了国际工程建设项目人力资源管理的基础理论和常用方法,以及在项目管理过程中的应用。从不同的模块对人力资源管理涉及的活动进行了较为详细的论述,特别是结合现有项目的诸多成功做法,列举了许多很有参考价值的实例。

本书主要用于从事国际工程建设项目人力资源管理的人员进行学习和培训。

图书在版编目(CIP)数据

国际工程建设项目人力资源管理/《国际工程建设项目人力资源管理》编委会编. —北京:石油工业出版社,2016. 2

(中国石油天然气集团公司统编培训教材)

ISBN 978 – 7 –5183 –0874 –3

Ⅰ. 国…

Ⅱ. 国…

Ⅲ. 国际承包工程 – 人力资源管理 – 技术培训 – 教材

Ⅳ. F746.18

中国版本图书馆 CIP 数据核字(2015)第 212650 号

出版发行:石油工业出版社

　　　　(北京安定门外安华里 2 区 1 号　100011)

　　　　网　址:www. petropub. com

　　　　编辑部:(010)64523623　图书营销中心:(010)64523633

经　　销:全国新华书店

印　　刷:北京中石油彩色印刷有限责任公司

2016 年 2 月第 1 版　2016 年 2 月第 1 次印刷

710 ×1000 毫米　开本:1/16　印张:22.75

字数:370 千字

定价:80.00 元

《国际工程建设项目人力资源管理》
编 委 会

主　任：白玉光

副主任：杨庆前　李崇杰　杨时榜

委　员：陈　广　辛荣国　于国锋　孙　申

　　　　陈中民　赵彦龙　徐　鹰　刘春贵

　　　　朱文杰　李松柏　孟　博　李明华

　　　　刘晓明　周　平　陶　涛　魏斯钊

《国际工程建设项目人力资源管理》
编 审 人 员

主　　编：候浩杰

执行主编：尹卫华

副 主 编：车艳杰　　夏银聚　　史玉峰　　刘兴国

编写人员：刘　强　　夏银聚　　杨　劲　　张新伟

　　　　　刘增慧　　寇　磊　　陶志宏　　王维嘉

　　　　　李永正　　郁民华　　门庆明　　胡治杰

　　　　　覃　涛　　李华兵　　樊瑞波　　霍今川

　　　　　樊　帆　　魏　民

审定人员：施德华　　屈英华　　谢锦丽

序

企业发展靠人才,人才发展靠培训。当前,集团公司正处在加快转变增长方式,调整产业结构,全面建设综合性国际能源公司的关键时期。做好"发展"、"转变"、"和谐"三件大事,更深更广参与全球竞争,实现全面协调可持续,特别是海外油气作业产量"半壁江山"的目标,人才是根本。培训工作作为影响集团公司人才发展水平和实力的重要因素,肩负着艰巨而繁重的战略任务和历史使命,面临着前所未有的发展机遇。健全和完善员工培训教材体系,是加强培训基础建设,推进培训战略性和国际化转型升级的重要举措,是提升公司人力资源开发整体能力的一项重要基础工作。

集团公司始终高度重视培训教材开发等人力资源开发基础建设工作,明确提出要"由专家制定大纲、按大纲选编教材、按教材开展培训"的目标和要求。2009年以来,由人事部牵头,各部门和专业分公司参与,在分析优化公司现有部分专业培训教材、职业资格培训教材和培训课件的基础上,经反复研究论证,形成了比较系统、科学的教材编审目录、方案和编写计划,全面启动了《中国石油天然气集团公司统编培训教材》(以下简称"统编培训教材")的开发和编审工作。"统编培训教材"以国内外知名专家学者、集团公司两级专家、现场管理技术骨干等力量为主体,充分发挥地区公司、研究院所、培训机构的作用,瞄准世界前沿及集团公司技术发展的最新进展,突出现场应用和实际操作,精心组织编写,由集团公司"统编培训教材"编审委员会审定,集团公司统一出版和发行。

根据集团公司员工队伍专业构成及业务布局,"统编培训教材"按"综合管理类、专业技术类、操作技能类、国际业务类"四类组织编写。综合管理类侧重中高级综合管理岗位员工的培训,具有石油石化管理特色的教材,以自编方式为主,行业适用或社会通用教材,可从社会选购,作为指定培训教材;专业技术类侧重中高级专业技术岗位员工的培训,是教材编审的主体,按照《专业培训教材开发目录及编审规划》逐套编审,循序推进,计划编审300余门;操作技能类以国家制定的操作工种技能鉴定培训教材为基础,侧重主体专业(主要工种)骨干岗位的培训;国际业务类侧重海外项目中外员工的培训。

"统编培训教材"具有以下特点:

一是前瞻性。教材充分吸收各业务领域当前及今后一个时期世界前沿理论、先进技术和领先标准,以及集团公司技术发展的最新进展,并将其转化为员工培训的知识和技能要求,具有较强的前瞻性。

二是系统性。教材由"统编培训教材"编审委员会统一编制开发规划,统一确定专业目录,统一组织编写与审定,避免内容交叉重叠,具有较强的系统性、规范性和科学性。

三是实用性。教材内容侧重现场应用和实际操作,既有应用理论,又有实际案例和操作规程要求,具有较高的实用价值。

四是权威性。由集团公司总部组织各个领域的技术和管理权威,集中编写教材,体现了教材的权威性。

五是专业性。不仅教材的组织按照业务领域,根据专业目录进行开发,且教材的内容更加注重专业特色,强调各业务领域自身发展的特色技术、特色经验和做法,也是对公司各业务领域知识和经验的一次集中梳理,符合知识管理的要求和方向。

经过多方共同努力,集团公司首批39门"统编培训教材"已按计划编审出版,与各企事业单位和广大员工见面了,将成为首批集团公司统一组织开发和编审的中高级管理、技术、技能骨干人员培训的基本教材。首批"统编培训教材"的出版发行,对于完善建立起与综合性国际能源公司形象和任务相适应的系列培训教材,推进集团公司培训的标准化、国际化建设,具有划时代意义。希望各企事业单位和广大石油员工用好、用活本套教材,为持续推进人才培训工程,激发员工创新活力和创造智慧,加快建设综合性国际能源公司发挥更大作用。

《中国石油天然气集团公司统编培训教材》
编审委员会
2011 年 4 月 18 日

目 录

本书共分为12章。其中,前言由尹卫华编写;第一章第一节、第二节由寇磊、陶志宏编写;第二章由夏银聚、陶志宏编写;第一章第三节、第三章第二节由刘强编写;第三章第一节、第三节、第四节、第五节,第六章第八节由杨劲编写;第四章由霍今川、樊帆共同编写;第五章由胡治杰、魏民编写;第六章第一节、第二节、第三节由郁民华编写;第六章第四节、第五节、第六节、第七节由陶志宏编写;第七章由门庆明编写;第八章由刘增慧、覃涛编写;第九章第一节、第四节、第五节由王维嘉编写;第二节、第三节由樊瑞波编写;第十章由李永正编写;第十一章由张新伟编写;第十二章由李华兵编写;最后由尹卫华、车艳杰、夏银聚、陶志宏负责全书的统稿和修改工作。

本书在编写过程中,得到了北京理工大学刘平青教授、北京物资学院李广义教授的大力支持和帮助,在此表示衷心的感谢。由于编者的水平及工作阅历的局限,书中不足在所难免,恳切希望本书的使用者和有关专家提出宝贵意见。

编委会
2015 年 2 月

前　言

　　21 世纪是人类社会进入信息知识经济的时代,作为掌握和运用信息知识的最重要的载体,人力资源将取代资本成为最重要的战略性资源,谁拥有最优秀的人力资源谁就能在激烈的竞争中占据优势。同时,人力资源管理亦已成为管理学中最令人关注的课题。

　　人力资源是具有巨大创造性和能动性的资源。重视和加强企业人力资源管理,对于促进经营管理活动的发展,提高企业劳动生产率,保证企业获得最大的经济效益,并使企业的资产保值增值都有重要的作用。

　　国内国外企业在国际市场上的竞争和交融促使中国的人力资源成本快速上升。中国企业以往靠较低的资源价格优势抢占国际工程承包市场的竞争力逐渐被削弱,因此将国际工程建设项目中的人力资源由原来的资源型资源转化为资本型资源,成为提高国际工程承包市场竞争力的至关重要的因素。中国企业要提升国际竞争力,在国际工程竞争中立于不败之地,就必须建立和实施国际化人力资源管理战略,努力提高人才素质和企业人力资源管理水平,为企业实施"走出去"战略提供强有力的人才保障。

　　中国石油走出国门已历时三十多年,在国际油气田勘探开发、油田地面建设、管道建设、炼厂建设、公用工程建设等大型项目的开发建设方面都留下了中国石油工程建设者的足迹,并取得了一些成绩。而人力资源管理作为企业发展的重要人才保障,对中国石油海外业务的发展也发挥了至关重要的作用。

　　本书在总结国际工程建设项目人力资源管理经验的基础上,结合人力资源管理理论,系统地阐述了国际工程建设项目人力资源管理的基础理论和常用方法,以及在项目管理过程中的实际应用,旨在帮助国际工程建设项目组织者、人力资源管理从业人员实现规范化、国际化的人力资源管理,提升企业的国际竞争力。

第一章 概 述

一、项目及其特点

项目是指在一定约束条件下具有明确目标的有组织的一次性工作或任务。项目是一系列独特的、复杂的并相互关联的活动,这些活动有着一个明确的目标或目的,必须在特定的时间、预算、资源限定内,依据规范完成。项目的参数包括项目范围、质量、成本、时间、资源等。

在工作和生活中我们会接触到很多项目,如建筑工程项目、开发项目、科研项目等,这些项目需要根据项目范围、质量、成本、时间、资源等参数进行具体定义。

项目具有以下特征。

（一）项目的一次性

项目的一次性是项目与其他重复性运行或操作工作最大的区别。项目有明确的起点和终点,没有可以完全照搬的先例,也不会有完全相同的复制。项目的其他属性也是从这一主要的特征衍生出来的。

（二）项目目标的明确性

项目目标的明确性是指项目必须有明确的成果性目标和约束性目标。成果性目标是指项目的功能性要求。约束性目标是指限制条件,如工期、预算、质量等。

（三）项目作为管理对象的整体性

项目作为管理对象的整体性是指在管理一个项目、配备资源时,必须以总体效益的提高为标准,做到数量、质量、结构的整体优化。项目中的一切活动都是相关联的,构成一个整体,多余活动是不必要的,缺少某些活动必将损害项目目标的实现。

（四）组织的临时性和开放性

在项目的全过程中，项目人数、成员、职责是在不断变化的。某些项目成员是临时组成的，项目终结时要转移，参与项目的组织往往有多个，多数为矩阵式组织。他们通过协议或合同以及其他的社会关系组织到一起，在项目的不同时段，不同程度地介入项目活动。可以说，项目组织没有严格的边界，是临时性的、开放性的。这一点与一般企事业单位和政府机构组织很不一样。

（五）成果的不可挽回性

项目的一次性属性决定了项目不同于其他事情可以试做，做坏了可以重来。项目在一定条件下启动，一旦失败就永远失去了重新进行原项目的机会。项目运作具有相对较大的不确定性和风险。

二、工程建设项目及其特点

工程建设项目是以工程建设为载体的项目，是作为被管理对象的一次性工程建设任务。它以建筑物或构筑物为目标产出物，需要支付一定的费用、按照一定的程序、在一定的时间内完成，并应符合质量要求。

工程建设项目，尤其建筑工程项目是最为常见也是最为典型的项目类型，是项目管理的重点。除具有项目的一般特性外，工程建设项目具有如下特点。

（一）综合性

工程建设项目的综合性是工程建设项目的内在要求，综合性表现为工程项目建设过程中工作关系的广泛性及项目操作的复杂性。工程建设项目经历的环节多，涉及的部门与关系复杂，不仅涉及规划、设计、施工、供电、供水、电讯、交通、教育、卫生、消防、环境和园林等部门，此外，工程建设项目的综合性还体现在它作为一个基本的物质生产部门，必须与本国、本地区各产业部门的发展相协调，脱离了国情、区情，发展速度过快或过缓，规模过大或过小都会给经济及社会发展带来不良影响。

（二）实施的时序性

尽管工程建设项目是一项涉及面广、比较复杂的经济活动，但是实施过

程具有严格的操作程序。从项目的可行性分析到土地的获取、从资金的融通到项目的实施等,虽然头绪繁多,但先后有序。这不仅是由于各部门的行政管理使许多工作受到审批程序的制约,而且也与工程建设项目这种生产活动的内在要求有关。因此,工程建设项目的实施必须要有周密的计划,使各个环节紧密衔接,协调进行,以缩短周期,降低风险。

(三)地域性

工程建设项目是不可移动的。因此,工程建设项目的投资建设和效益的发挥具有强烈的地域性。在工程建设项目投资决策、勘探设计和可行性研究的过程中,也必须充分考虑工程建设项目所在地区和区域的各项影响因素。这些因素,从微观来看,牵涉到诸如交通运输、地形地质、升值潜力等很多与工程有关的因素,这些因素对工程建设项目的选址影响极大;从宏观上看,工程建设项目的地域性因素主要表现在投资地区的社会经济特征对项目的影响。每一个地区的投资开发政策、市场需求状况、消费者的支付能力等都不一样,这就需要认真研究当地市场,制订相应工程建设项目方案。

(四)有资金限制和经济性要求

任何工程建设项目都不可能没有财力上的限制,必然存在着与任务(目标)相关的(或者说匹配的)预算(投资、费用或成本)。现代工程建设项目资金来源渠道较多,投资呈多元化,这对项目的资金限制就会越来越严格,经济性要求也会越来越高。这就要求尽可能做到全面的经济分析,精确的预算,严格的投资控制。现在,财务和经济性问题是工程建设项目能否立项,能否取得成功的关键问题。

(五)复杂性和系统性

现代工程建设项目越来越具有如下特征,体现了它的复杂性和系统性:

(1)项目规模大,范围广,投资大;

(2)新颖性,有新知识新工艺的要求,技术复杂;

(3)由许多专业组成,有几十个、上百个甚至几千个单位共同协作,由成千上万个在时间和空间上相互影响、制约的活动构成;

(4)实施时间上经历由构思、决策、设计、计划、采购供应、施工、验收到运行全过程,项目使用期长,对全局影响大;受多目标限制,如资金限制、时间限制、资源限制、环境限制等,条件越来越苛刻。

第二节　国际工程建设项目管理

一、国际工程建设项目及其特点

国际工程建设项目是跨越国界或项目主体来自不同国家、以完成一定建设任务为目标的工程项目。国际工程建设项目的施工地点一般是在国外,特殊情况下也有可能是与国外的项目主体就某一项目在国内进行的合作。

国际工程建设项目具有工程项目的一般特点外,还有因自身的特殊性所决定的特点:一是地理距离,公司总部与项目部之间的距离造成了协调的不便和面对面交流的困难;二是语言障碍,国际工程建设项目往往涉及许多不同的语言,这就造成了信息交流的困难,容易造成对一些关键术语理解上的误差;三是文化差异,由于项目主体成员来自不同国家,因此项目主体往往在价值观、行为标准和规则等方面存在许多差异,这些差异又造成了不同项目主体在运用项目管理方法和工具上具有协调上的困难,因而项目主体之间不容易相互理解,常常产生矛盾和纠纷;四是环境条件不同,即社会政治、经济、法律制度具有很大差异,这些差异往往造成项目管理工作范围扩大、持续时间延长,组织结构与信息交流方式要不断更新,因此,必须依据国际惯例、按照权威机构颁布的文件范本,以行之有效的方式来实施国际工程建设项目管理。

二、国际工程建设项目管理主要内容

项目管理是在限定的时间内实现一次性特定目标对有限资源进行计划、组织、指导、控制的系统管理活动。项目管理的内容包括项目范围管理、项目时间管理、项目成本管理、项目质量管理、项目人力资源管理、项目风险管理、项目采购管理、项目集成管理等。项目管理的这些内容必然成为国际工程建设项目管理内容的基础与依据。

国际工程建设项目管理是指从事国际工程建设的承包商受业主委托,在一定的约束条件下,代表业主对国际工程建设项目的全过程或若干阶段

进行有效地计划、组织、协调、指挥、控制的系统管理活动。

在国际工程建设项目管理中,主要在施工完成时间、项目质量、项目预算等方面设置各种约束条件,在约束条件下完成工程项目是管理活动的根本目标,在这一指导思想下,管理者应该主要从以下五个方面对项目活动进行有效地计划、组织、协调、指挥和控制。

（一）组织管理

包括建立管理组织机构,制定工作制度,明确各方面的关系,选择设计施工单位,组织图纸、材料和劳务供应等。

（二）进度控制

包括设计、施工进度、材料设备供应以及满足各种需要的进度计划的编制和检查,施工方案的制订与实施,以及设计、施工、总分包及各方计划的协调,经常性地对计划进度与实际进度进行比较,并及时地调整计划等。

（三）质量控制

包括提出各项工作质量要求,对设计质量、施工质量、材料和设备的质量监督、验收工作,以及质量问题的处理等。

（四）费用控制及财务管理

包括编制概算预算、费用计划、确定设计费和施工价款,对成本进行预测预控,进行成本核算,处理索赔事项和作出工程决算等。

（五）安全管理

包括安全管理的指导方针,规章制度,组织机构,对职工的安全要求、作业环境、教育培训、危险分析、不安全行为、事故灾害预防等。

第三节　国际工程建设项目人力资源管理

经济全球化给国际企业带来空前发展机遇的同时,也给国际企业人力资源管理提出了更高的要求。既是机遇,也是挑战。

近年来,随着国家"走出去"战略的实施,海外市场在持续拓展,国际工程建设项目也在不断增多。国际工程建设项目的管理和运作,必须追求战略一体化与市场活动当地化的统一,不仅要根据不同的国际环境制订战略目标和规划,更需要发展一种新的管理理念和管理方法。作为企业管理核心的人力资源管理,在国际化的环境中面临着新的挑战。在国际工程建设项目中,如何充分发挥"人"的作用,对于项目的成败起着至关重要的作用。

一、国际工程建设项目人力资源管理及其相关概念

21世纪,是一个高度合作又激烈竞争的时代。未来的国际竞争,将主要是科学技术的竞争和人才的竞争。谁能拥有具有国际竞争能力的人才,谁就能掌握未来国际竞争的主动权。人力资源是组织所有资源中最宝贵的资源,人是生产力诸因素中最积极、最活跃的因素,组织的各项生产活动和管理工作都是靠人去完成的。因此,对人力资源进行优化与配置,并有效开发与使用,是确保组织持续发展的基础和首要任务。

被誉为"世界第一CEO"的美国通用电气公司总裁杰克·韦尔奇提出这样的口号——"人,是我们最重要的资产。"著名的管理大师彼得·德鲁克也说,"企业只有一项真正的资源:人。"在中国,"天时、地利、人和"一直被认为是成功的三大因素。其中,"人和"是主观因素,也被认为是最重要的因素。下面就国际工程建设项目人力资源管理及其相关概念进行简单介绍。

(一)人力资源

"资源"在《辞海》中被定义为"资财的来源"。在经济学中,资源是指为了创造物质财富而投入到生产中的一切要素,也被称为具有潜在增值效应的一切要素。资源分为自然资源、资本资源、信息资源和人力资源4类,其中人力资源被称为第一资源,它是生产活动中最活跃、最积极、最具主动性的生产要素,是积累和创造物质资本,开发和利用自然资源,促进和发展国民经济,推动和促进社会变革的主要力量。

人力资源,是指包含在人体内的按一定要求(质量、进度、消耗)完成一定工作的体力和智力资源,是在一定时间、空间或地域内的人口总体所具有的劳动能力的综合,是存在于人的自然生命有机体中的一种经济资源,它以人口为基础。简而言之,人力资源是指能够推动国民经济和社会发展的、具有智力劳动和体力劳动能力的劳动者的总和。

(二)人力资源管理

人力资源是构成生产力最重要的资源,必须对其进行科学有效的管理

才能最大限度地发挥其作用。那么,什么是人力资源管理?

所谓人力资源管理就是运用现代化的科学方法和手段,对相关的人、事、物及其之间的关系进行合理的组织、协调、培训与调配,使人力和物力经常保持最佳比例,同时对人的思想、心理和行为进行恰当的引导、控制和监督,以充分发挥人的主观能动性,做到以事定岗、以岗定人、事得其人、人尽其才、才尽其用、人事相宜,最终实现组织目标。

从开发的角度看,人力资源管理不仅包括人力资源的智力开发,也包括人才的思想文化素质和道德觉悟的提高;不仅包括人力资源现有能力的充分发挥,也包括人力资源潜在能力的有效发掘。从利用的角度看,它包括对人力资源的发现、甄别、选拔、配置和合理使用;从管理的角度看,它既包括人力资源的预测与规划,也包括人力资源的组织与培训。

(三)国际工程建设项目人力资源管理

当把人力资源管理的功能应用于国际工程建设项目时,传统意义上的人力资源管理就变成了国际工程建设项目的人力资源管理。在本书中,国际工程建设项目人力资源管理是指为了获取、开发、保持和有效利用在国际工程建设项目执行中必不可少的人力资源,通过运用科学、系统的技术和方法,进行人力资源的计划、组织、领导和控制活动,为国际工程建设项目提供充足的人力资源供给,以实现项目总体目标。

国际工程建设项目人力资源管理主要抓三个方面的工作:

一是发挥人力资源管理的功能。即在国际工程建设项目中,如何充分发挥好人力资源管理的功能,做好人力资源规划、招募、配置、培训、绩效、薪酬、员工关系等管理工作。

二是不同种类的员工管理。按员工来源的不同,可将其分为母国员工、所在国员工和第三国员工(在中国工程建设企业中,俗称为中方员工、当地雇员和国际雇员)三大类。按工作性质的不同,可分为从事技术性、管理性工作的管理人员(以下简称管理人员)和从事技能性、辅助性工作的操作人员或作业人员(以下简称操作人员)两大类。

三是项目所在国的相关政策和文化适应管理。国际工程建设项目人力资源管理,与项目所在国的相关政策、文化、习俗等紧密相关。例如当地的劳动法规、税收政策、民俗宗教、风土人情等,这些是在国际工程建设项目人力资源管理中必须引起高度关注的。

二、国际工程建设项目人力资源管理特点

由于项目所在国环境的复杂性、国家文化的多元性、战略目标的多重性、雇员来源的多样性，使国际工程建设项目人力资源管理与国内的传统人力资源管理相比，具有许多新的特点。

（一）国际工程建设项目人力资源管理的环境复杂性

国际工程建设项目面临各不相同的所在国环境，人力资源管理受到项目所在国经济、政治、文化、社会制度、风俗、宗教等各方面的影响，受到所在国和所在地法律法规的约束。项目需要在充分了解当地环境的基础上，有针对性地调整管理思想和实践，提供差异化的人力资源管理。

（二）国际工程建设项目人力资源管理的文化多元性

文化多元性是国际工程建设项目管理中需要面对的一个重大问题，因此有必要进行多元化管理。国际工程建设项目的人力资源管理任务之一，就是如何发挥、使用已有人力资源管理经验的基础上，注重文化多元性对人力资源管理的影响，减少文化冲突带来的风险。国际工程建设项目人力资源管理需要关注不同文化观念和社会价值观的相互影响，关注一种文化向另一种文化转化时管理方法的适用性。

（三）国际工程建设项目人力资源管理的雇员多样性

跨国管理的复杂性和雇用不同国籍员工的必要性，是国际工程建设项目人力资源管理的主要特点。国际工程建设项目的雇员往往来自母国、项目所在国和第三国，其民族构成多种多样，这就使项目的人力资源管理涉及一系列的新问题，很难在同一项目中采取整齐划一的人力资源管理政策。比如，中方员工、当地雇员和国际雇员在同样的地区工作，却可能面临不同的报酬制度、不同的税收政策、福利津贴、休假政策等。

三、国际工程建设项目人力资源管理意义

人力资源管理是企业发展动力的源泉，是企业发展的根本保证。人力资源管理的好坏，将决定着企业未来的命运。在国际工程建设项目中，人力资源管理的重要意义主要体现在以下几个方面。

（一）保证项目成功所需要的人力资源

任何巨大的工程都是由人完成的,任何伟大的业绩也都是由人创造的。做好国际工程建设项目的人力资源管理,有助于做好人力资源规划、招募合适人员,为项目提供满足数量和质量要求的人力资源。

（二）提高国际工程建设项目人力资源管理水平

人力资源管理是以人为中心,为处理人与工作、人与人、人与组织的互动关系而采取的一系列开发与管理活动。做好国际工程建设项目中的人力资源管理,通过对国际工程建设项目人力资源管理的有效实施,可以提高国际工程建设项目人力资源管理的水平和专业化程度,实现人力资源优化配置和高效化。

（三）提高员工的劳动生产率,降低项目成本

国际工程建设项目人力资源管理的实施,可以寻求国际工程建设项目中以人为中心的有效工作方法,可以最大限度地发挥人的主观能动性,充分调动广大员工的积极性和创造性,可以有针对性地开展员工训练,以提高员工的操作技能,实现人力资源的最优配置,有效降低项目成本。

（四）留住骨干人才,提高企业核心竞争力

做好国际工程建设项目人力资源管理,可以保证企业公平性的有效实现,从而提高企业对外竞争力,增加员工工作满意度,降低员工的流动率,维护员工队伍的稳定性,为企业留住骨干人才,使企业的核心竞争力得以提升。

四、国际工程建设项目人力资源管理面临的挑战

在面临全球化竞争和信息技术冲击的今天,为了提高企业的竞争优势,传统的人力资源管理理论、技术和方法也正面临着严峻的挑战。另外,由于中国企业涉及国际工程建设项目时间还不长,企业管理者和员工的职业化素质还存在不足,因此,中国企业在国际工程建设项目中的人力资源管理还面临着一系列独特的问题和前所未有的挑战。

（一）国际工程建设项目人力资源管理面临的主要问题

我们不得不承认,人力资源管理是一个专业性很强的学科,在中国,人

力资源管理的理念虽已引入多年,但在实际操作中依然不够规范。那么,在复杂多变的国际环境下执行国际工程建设项目、进行人力资源管理,就更容易遇到很多意想不到的问题,令管理者束手无策,不知所措。

1. 供需预测不确定因素多,人力资源规划较难开展

国际工程建设项目,多数都是政治意义大、项目工期紧、施工难度大的项目,由于对项目所在国人力资源情况不熟悉,对人力资源供给很难准确预测;同时也由于项目的紧迫性、临时性和其他诸多不确定性因素,对需求的预测也较为困难。因此,在国际工程建设项目中,人力资源规划较难开展。

2. 部分项目所在国人力资源匮乏,部分专业稀缺

国际工程建设项目,特别是中国石油近年来在海外执行的国际工程建设项目,主要集中在非洲、中亚、中东等地,在非洲的一些国家,比如苏丹、乍得、尼日尔,由于经济落后,民众受教育程度普遍较低,人力资源相对匮乏,特别是专业技术人才、高级管理人才和技术工人尤为稀缺,招募难度大,而这与国际工程建设项目员工当地化的客观需求之间形成了尖锐的矛盾。

3. 群体项目管理中人员流动频繁,管理难度大

近年来,国际工程建设项目既有新建项目,也有改扩建项目;既有 EPC 总承包项目,又有 PC 总承包项目,还有服务项目。这些群体性项目,呈现出依托性、分散性、多样性、互补性等特点。在某个国家的某个地区,同一项目部往往同时执行多个项目,此时就需要根据项目的轻重缓急对人力资源进行统筹规划,有效利用好现有的人力资源。在这种情况下,一方面员工在不同国家和工作地之间频繁流动,另一方面其工作岗位、工作内容、工作职责也在不断变化。人员的动态管理,是人力资源管理者面临的又一大挑战。

4. 对当地雇员、国际雇员的管理比较薄弱,劳动纠纷多

国际工程建设项目中,往往会雇用大量的当地雇员和国际雇员,对这些雇员的管理是国际工程建设项目人力资源管理中一个重要的课题。由于管理者对该问题重视不够或缺乏经验,容易出现劳动合同不规范、薪酬体系不完善、管理制度不健全、利益保障措施不到位等问题,而恰恰外籍雇员又普遍具有较强的法律意识和维权意识,从而造成劳资双方关系紧张,劳动纠纷频发,官司不断。

5. 长期海外工作易造成员工身心健康受损，"留人"任务任重道远

人力资源管理工作的核心是人的管理，了解、发现、解决员工关心的热点、难点问题，是提高队伍凝聚力、战斗力的重要法宝。在国际工程建设项目中，中方员工往往长年工作在海外，家庭无法得到照顾、海外工作环境艰苦、工作压力大，会造成一些骨干人才的流失。因此，完善留人机制，留住骨干人才，也是国际工程建设项目人力资源管理中一个棘手问题。

（二）国际工程建设项目人力资源管理问题产生原因分析

上述诸多问题，不是一朝一夕形成的，也不是个例，而是中国企业在国际工程建设项目人力资源管理中普遍存在的一些问题，有其特殊背景和深层次的原因。

1. 项目为了控制成本，在人力资源上投资意愿不强

项目管理层和员工普遍存在"项目完工就走人"的思想，为了降低项目成本，且因为人力资源投资回报时效长、短期效果不明显，项目往往尽量压缩人力资源投入，比如，不愿招募高水平且高薪酬的"双高"人才，不愿根据市场情况提高薪酬水平，不愿改善员工吃住条件，诸如此类，造成人力资源数量或质量不能完全满足需求，也引起员工队伍的不稳定。

2. 对国际工程建设项目人力资源管理认识不足，重视不够

随着人力资源管理在企业中战略地位的上升、管理责任的下移，人力资源管理者要扮演领导的战略合作伙伴、人力资源管理专家、企业变革的助推器、员工的亲密朋友等多重角色，其重要性可见一斑。但项目的管理层，往往对人力资源管理的战略地位和重要性没有充分认识，将国际工程建设项目中的人力资源管理简单视同为国内的人事部门，认为"无非就是管管员工，做做工资，搞搞统计报表"，对人力资源管理重视不够，使人力资源管理职能无法得到充分发挥，也无法真正满足国际工程建设项目的需要。

3. 人力资源管理人员的综合专业素质与国际工程建设项目管理的要求还存在差距

由于国际工程建设项目对人力资源管理者有着很高的要求，不仅要对中方员工进行管理，还要对当地雇员和国际雇员进行管理，不仅要熟悉中国的劳动法，还要学习和了解当地的劳动法，不仅专业技能要过硬，还要有较好的外语水平和沟通能力。但在现实工作中不能尽如人意，或因思想意识上的淡薄，或因对当地情况的不熟悉，使得在对当地雇员和国际雇员的管理

中漏洞百出,合同签署不规范、对工作主导随意性过多,规范性不强,导致劳资纠纷上升。

4. 国别文化差异引起的冲突对人力资源管理有着重要的影响

实施国际工程建设项目,必然要受到不同国家环境的影响,而文化环境是很重要的一个因素。广义地说,所有国家的社会制度(如宗教信念、教育、家庭、政治、法律和环境)都与国家文化紧密相关。随着国际工程建设项目在一个国家数量的增加,不同国籍的雇员也在同步增加,由文化差异引发的冲突也在增加。不同国籍的雇员拥有不同的文化价值观、不同的行为方式、不同的风俗习惯,往往因为沟通的不畅造成误会,管理者如果不重视沟通,无法及时解除误会,就会对来自不同文化背景的雇员采取情绪化或非理性的态度,误会愈多,矛盾愈深,对立与冲突就成为必然。

总之,由于国际工程建设项目的国际性特点,工程项目并非全在本国进行,往往存在政治责任和经济利益的双重考虑,加上雇员来自于不同国家,使得人力资源管理的工作内容丰富而复杂,比如出国人员派遣、员工动迁和流动、员工回国休假、配偶探亲、外国语交流与技巧性、国家文化与民族风俗、法律法规的国别差异等,这些内容是人力资源管理职能的扩展与延伸,对人力资源管理提出了更多更大的挑战。

第二章 人力资源规划

"凡事预则立,不预则废"。在经济全球化、知识经济成为时代主旋律的大背景下,决定其成败的关键因素更多地取决于其所拥有的人力资源的数量和质量,以及捕捉、利用相关信息的能力。企业只有根据自身的发展规划和外部的宏观经济形势,制订符合本企业的人力资源规划,才有可能在未来的激烈竞争中获得更多主动权。

现在,人力资源规划工作已经变得日益重要起来,与传统的生产经营和财务计划一样成为企业整体规划的有机组成部分。国际工程建设项目的人力资源规划是企业人力资源规划的重要构成部分。如何制订符合国际工程建设项目自身发展特点的人力资源规划,关键是对项目的人力资源需求与供给进行科学的预测,并制定相宜的政策和措施,促使项目人力资源供给和需求平衡,为项目战略目标的实现提供支持。

第一节 概 述

一、人力资源规划定义

人力资源规划是根据企业的战略目标,预测企业在未来不断变化的环境中各部门以及企业总体上的人力资源供需状况,并据此制定相应的招聘、培训与开发政策,以满足企业对人力资源在数量上和质量上的需求,最终使企业长远发展和个人职业生涯优化实现动态耦合。

二、人力资源规划分类

对于人力资源规划的分类,主要可以从两个方面着手。一是从时间上,人力资源规划分为年度计划和中长期规划。年度计划是企业制订的为期一年的规划,即在本年度内需要从外部引进或从内部提拔的人员数量,以及因企业面临各种问题需要裁员的数量。中期规划指 1 年以上、5 年以下的规划。长期规划是指 10 年以上的规划,一般适用于大型的企业或公司,是实现企业长期的战略规划的必要保证。

二是从涉及范围上,人力资源规划可以分为广义和狭义。广义人力资源规划是指企业根据国家宏观政策所制订的发展战略、生产经营目标以及内外环境的变化,运用科学的方法制订的实现上述任务的人力资源供求计划。狭义人力资源规划,是指人力资源具体的行动计划,主要包括需求的岗位职数,拟招聘人员计划、人员使用计划、员工培训计划、拟退休计划等。狭义人力资源规划是广义人力资源规划的一个组成部分。

三、人力资源规划原则

虽然任何一个企业面临的内外部环境不同,但是目前,人力资源规划依据的原则主要为 SWOT(分别是四个英文单词的缩写,即 Strength,Weakness,Opportunity 和 Threat,意即企业自身所拥有的优势与不足,外部面临的机遇与挑战)原则。

该方法的核心是通过对内外部环境的分析,以扬长避短实现企业的战略目标。并为实现这一目标制订相应的人力资源规划方案。进一步来确定企业所面临问题的轻重缓急,识别实现战略目标的主要障碍,有利于领导者和管理者在组织的发展上做出较正确的决策和规划。

(一)科学性原则

企业在制订规划时,必须要根据内外部的整体情况进行客观全面的分析,数据要全面、真实、可靠,并注意规划的重点与全局之间的平衡。在方法的选择上,一定要注意到应用现代各种定性或者定量方法的前提以及相应的适用条件。否则即使采用了所谓的先进的技术方法,也无法纠正与事实相去甚远的结果。

(二)整体性原则

无论是关键部门的人力资源规划还是其他部门的人力资源规划,在具体制订过程中,都必须从企业的整体战略目标出发,实现整体功能强于个体功能的效应,即所谓的功能优化。

(三)实用性原则

人力资源部门所制订的规划,不宜只停留在理论的层面,更重要的是注意可操作性。任何规划都需要在实践中反复修正,在修正中完善。

（四）多方案原则

由于规划是对未来的一种主观判断,而客观的事实总是不以人的意志为转移的。从这个意义上说,任何一项规划,无论是采取了如何先进的方法,都将与今后的事实出现不一致,只是程度的不同。因此,基于企业战略目标的规划,必须要考虑到各种情况的出现,并制订出相应的措施。

四、国际工程建设项目人力资源规划主要内容

从整体上看,项目人力资源规划的主要内容包括:项目人力资源数量规划、项目人力资源结构规划、项目人力资源素质规划三个方面。项目人力资源数量规划是依据计划期内企业项目的战略目标和业务发展特点所决定的人力资源需、供状况。集中体现为企业项目目前、未来的人力资源配置。项目人力资源结构规划是进一步根据项目内部的岗位设置,确定各岗位的职员相互之间的关系,以完善项目人力资源管理系统。项目人力资源素质规划是依据项目战略、业务模式、业务流程和组织对员工行为要求,设计各职类、职种人员的任职资格要求,包括胜任力模型等,是进行项目人力资源培训与开发的基础。

第二节　人力资源需求分析

人力资源需求分析是指为了实现人力资源管理工作的顺利开展,对雇用员工的数量和质量进行的预测分析。由于项目人力资源管理和企业的人力资源管理有一定的共性,因此,企业人力资源需求预测方法也适用于项目人力资源预测。企业人力需求预测方法包括定性与定量两种。

一、人力资源需求预测定性方法

（一）现状规划法

人力资源现状规划法是一种最简单的预测方法,较易操作。它是假定企业保持原有的生产规模和生产技术不变,则企业的人力资源也应处于相

对稳定状态,即企业目前各种人员的配备比例和人员的总数将完全能适应预测规划期内人力资源的需要。在此预测方法中,人力资源规划人员所要做的工作是测算出在规划期内有哪些岗位上的人员将得到晋升、降职、退休或调出本组织,再准备调动人员去弥补就可以了。

（二）经验预测法

经验预测法就是企业管理人员根据以往的经验对人力资源需求进行预测的方法,简便易行。采用经验预测法是根据以往的经验来进行预测,预测的效果受经验的影响较大。因此,保持企业历史的档案,并采用多人集合的经验,可减少误差。现在不少企业采用这种方法来预测本组织对将来某段时期内人力资源的需求。企业在有人员流动的情况下,如晋升、降职、退休或调出等,可以采用与人力资源现状规划结合的方法来制订规划。

（三）分合性预测法

分合性预测方法是一种较常用的预测方法,它采取先分后合的方法。这种方法的第一步是企业组织要求下属各个部门、单位根据各自的生产任务、技术设备等变化的情况对本单位将来对各种人员的需求进行预测,在此基础上,把下属各部门的预测数据进行综合平衡,从中预测出整个组织将来某一时期内对各种人员的需求总数。这种方法要求在人事部门或专职人力资源规划人员的指导下进行,下属各级管理人员能充分发挥在人力资源预测规划中的作用。

（四）德尔菲法

德尔菲法又名专家会议预测法,来源于20世纪40年代末在美国兰德公司的"思想库"。德尔菲法分几轮进行,第一轮要求专家以书面形式提出各自对企业人力资源需求的预测结果。在预测过程中,专家之间不能互相讨论或交换意见;第二轮,将专家的预测结果收集起来进行综合,再将综合的结果通知各位专家,以进行下一轮的预测。反复几次直至得出大家都认可的结论。通过这种方法得出的是专家们对某一问题的看法达成一致的结果。

（五）描述法

描述法是人力资源规划人员可以通过对本企业组织在未来某一时期的有关因素的变化进行描述或假设,并从描述、假设、分析和综合中对将来人力资源的需求进行预测规划。由于这是假定性的描述,因此人力资源需求就有几种备选方案,目的是适应和应付环境因素的变化。

国际工程建设项目人力资源管理

二、人力资源需求预测定量方法

(一)趋势预测法

趋势预测法是一种基于统计资料的定量预测方法,一般是利用过去5年左右的时间里的员工雇用数据。具体又分为简单模型法、简单的单变量预测模型法、复杂的单变量预测模型法。

(二)人员比率分析法

这种方法也被称为工作负荷法。即按照历史数据,先算出对某项工作每单位时间人均负荷量,再根据未来的工作量目标计算出所完成的总工作量,折算出所需的人力资源数。这一方法是假设企业的人力资源需求量和某一因素成固定的比例关系。举个例子,如果某企业的业务量与人力资源的总体数量之间有稳定的比例关系,可以根据公式(2-1)确定未来人力资源的需求数量:

$$M_t = M_0 \frac{Y_t}{Y_0} \qquad (2-1)$$

式中 Y_t——未来 t 时刻的业务量;

M_t——未来 t 时刻的人员需求量;

Y_0——基期的业务量;

M_0——目前的人员需求量。

该方法是在假设企业的技术水平、利润变化的情况以及外部的市场环境不发生重大的变化的前提下使用。显然这一条件是较为苛刻的。在实际的分析过程中需要人力资源工作者认真分析企业的具体情况,然后决定具体的分析方法。

(三)多元回归预测法

多元回归预测法同样是一种建立在统计技术上的人力资源需求预测方法。与趋势预测法不同的是,它不只考虑时间或产量等单个因素,还考虑了两个或两个以上因素对人力资源需求的影响。多元回归预测法不是单纯地依靠拟合方程、延长趋势线来进行预测,更重视变量之间的因果关系。它运用事物之间的各种因果关系,根据多个自变量的变化来推测各变量的变化,而推测的有效性可通过一些指标来加以控制。人力资源需求的变化总是与某个或几个因素有关,通常都是通过考察这些因素来预测人力资源需求情况。首先应找出与人力资源需求量有关的因素作为变量,然后对这些因素利用 EXCEL、SPSS 等统计工具中的多元素回归计算来拟合出方程,利用方程进行预测。在多元回归预测法中使用计算机技术非常必要,多元回归计算比较复杂,手工计算耗时多,易出错,使用计算机可避免这些因素对准确性的影响。

(四)劳动定额法

劳动定额法,是对劳动者在单位时间内应完成工作量的规定,在已知企业计划任务总量及制定了科学合理的劳动定额的基础上,运用劳动定额法能较准确的预测企业人力资源需求量。

$$N = \frac{W}{Q(1 + R_1 + R_2 + R_3 + R_4)} \qquad (2-2)$$

式中　　N——人力资源需求量;
　　　　W——计划期任务总量;
　　　　Q——企业现行定额;
　　　　R——部门计划期内生产率变动系数(R_1 为企业技术进步引起的劳动率提高系数;R_2 为由经验积累导致的劳动率提高系数;R_3 为由年龄增大、疲劳及某些社会因素引起的生产率降低系数;R_4 为其他因素导致的生产率变化系数,可正可负,根据具体情况而定)。

第三节　人力资源供给预测

人力资源供给预测是人力资源规划中的核心内容,是预测在某一未来时期,组织内部所供应的(或经由培训可能补充的)及外部劳动力市场所提供的一定数量、质量和结构的人员,以满足企业为达成目标而产生的人员需求。

人力资源的供给预测与需求预测的一个主要区别在于,研究视角不再仅局限于企业内部,而且要更加关注企业外部的情况。分析人力资源的供给,主要是从影响因素和预测方法两个层面着手。

一、影响因素分析

(一) 内部因素

从内部看,主要体现为一个劳动力市场,这个市场实际上是企业战略、企业结构与人员流动状况的综合反映。企业的整体战略对于内部劳动力市场的影响最为显著。企业内部的劳动力市场建立在当前职工总量与结构基础之上,但是在当今市场的变化日益加快、风险不断增加的情况下,企业将面临重新组合调整的巨大压力,甚至进行兼并与重组。在世界进入到21世纪之后,这一压力不但没有减少反而越来越大,尤其是以2008年肇始于美国的金融危机为导火索,世界经济所受到的冲击无论是影响面还是深度,至少到现在还无法做出明确的判断,但有一点是肯定的,即曾经是世界上最富竞争力的跨国公司或者是所谓的明星公司都必须对人员的配置做出调整。那么,对于已经或者即将融入全球经济一体化的国家中的企业,面临的挑战将比其他发达国家要大得多。显然,在这一轮世界经济的重新洗牌的过程中,能对未来的情况作出相对准确判断的企业将在未来的市场上掌握更多的主动权。因此,人力资源的供给分析就成为企业应对激烈市场竞争的一个重要方面。

人力资源需求预测只是人力资源规划的一个方面,通过需求预测企业可以了解到未来某个时期为实现其目标所需的人员数量和人员技能要求。除此之外,企业还需要了解能够获得多少所需的人员,从何渠道获得这些人员。人力资源供给预测就是测定企业可能从其内部和外部获得人力资源的数量,它应以对企业现有人员状况分析为基础,同时要考虑企业内部人员的流动状况,了解有多少员工仍然留在现在岗位上,有多少员工因岗位轮换、晋升、降级离开现在岗位到新岗位工作,有多少员工因退休、调离、辞职或解雇等原因离开企业。

1. 现有人员状况分析

对现有人员进行分析是人力资源供给预测的基础。分析现有人员状况时可以根据人力资源信息系统或人员档案所收集的信息,按不同要求从不同的角度进行分析。例如,分析员工的年龄结构可以发现企业是否存在年龄老化或短期内出现退休高峰等问题;对员工的工龄结构进行分析有助于了解员工的流失状况和留存状况;对现有人员的技能或工作业绩进行分析,可以了解哪些员工具有发展潜力,具有何种发展潜力,是否可能成为管理梯队的成员,可能晋升的位置是什么。还可以根据需要对企业的管理人员与非管理人员的比例、技术工人与非技术工人的比例、直接生产人员与间接生产人员的比例、生产人员与行政人员的比例等进行分析。技能清单是分析现有人员状况的有效方法。

2. 员工流失分析

员工流失是造成企业人员供给不足的重要原因,因此在对人力资源供给进行预测时员工流失分析是不容忽视的因素。员工流失分析可以借助一系列指标来进行。

(1)员工流失率分析。

员工流失率分析的目的在于掌握员工流失的数量,分析员工流失的原因,以便及时采取措施。

$$流失率 = \frac{一定时间离职员工数}{同一时期平均员工数} \times 100\% \qquad (2-3)$$

该指标计算方便且便于理解,所以被广泛使用。

在利用员工流失率进行分析时,既要从公司角度计算总的员工流失率,又要按部门、专业、职务、岗位级别等分别计算流失率,这样才有助于了解员工流失的真正情况,分析员工流失原因。

(2)员工服务年限分析。

有些公司在对员工流失情况进行分析后发现,在离开公司的员工中,他们服务年限的分布是不均衡的。通常而言,员工流失的高峰发生在两个阶段,第一阶段发生在员工加入企业的初期。员工在加入企业前对企业有一个期望或一个理想模式,进入企业以后可能会感到现实的企业与他期望的不同,此后会出现一段相对稳定阶段。第二个离职高峰期通常会发生在服务年限4年左右。经过几年的工作,员工积累了一定的工作经验,同时他们对原有工作产生厌烦情绪。如果这个阶段企业不能激发起员工新的工作热情,或者员工看不到职业发展机会,他们会很快离开。员工服务年限分析既可以为员工流失分析提供补充信息,又可以为员工发展提供有益信息。

(3)员工留存率分析。

员工留存率分析也是员工流失分析的一个重要指标。它是计算经过一定时期后仍然留在公司的员工人数占期初员工人数的比率。比如公司期初有10名程序员,两年后留在公司的有7名,则两年留存率为70%。五年后仍留公司的有4人,五年留存率为40%。通过留存率计算,公司可以了解若干年后有多少员工仍留在公司,有多少员工已离开公司。

3. 企业内部员工流动分析

企业内部的岗位轮换、晋升或降级是管理工作的需要，也是员工发展的需要。因岗位轮换、晋升或降级而导致的企业内部人员的变动往往会产生一系列连锁反应。例如，公司财务总监退休，财务部的财务经理被提升到财务总监的位置，或者一位会计师被提升为财务经理等。由于财务总监一人退休，产生了一系列的岗位空缺：财务总监、财务经理、会计师等。企业内部员工的流动既是企业人力资源供给的内部来源，又会产生新的岗位空缺。所以很多企业通过管理人员梯队计划、退休计划和岗位轮换计划掌握内部员工的流动情况，为人力资源供给预测提供信息。

进行企业内部员工流动分析常用的一种方法是转换矩阵。该方法的基本思路是根据过去人事变动规律，来推断未来人力资源变化的趋势。转换矩阵描述了企业中员工的流入、流出和内部流动的整体情况，为预测内部人力资源供给提供依据。转换矩阵分析的第一步是引出人员变动矩阵表。表中每一个因素表示从一个时期到另一个时期人员变动的历史平均百分比。通常以 5～10 年为周期来估算年平均百分比。周期越长，百分比的精确度越高。将计划期初每个工作的员工数量与该工作的员工变动率相乘，然后纵向相加就可以得到企业内部未来劳动力的净供给量。转换矩阵法已经被许多公司所采用，但是转换矩阵中的概率与实际情况可能会有差距。特别是当今，快速变化的环境和人才竞争的加剧，使员工流动速度加快。所以应用转换矩阵法时需要考虑其他相关因素。

4. 人力资源供给渠道分析

人力资源供给渠道分析提供了企业从何渠道获得所需人力资源的信息。人力资源供给主要有两个途径：企业的内部供给和企业的外部供给。当企业出现工作岗位空缺时可以首先考虑能否通过岗位轮换、晋升等方式从企业内部填补岗位空缺。当企业内部无法满足或无法全部满足岗位空缺所产生的人力资源需求时，就必须借助外部供给渠道来解决。

在很多情况下，及时发现并雇佣到优秀员工并非易事。人才争夺日益激烈。不仅各企业制定各种吸引人才的优惠措施，各国政府也配合制定相应政策，如美国和德国推出的绿卡计划。因此，在对人力资源供给进行预测时，必须对劳动力市场供给和政策供给进行全面评估。

企业的内部生产、组织结构也对内部劳动力市场有重要的影响。一般而言，企业的结构越复杂，相对而言提供的机会也较多，如在直线式结构的企业中,提升路径多是一维方向,在事业制或矩阵式的企业中,提供的事业升迁机会将呈现多维路径。对于高级管理层,由于所要求的综合素质高,所以提供的机会就相对少。

企业的生产经营专业化程度也影响着内部劳动力市场,一般的规律是专业化程度与就业岗位的提供数量呈反比。

最后,企业的人员流动速度也对内部劳动力市场有重要影响。常通过比较的方法进行初步判断。一是同行业的平均流失率,二是企业内部一定期间的流失率,这一期间可以根据企业所处的不同发展阶段进行界定。如果经过分析,发现一些目标企业或者部门内部的指标显著高于其他部门,可以得出的一个基本判断是,该企业或者部门的人员配置可能存在问题。需要从多方面进行原因分析,如竞争对手制定了更有竞争力的薪酬或福利政策;也可能是工作缺乏保障或者管理出项严重的不公正,已经超出了职工的承受力;也可能是由于紧张的人际关系已经使员工无法承受;此外,还有许多偶然的因素。

(二)外部因素

21 世纪,在经济日益向一体化方向狂飙突进之时,企业不得不面对来自各方面的压力,同时也就使更多的企业无法通过内部的劳动力市场来满足对人力资源的需求。与此相适应的是,企业的人力资源规划工作必须对外部环境因素予以更多的关注。主要包括以下几个方面。

1. 宏观经济形势

宏观经济的状况对于人力资源的供给有直接的影响。包括 GDP 的增长率,所处的经济发展周期,各个产业的结构及其发展水平,国际经济局势与政治局势等,都对人力资源的供给产生重要的影响。

2. 外部的劳动力市场

劳动力市场,是指在一定经济环境下劳动力的供求数量与结构关系。从量的角度看,如果市场上的劳动力资源丰富,企业可以选择的范围和自由度就大,找到合适职员的几率相应增加。从质的角度看,在知识经济的时代背景下,企业对劳动力的素质也会提出更高的要求,一般包括知识、技能、素质三个方面。而胜任力模型研究表明,胜任力的提升有助于提高企业的绩效。因此,企业必须根据自身的发展状况,制订出有前瞻性的人力资源规划,才能在竞争激烈的劳动力市场上获得更多的优势。

3. 社会保障

社会保障政策的实施对劳动力市场有着双重的影响。这一点在发达国家与不发达国家形成鲜明的对比。以欧美为例,由于其社会保障相对完善,一方面,可以促进劳动力的充分合理流动,提供更多的就业保障;另一方面,由于优厚的社会保障可能导致企业和社会的成本扩张,不利于刺激企业和个人的创新。相反,许多发展中国家面临的问题是保障不足,因而滞后的社会保障机制无法有效保障劳动者的权益。因此无论是发达国家还是发展中国家,都面临着两难的选择。

4. 劳动组织

在成熟的经济体中,工会组织在保护劳方利益方面发挥着重要的作用。比如对于参加了工会组织的成员,企业在确定是否聘用或改善员工的福利待遇方面,必须要与工会组织集体谈判,并以严格规范的协议签订合法的劳动合同;对于工作岗位,必须明确相应的权利和职责范围。总之,凡是参加工会组织的人员,背后都会有强大的劳工组织来保证其合法的权益。对于没有参加工会的人员,虽然同样会受到国家相关法律的保护,但是遇到利益受到侵犯的情况,维权的成本远大于参加工会的人员。因此,在这些发达国家中,劳工组织在为企业提供合适的人力资源方面起到了至关重要的作用。相反,在一些经济正在走向成熟的国家中,由于劳动力市场还远未成熟,劳工组织的力量较小,为企业提供合适劳动力资源的作用相对较弱,更多地需要企业通过其他渠道获取相应的人力资源。

5. 法律法规

法律、法规、政策的因素也会影响外部的人力资源供应。一方面,劳动立法能够严格规范用人单位的用工行为,保障劳动者的劳动权利,稳定劳动力市场供给;另一方面,一些地区基于经济发展需要,通过一系列法规、政策改善本地区的投资环境、创业环境、人才环境,吸引大量的资金、大批的人才到本地区投资创办企业,从而带动了外部人才的有效供给。相反,一些严格的法律法规也会制约着人才的流动,增加了人才的流动成本。例如目前严格的户籍制度,其在很大程度上就制约着高层次经营管理人才、专业技术人才的跨地区流动,影响着人力资源的供给状况。

二、预测方法

(一)企业内部人力资源供给

企业需要随时掌握内部的人力资源状况,包括内部各种人员的数量与素质。此外,鉴于人力资源管理"以人为本"的理念,企业还要了解员工的不同偏好和发展志向,以及面临的最大困难,这样才能有助于将企业的发展与员工的成长更好地加以结合,提供第一手资料。

从具体预测方法看,主要有技能清单法、人员接替模型、管理人员置换表、马尔科夫链分析法等。

1. 技能清单法

技能清单是用来反映员工工作能力特征的一张列表,主要包括知识、能力与经验三个方面。主要用来帮助相关决策者决定对现有员工进行工作岗位调整、晋升人选确定、管理人员继任、员工培训、工资奖励计划制订与职业生涯规划(表2-1)。

表2-1 技能清单

个人简况	姓名:		部门:		填表日期:		出生年月:
	工作职称:		性别:		婚姻状况:		民族:
教育背景	类别	学位	毕业日期	学校	专业	最优成绩科目	
	大学						
	硕士						
	博士						
训练背景	训练主体			训练机构		训练时间	
技能	技能种类						
	证书						
特长							
职业规划	是否愿意担任其他的类型的工作:						
	是否愿意接受工作轮换:						
	目前认为最需要接受的培训科目是什么:						

2. 人员接替模型

人员接替模型的目的是确认特定职位的内部候选人,其涉及的面较广、对各职位之间的关系也描述得更具体。建立人员接替模型的关键是,根据职务分析的信息,明确不同职位对员工的具体要求,然后确定一位或几位达到这一职位要求的候选人;或者确定具有潜力的员工,然后将各职位的候补人员与企业员工的流动情况综合起来考虑。对企业人力资源进行动态管理(图2-1,图2-2)。

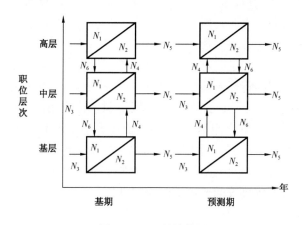

图2-1 职员接替图

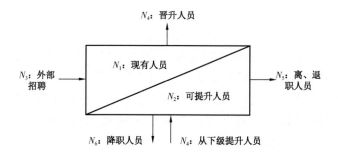

图2-2 职员接替图示说明

3. 管理人员置换表

图2-1说明了各部门的总体人力资源供给情况,表2-2则将一信息进行了处理。主要描述的是可以胜任组织中关键岗位的微观个体。

表 2 - 2　管理人员置换表

职位	总经理					
现任者	胡国春					
候选者	刘雄	A	郝帅	B	李倩	C
候选者现职	甲业务部经理	2	乙业务部经理	3	丙业务部经理	4

其中,A,B 和 C 分别表示现任者被晋升的先后位次,相应的数字表示业绩评分的结果。从 1 到 5 分别表示最好到最差。这一简单的模型,体现了企业对管理人员的职业生涯规划。

由于这张表是对过去一段时间内来管理人员的评价,不代表这些候选者的未来成绩,因此,应定期对这些管理人员的业绩进行动态评估。

如何对各部门的管理人员进行评价,有多种方法,其中可以有效地将定性与定量分析结合起来。已经在许多领域得到广泛应用的一种较为成熟的方法是层次分析法。20 世纪 70 年代由美国运筹学家 T. L. Saaty 提出。特点是在对复杂问题的本质、影响因素及其内在关系等进行全方位深入分析的基础上,利用较少的定量信息使决策的思维过程数学化,从而为多目标、多准则或无结构特性的决策问题提供简便的方法。

4. 马尔科夫链分析法

马尔科夫链是以俄国著名数学家、社会学家马尔科夫命名的一种事物随机发展过程,揭示了在当前状态的情况下,过程的未来状态与过去状态无关的特征。现实世界中,有很多过程都可以看作马尔科夫过程,被广泛应用于许多领域。马尔科夫预测法则认为,只要当事物的现在状态为已知时,人们就可以预测其未来的状态,而不需要知道事物的过去状态。马尔科夫链的特性,即所谓的无后效性,避开了其他预测方法在搜集历史资料时所遇到的一系列难题,因而,使得它无论是理论上还是应用上都占有很重要的地位。

5. 主要供给预测方法比较

技能清单法的主要特点是基于微观的个人知识、能力和技能,以及未来的发展潜力进行全方位的判断,适用于内部调配的工作,而不适用于大范围、频繁的人事变动预测。

人员接替模型的主要特点是简单,适用于对企业中高层人员的供给预测,需要进一步完善之处是不断进行动态评价,以反映相关人员的最新情况,为决策部门提供更合理的依据。

马尔科夫链分析法的最大特点是可以在符合前提条件的基础上,提供科学的人事决策依据,尤其是为一些大型企业进行长期的人事决策提供依据。然而,由于现实情况的复杂性,人力资源部门在具体的工作中必须注意到各种方法使用时的约束条件。

（二）外部劳动供给预测

企业在预测外部劳动力供给时,主要考虑的供给渠道包括:大中专院校应届毕业生、其他组织在职人员。大中专院校的毕业生供给相对稳定,多集中于夏季,且数量、专业、层次、学历均可通过各级教育部门获取,预测工作容易。对于其他组织在职人员的预测则需考虑诸如社会心理、个人择业心理、组织人事部门发布的一些统计数据,以及国家和地区政策法律的及时变化,及时、直接了解人才市场信息。企业可以就自己所关注的人力资源状况进行调查,与猎头公司、招聘中介所等专门机构和高校保持长期的合作关系,以便及时了解可能为企业提供的目标人才状况。另外,企业通过对应聘人员和已经雇佣的人员进行分析,也会对未来人力资源供给状况作出合理的估计。

第四节　人力资源供求平衡

人力资源规划的作用是对人力资源供求进行综合平衡。主要考虑三种情况:人力资源供大于求;人力资源供小于求;人力资源供求平衡。人力资源规划的目的就是制定相应的政策措施,使人力资源供求达到平衡。

一、供大于求

这种情况下,企业面临生产或工作效率低下,内耗严重的问题,主要可以采取的措施如下。

可以挖掘新的企业增长点来吸收过剩的人力资源。例如,扩大经营规模、发新产品、实行多元化经营等。

可以通过对企业内过剩人员的年龄、知识结构、道德行为等,进行分类,然后对有培养前途的人员加强培训,使企业员工掌握多种技能,增加他们择业的竞争力,为扩大再生产准备人力资源。

可以根据企业项目的生产负荷,减少员工的工作时间,降低工资水平,这是解决企业项目临时性人力资源过剩的有效方式。

在其他方法面临困难时,可以考虑以强化企业竞争力为目的面进行有计划的裁员措施。裁员是一种短期行为,可以降低劳动力成本,同时也可能降低员工士气,带来负面影响。

另一项措施是提前退休计划,可制定一些优惠政策,鼓励他们提前退休或内退。一方面,可以减少老年员工较高的人工成本;另一方面,可以为年轻员工的发展提供机遇。但是由于老年员工的经验和稳定性,企业也不应该忽视该项计划可能带来的损失。

二、供不应求

这种情况下,企业面临的问题是如何保证产品和服务质量的条件下,对人力资源管理进行有效管理。主要可以采取的措施如下:

考虑内部人选,即从符合条件的内部富余人员调往空缺职位。这样既消化空余的岗位,又极大降低了培训的成本。

运用科学的激励手段,如培训、工作再设计等,来调动员工的积极性、主动性、创造性,提高劳动生产率,减少对人力资源的需求。

提高企业的资本技术有机构成,提高员工的劳动生产率,相对地减少人力资源需求。

在符合有关法律、法规、政策的前提下,增加人员的劳动时间和工作量,并制定相应的报酬政策。这种方法适用于短期人员短缺情况,并且不宜过多地使用。

雇佣临时工应对于一些临时性的工作。这种方法可以保持企业生产规模的弹性,并可以减少人员福利成本。同时也可以考虑充分发挥退休者的能量,临时招聘一些身体状况良好的退休企业职工,聘用为非全日制临时工。这种做法在美国的一些公司较为常用,而且这些员工往往会给企业带来一些额外的利益。

目前一种常用的方法是将一些事务性工作进行外包,把这些工作交给有比较优势的外部代理机构来完成,既提高了工作效率,又可以减少成本。

三、供求平衡

　　这种情况最理想，但极为少见。原因在于人员的年龄结构、知识结构、技术结构、管理能力等均处于动态变化过程中。因此，从理论上说，企业项目人力资源供求平衡，是企业人力资源规划部门以企业项目发展目标为导向，合理调整人力资源结构，而取得的人力资源相对供求平衡。

第三章　工作分析与组织机构设置

一、工作分析概念

工作分析是指对项目工作信息的收集与开发，来确定完成任务所需的工作职责和技能，继而对项目工作进行描述和规范的系统工程。一方面是全面收集有关项目工作内容及相关的情报、资料；另一方面是按照工作内在的本质要求，来确定完成各项工作所需的职责、技能和知识，并安排适当的人。它是一种重要而普遍的人力资源管理技术。

工作分析最直接的目的就是要解决以下 6 个重要的问题：

（1）完成的工作是什么？需要完成哪些具体工作活动？体力还是脑力？

（2）完成工作所需要的时间？具体要求什么时间完成？

（3）完成工作的地点要求？具体工作的空间范围与场所？

（4）完成工作的方法是什么？具体的操作程序、动作规范要求是什么？

（5）完成工作所需要的条件？具体的工作环境、工具、设备、仪器、仪表等要求是什么？

（6）完成工作所需配备的人员要求是什么？具体人员的数量、技能、知识、特性等要求怎么样？

在解决上述问题的过程中，我们始终要坚持问"为什么?"，以保证所做工作分析的正确性。例如，完成的工作是什么？需要完成哪些具体工作活动？体力还是脑力？为什么？经过提问"为什么"，说明了做该项工作的原因，如果理由不够充分，说明该工作应当重新设计或改善。

工作分析一旦完成，其结果是得到两种产品：一个是工作描述；另一个是工作规范。

二、工作分析方法

在开展工作分析时,有很多种方法,下面介绍几种常用的工作分析方法,并结合国际工程建设项目特点分析其优缺点。

(一)观察法

观察法是指在工作现场观察工作者工作的过程、内容、行为、使用工具、工作方法、程序、环境条件等,并记录、分析、归纳总结的技术。

观察法的优点是可以了解到广泛的信息,取得的信息比较客观和正确。但也有一定的局限性:不适用于脑力劳动的工作和处理紧急情况的间歇性工作,并要求观察者有足够实际操作经验。一般情况下,国际工程建设项目具有工作比较紧急、一人多岗或身兼数职的特点,因此,使用观察法具有一定的局限性。

(二)工作日志法

工作日志法是工作分析人员通过工作日记或工作笔记的形式记录员工日常工作内容而进行分析的方法。

工作日记可以提供大量记录的信息,如计划工作质量、自主权、例外事物比例、工作负荷、工作效率、工作关系等。工作日志法非常适合于生产企业,尤其是每道工序有规范性和质量要求的简单重复劳动,但国际工程建设项目管理属个人技能型的管理工作,因此,工作日志法适用性不强。

(三)关键事件法

此法由美国学者 J. C. Flannagan 在 1954 年发展起来的,其主要原则是认定员工与职务有关的行为,并选择其中最重要、最关键的部分来评定其结果。它首先从领导、员工或其他熟悉职务的人那里收集一系列职务行为的事件,然后,描述"特别好"或"特别坏"的职务绩效。这种方法考虑了职务的动态特点和静态特点。对每一事件的描述内容包括:

(1)导致事件发生的原因和背景;

(2)员工的特别有效或多余的行为;

(3)关键行为的后果;

(4)员工自己能否支配或控制上述后果。

在大量收集这些关键事件以后,可以对他们做出分类,并总结出职务的关键特征和行为要求。关键事件法既能获得有关职务的静态信息,也可以了解职务的动态特点。

关键事件法的主要优点是研究的焦点集中在职务行为上,而行为是可观察的、可测量的。同时,通过这种职务分析可以确定行为的任何可能的利益和作用。但这个方法也有两个主要的缺点:一是费时,需要花大量的时间去搜集那些关键事件,并加以概括和分类;二是关键事件的定义就是对工作绩效有效或无效的事件,但是,这就遗漏了平均绩效水平。而对工作来说,最重要的一点就是要描述"平均"的职务绩效。利用关键事件法,对中等绩效的员工就难以涉及,因而全面工作分析就不能完成。

（四）面谈法

面谈法是指工作分析者与承担该项工作的人员进行面对面的谈话,以获得工作分析有关信息资料的方法。它包括个别员工面谈法、集体员工面谈法和主管面谈法。

个别面谈法适用于各个员工的工作有明显差别,工作分析的时间又比较充分的情况。

集体面谈法适用于多名员工从事同样的工作的情况。

主管面谈法是指同一个或多个主管面谈,因为主管对于工作内容有相当的了解。主管面谈法可以减少工作分析的时间。这种方法较适用于国际工程建设项目。

面谈法能够简单而迅速地收集工作分析所需的资料,适用面广。其缺点是对工作分析人员和访谈人员的语言文字表达能力要求较高,否则难以获得准确的信息。因此,应重点进行与项目领导以及主要部门负责人的面谈。

（五）问卷法

问卷法是由工作分析人员根据工作内容拟定一套切实可行、完整、科学、内容丰富的调查问卷,然后由员工填写,也可由员工口头回答问题,再由工作分析人员填写的一种收集工作信息的方法。

问卷法的特点,是把需要了解的问题以文字的形式加以表述,要求调查对象以书面形式回答和说明自己的看法。由于调查问卷的编制以调查者对于工作的了解为前提,因此以这种方法收集的信息比较有针对性、质量较高。也正因为如此,这种方法不适用于工作分析开始时进行的尝试性调查,否则有可能由于问卷设计者的先入为主导致调查结果的系统性偏差。

调查问卷包含开放式或封闭式问题。开放式问题允许答卷者自由表达他们对问题的看法,封闭式问题要求答卷者在问卷提供的选择题范围内确定合适的答案。一份只包含封闭式问题的工作分析调查问卷可以称为工作分析清单。在职位工作分析清单中,只包含任务陈述的清单称作任务清单;只包含能力要求的清单称作能力清单。

结合上述几种方法的优缺点,进行国际工程建设项目的工作分析,可根据实际情况把几种方法结合起来使用,单独某一种方法很少能够解决所有的问题。

三、工作分析结果

工作分析的成果文件主要是岗位说明书。岗位说明书是以标准的格式对岗位的职责及任职者的资格条件进行规范化的描述文件,包括两个部分,即工作描述和工作规范。

(一)工作描述

工作描述是对岗位本身的内涵和外延加以规范的描述性文件,是对有关工作职责、工作活动、工作条件以及工作对人身安全危害程度等工作特性方面的信息所进行的书面描述。

(二)工作规范

工作规范又称任职资格,它界定了工作对任职者的教育程度、工作经验、培训程度、知识、技能、心理特征等方面的要求。当它作为招聘甄选的依据时,也可以视为任职要求或者雇佣标准。区别于工作描述的是,工作描述是对岗位本身的内涵和外延加以规范,工作规范是对人的要求。

因此,工作描述主要涉及工作任职者实际在做什么、如何做以及在什么条件下做的一种书面文件;而工作规范则说明工作任职者胜任工作所必须具备的知识、技能以及其他要求。

四、工作分析作用

工作分析是人力资源管理的最基本工具,对于企业战略的落实与组织优化具有十分重要的意义。其主要作用如下:

(1)促使工作的名称与含义在整个组织中表示特定而一致的意义,实现工作用语的标准化；

（2）确定工作内容与要求，以建立适当的指导与培训内容；

（3）确定员工录用与上岗的最低条件；

（4）为确定组织的人力资源需求、制订人力资源计划提供依据；

（5）确定工作之间的相互关系，以利于合理的晋升、调动与指派；

（6）获得有关工作与环境的实际情况，有利于发现导致员工不满、工作效率下降的原因；

（7）为制定考核程序及方法提供依据，以利于管理人员执行监督职能及员工进行自我控制；

（8）辨明影响安全的主要因素，以及时采取有效措施，将危险降至最低；

（9）为改进工作方法积累必要的资料，为组织的变革提供依据。

第二节　组织机构设置

什么是组织？一个较为直观的含义是："组织是为了达到某些特定目标，经由分工与合作及不同层次的权力和责任制度而构成的人的集合。"在现实生活中，我们就常常会被不同的团体包围，然而，是否所有团体都可通称为组织呢？不尽然，组织是有以下特征的：

（1）由一群人组成的社会个体；

（2）以特定目标为前提；

（3）具有严谨的架构；

（4）在界定组织成员上有明确的准则。

每个组织都必须按照其规模大小及运作需要，为自己选择合适的组织机构。为什么非要这样呢？为什么不能由一个领导者来管好一个组织呢？人们经常会提出这样的问题。实际上，在一个稍大一些的组织内，人们可以感受到一个共同的矛盾——管理对象的复杂性与个人能力的有限性。面对全球一体化的经济形势，面对变化莫测的市场，面对日新月异的信息技术，面对各不相同的员工，面对日趋激烈的竞争，任何组织的领导者都会发现需要决策的事情太多，而自己的知识面不够宽，时间、精力和能力有限。在这种情况下，唯一的选择就是由一群人来管理。这就存在权力和责任的划分问题以及分工与协调问题，所以必须设计出相应的组织机构。

一、组织机构设计原则

组织机构设计的根本目的是:发挥整体大于部分的优势,使有限的人力资源形成最佳的综合效果。

企业不同,所处的条件不同,组织机构的形态就不同。而不同的组织机构形态,适应于一定的条件,有其长,也必有其短。所以,要根据实际情况,在分析各种组织机构形态利弊的基础上,选择最适合的组织机构。

一般来讲,设计正式的组织机构主要应遵循以下原则。

(一)目标一致性原则

这一原则要求组织机构设计必须有利于企业目标的实现。任何一个企业的成立,都有其宗旨和目标,因而,企业中的每一部分都应该与既定的宗旨和目标相关联。否则,就没有存在的意义。每一机构根据总目标制定本部门的分目标,而这些分目标又成为该机构向其下属机构进行细分的基础。如此,目标被层层分解,机构层层建立,直至每一个人都了解自己在总目标的实现中应完成的任务。这样建立起来的组织机构才是一个有机整体,为总目标的实现提供了保证。

(二)统一领导、分级管理的原则

要保证统一领导,应该将关系组织全局的重要权力集中在组织的最高管理机构,以保证整个组织活动的协调一致。在实行统一领导的同时,还必须实行分级管理。所谓分级管理,就是在保证集中统一领导的前提下,建立多层次的管理组织机构,自上而下地逐级授予下级适当的管理权力,并令其承担相应的责任。

(三)高效原则

要基于管理目标的需要因事设岗,人与事要高度配合,反对离开目标,因人设岗,因职找事。要按工作任务的性质进行专业化分工,也就是说,组织内的各部门都应该尽量按专业化原则来设置,以便提高各部门专业化程度,达到提高效率、降低成本的目的,使组织能够正常、快速、高效的运转。

(四)管理幅度适当原则

管理幅度也称为管理跨度,它是指一名领导者直接领导的下级人员的数量。管理幅度表示单位主管直接有效的指挥、监督其直接下级的能力限度。当管理幅度超过这个限度时，单位主管的管理效率就会下降。为了避免管理效率下降，在管理幅度超过限度时，必须增加管理层次。管理层次与管理幅度的关系是：管理幅度大，则管理层次少；管理幅度小，则管理层次多。每个人能够管理的跨度是有限的，所以要遵循管理幅度适当的原则。

（五）相互协调原则

机构职能要健全，要将组织的全部职责涵盖进去，每项工作必须有人来承担，同时，在组织内的各部门之间以及各部门的内部，都必须相互配合、相互协调地开展工作，这样才能保证整个组织活动的步调一致，否则组织的职能将受到严重影响，目标就难以保证完成。

（六）权责一致原则

权是指管理的职权，即职务范围内的管理权限。责是指管理上的职责，即当管理者担任某职务时所应履行的义务。职权应与职责相符，职责不可以大于也不可能小于所授予的职权。职权、职责和职务是对等的，一定的职务必有一定的职权和职责与之相对应。

（七）集权与分权相结合原则

这条原则要求企业实施集权与分权相结合的管理体制来保证有效的管理。需集中的权力要集中，该下放的权力要大胆地下放，这样才能增加企业的灵活性和适应性。如果将所有的权力都集中于最高管理层，则会使最高管理层疲于应付琐碎的事务，而忽视关于企业战略性、方向性的大问题；反之，权力过于分散，各部门各把一方，则彼此协调困难，不利于整个企业采取一致行动，实现整体利益。因此，最高管理层在掌握关键性权力时应适当分权，将与下属所承担的职责相应的职权授予他们，调动下层的工作热情和积极性，同时也减轻了最高管理层的工作负担，以利于其集中精力抓大事。

（八）稳定性与适应性相结合原则

这一原则要求企业组织机构既要有相对的稳定性，不能频繁变动，又要随外部环境及自身需要作相应调整。一般来讲，一个企业有效活动的进行需要维持一种相对稳定状态，企业成员对各自的职责和任务越熟悉，工作效率就越高。组织机构的经常变动会打破企业相对均衡的运动状态，接受和适应新的组织机构会影响工作效率，故企业组织机构应保持相对稳定。但是，任何企业都是动态开放的系统，不但自身在不断运动变化，外界环境也是在不断运动变化的，当相对僵化、低效率的组织机构已无法适应外部的变化甚至危及企业的生存时,组织机构的调整和变革就不可避免,只有调整和变革,企业才会重新充满活力,提高效率。

二、组织机构的模式选择

组织机构类型很多,但不存在任何情况下都适合的最好的组织机构。组织机构要随着组织的发展变革、工作任务的轻重、所处内外部环境的变化而改变。

(一)组织机构基本模式

根据组织机构设置原则,企业的组织机构,大致有下列几种可供选择。

1. 直线制

直线制是一种最早、最简单的组织形式,其领导关系按垂直系统建立,不设专门的职能机构,自上而下形同直线。

处于最顶端的是最高决策者,他将组织的任务分配给下一级,而这些下级又将自己的任务分解后分配给更下一级,每个下级只接受一个上级的指令,各级主管负责人对所属单位的一切问题负责。直线制组织不另设职能机构(可设职能人员协助主管人工作),一切管理职能基本上都由最高决策者自己执行。

直线制的优点:(1)机构简单,权责分明,联系便捷;(2)自上而下执行单一命令原则;(3)管理费用比较低。

直线制的缺点:(1)要求行政负责人通晓多种知识和技能,亲自处理各种业务。这在业务比较复杂、企业规模比较大的情况下,把所有管理职能都集中到最高决策者一人身上,显然是难以胜任的。(2)仅适用于人数较少、规模较小、生产过程不太复杂、生产技术比较简单的企业,而不太适合规模大、产品多、业务杂、技术要求高的企业。

2. 职能制

职能制是按职能划分的组织形式,起源于20世纪初,又称为"法约尔模型"。他是一种按职能来组织部门分工的组织形式。

在职能制组织结构中,除决策层外,企业从上到下按照相同的职能将各种活动组织起来,设立一些职能机构,如所有的销售人员都安排在销售部,所有的财务人员都安排在财务部,决策层将相应的管理职责和权力交给相关的职能机构,各职能机构有权在自己业务范围内向下级发号施令。

职能制的优点:(1)适用于规模庞大、生产技术复杂、管理分工比较细的企业。(2)能适应现代化工业企业生产技术比较复杂、管理工作比较精细的特点;(3)能充分发挥职能机构的专业管理作用,减轻决策层的工作负担。

职能制的缺点:(1)妨碍了必要的集中领导和统一指挥,形成了多头领导;往往使基层作业部门无所适从,容易造成生产秩序紊乱;(2)不利于建立和健全各级行政负责人和职能科室的责任制,在中间管理层往往会出现有功大家抢,有过大家推的现象。由于这种组织机构设置的明显的缺陷,现代企业一般都不采用职能制。

3. 直线职能制

直线职能制是实际工作中运用最为广泛的一个组织形式,它吸收了直线制和职能制的优点综合而成。以直线为基础,在各级行政负责人之下设置相应的职能部门,分别从事专业管理,作为该领导的参谋,实行主管统一指挥与职能部门参谋、指导相结合的组织形式。

这种组织形式是把企业管理机构和人员分为两类,一类是直线领导机构和人员,按统一指挥原则对各级组织行使指挥权,其在自己的职责范围内有一定的决定权和对下属的指挥权,并对自己部门的工作全部负责;另一类是职能机构和人员,按专业化原则,从事组织的各项职能管理工作,他是直线指挥人员的参谋,不能对直线部门发号施令,只能进行业务指导。

直线职能制的优点:(1)把直线制和职能制的优点结合起来,既能保持统一指挥,又能发挥参谋人员的作用;(2)组织稳定性较高,在外部环境变化不大的情况下,易于发挥组织的集团效率;(3)分工比较明确,责任清楚,各部门仅对自己应做的工作负责。

直线职能制的缺点:(1)直线部门与职能部门(参谋部门)之间目标不易统一,职能部门之间横向联系较差,信息传递路线较长,矛盾较多,上层主管的协调工作量大;(2)部门间缺乏信息交流,不利于集思广益地做出决策;(3)难以从组织内部培养熟悉全面情况的管理人才;(4)系统刚性大,适应性差,容易因循守旧,对新情况不易及时做出反应。

4. 矩阵管理制

矩阵管理制是把按职能组合业务活动和按产品(或项目)组合业务活动的方式结合起来运用的一种组织形式,即在同一组织内部,既设置具有纵向报告关系的若干职能部门,又建立具有横向报告关系的若干产品部门(或项目部),从而形成纵向与横向管理系统相结合,形如矩阵的组织机构形式。

这种组织形式代表了围绕产品(项目)组织资源和按职能划分组织资源二者之间的一种平衡,在这种组织形式中,员工属于两个领导部门,其从属具有多重性。此外,矩阵组织形式具有高度的弹性,其高级形态是全球性矩阵组织结构,它为全球主管提供了许多面对面沟通的机会,有助于公司的规范与价值转移,因而可以促进全球企业文化的建设。

矩阵管理制的优点:(1)具有较大的适应性,灵活性,特别适用于生产经营复杂多变的企业;(2)加强了横向联系,专业设备和人员得到了充分利用;(3)有利于加强各职能部门之间的协作配合,促进各种专业人员互相帮助,互相激发,保证企业整体目标的实现。

矩阵管理制的缺点:(1)组织的稳定性较差;(2)双重领导的存在,容易产生责任不清、多头领导的混乱现象;(3)成员位置不固定,有临时观念,有时责任心不够强。

5. 事业部制

事业部制最早是由美国通用公司原总裁斯隆于1924年提出的,故有"斯隆模型"之称,也叫"联邦化分权",是一种高度集权下的分权管理组织形式。它是在总公司下面按产品、地区、业务范围划分事业部,事业部自主经营,独立核算。

事业部制的特点是把企业的生产经营活动,按产品或地区分别建立经营事业部,实行集中决策指导下的分散经营。每个事业部都是实现企业目标的基本经营单位,对公司负有完成利润计划的责任,同时统一管理所属产品的设计、生产、销售、采购、售后服务等全部活动。事业部制主要适用于产业多元化、品种多样化、各有独立的市场,而且市场环境变化较快的大型企业。

事业部制的主要优点:(1)决策权并不完全集中于公司最高管理层,而是分权给事业部,有利于它们统一管理,独立核算;(2)每个事业部都有自己的产品和市场,能够规划其未来发展,也能灵活自主地对市场出现的新情况迅速作出反应;(3)公司最高管理层摆脱了日常事务,集中精力进行重大决策的研究;(4)按产品划分事业部,便于组织专业化生产,产生规模经济;(5)各事业部门之间可以有比较、有竞争,由此而增强企业活力,促进企业的全面发展。

事业部制的主要缺点:(1)容易使各事业部各自为政,滋长本位主义,削弱公司的协调一致性;(2)企业和各个事业部的职能机构重复,一定程度上

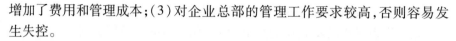

增加了费用和管理成本;(3)对企业总部的管理工作要求较高,否则容易发生失控。

6. 多维立体制

多维立体制是直线职能制、矩阵管理制、事业部制和地区、时间结合一体的复合机构组织形式。其特征是在上述各种形态结合的基础上,与地区、时间等方面取得协调,适用于跨国经营的巨型企业。这种组织形式包括三类管理机构:一是按产品划分的事业部,是产品利润中心;二是按职能划分的专业参谋机构,是专业成本中心;三是按地区划分的管理机构,是地区利润中心。多维立体制能把产品事业部、地区和公司专业参谋部门三者的管理较好地统一和协调起来。

7. 虚拟组织

"可以租用,何必拥有?"这是虚拟组织的实质。虚拟组织是一种规模较小,但可以发挥主要职能的核心组织,它的决策集中化程度很高,但部门化程度很低或根本不存在。例如,某计算机公司,没有生产工厂,只是从别的公司买来零部件进行组装销售。这种组织形式的优点是灵活性高,缺点是公司管理人员对公司的主要职能活动缺乏有力的控制。

不同的组织机构形态,具有不同的信息沟通方式、决策体系,从而会具有不同的行为方式,尤其是决策行为、领导行为和管理行为等将有很大的不同。因而,企业应根据自己所处的行业、经营规模的大小选取合理的组织机构形态。

(二)国际工程建设项目组织机构模式

一般来讲,国际工程建设项目根据其项目的规模、项目的模式选择组织机构模式。国际工程建设项目选择组织机构的根本目的是提高项目执行力度和管理水平。在具体执行中,要注意三点:一是划清各部门(单位)的业务范围,明确决策管理层与项目执行层;二是健全组织职能,理清部门职能,各项业务横向能互补,纵向能呼应;三是各部门(单位)业务幅度适宜,工作量均衡。

以下着重介绍三种不同类型的组织机构。

1. 小型单体项目组织机构

对于合同金额小、项目规模小、执行难度小的单体项目,适宜采用直线制的组织机构。

成立项目经理部,设项目经理 1 人,项目副经理 1 人(也可不设),配齐各个专业的工程师,并根据情况设行政、人力资源、质量、安全等业务主管。由项目经理全权负责项目的管理,如图 3-1 所示。

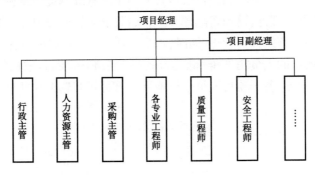

图 3-1　直线制的组织机构

2. 大中型单体项目组织机构

对于合同金额大、项目规模大、执行难度大的单体项目,适宜采用直线职能制的组织机构。

成立项目经理部,设项目经理 1 人,项目副经理 1~3 人,下设若干职能部门,负责各业务的归口管理,如图 3-2 所示。

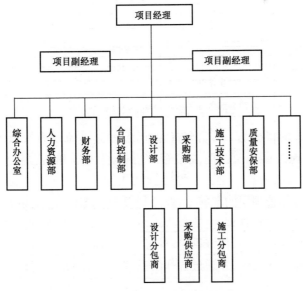

图 3-2　直线职能制的组织机构

3. 群体项目管理组织机构

群体项目管理,是指某项目部同时对同一地区的多个相对独立的项目进行的全面管理。群体项目管理,适宜采用矩阵管理制的组织机构。

成立项目经理部,设项目经理 1 人,项目副经理 2~3 人,下设若干职能部门,负责各业务的归口管理,同时,成立子项目部,分别负责各子项目的具体执行,子项目的人员由职能部门派出,行政上归子项目经理领导,业务上归职能部门领导,各子项目人员根据项目需要可相互轮换或共享(图 3-3)。

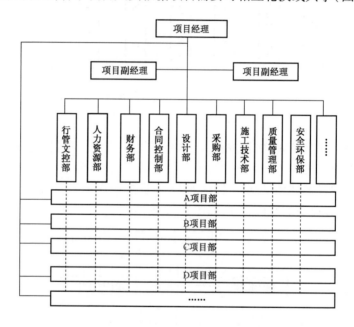

图 3-3　矩阵管理制的组织机构

这种模式的特征是十分讲究资源配置,尤其是劳动力资源的优化配置,在配置上实现两层分离,即:决策管理层(项目部)和项目执行层(子项目部)。

项目决策和管理层的职能是:在公司授权范围内,全面负责在项目所在国境内的项目开发和管理,主要负责市场开发、项目承接、投标报价、合同谈判、经营管理、资金保证、物资供应、外部环境创造、项目考核与奖惩等工作,负责与公司总部的沟通,并通过各部门发挥管理、协调、监督、控制和支持的功能。

子项目部的职能是：负责项目或者所属群体项目的执行，重点是负责项目的实施，按合同要求实现合同目标，参与决策，动员、组织和协调项目范围内及与之相关的资源，对项目执行的全过程实施组织、协调和控制。

在群体项目中实行矩阵管理制组织机构，其优点在于：(1)组织中的部门实行集中管理和宏观协调，形成并发挥专业化管理的优势；(2)组织中的部门派出人员到子项目，能够缩短指令链，加快反应速度和提高工作效率的功效；(3)派出人员在项目之间的动态流动实现了人力资源的共享；(4)部门人员和项目人员之间的定期轮换交流既可以防止部门的管理脱离实际和滋生官僚主义，也能促进部门与子项目之间的互相理解与支持。

第三节　岗　位　设　置

一、岗位定义

"岗位"是组织中从事一定职务、拥有一定职权、承担一定职责的员工的位置，岗位的三要素为职务、职权和职责。

(1)职务：员工所应承担任务的内容规定，在一定时间内需要一名员工承担一系列相同或相近的任务时，便产生一个职务，即"职位上的任务"；

(2)职权：经由一定的正式程序所赋予某项职位的一种权力，即"职位上的权力"，而不是特定个人的权力；

(3)职责：担任职务的人对工作的同意或承诺，即"职位上的责任"。

二、岗位的设置原则

从个人及岗位的角度看，在企业中进行岗位设置无非是因人设岗和因事设岗两种方式。现先以因事设岗为出发点，谈谈项目岗位设置的原则。

（一）岗位设置的数目符合最低数量原则

岗位不需要设置很多，数量要尽可能少，所有工作要尽可能集中，不要特别分散。每一个人、每一个岗位的工作人员都需要承担一定的责任，以使岗位设置符合最低数量原则。在设定了部门的责任以后，部门人员要来分担整个部门的责任。

例如，人力资源部大概有这样的四项工作，一是企业员工管理，如人员招聘、录用、调转、解聘等；二是薪酬福利管理，如制定薪酬政策、工资表和发放工资等；三是培训管理；四是进行绩效考核。四项工作就需要设置若干岗位。设置的时候，每一个基层工作人员所承担的主要责任一般是两项到五项。如果是中层工作人员，如部门经理、办公室主任、下属单位负责人等，主要责任一般是五至十项。高层管理人员，比如企业总经理、副总经理、总监等，负责的主要责任就可能达到八项到十二项。如果基层工作人员分工的时候承担了八项或者十项责任，工作起来就会存在困难，这时就需要划为几个岗位。中层人员如果承担责任的工作超过了 15 项，负担就会很重，需要加设一个副经理，高级人员也是这样。按照这样的原则划分，使岗位数量减到最低，同时使每一个岗位、每一个人承担的职责最合适，而且企业所付出的代价也最小。

（二）体现经济、科学、合理和系统化的原则

企业都在追求自己的经济效益，对于人文成本的控制也是企业控制成本的一个重要组成部分。如果岗位设置得特别多，参与这项工作的人就多，企业支付的费用就多，这不符合经济化原则。如果岗位设置过少，可能导致某一个事情没有人管，或者某一个岗位的员工负担特别重而产生消极情绪，最终工作无法完成或完成质量不高。所以在体现经济化原则的同时，要兼具合理化和科学性。企业规范化管理体系是一个大的完整的系统，岗位设置要和组织结构设计、职能分解吻合，符合系统化原则，同时，岗位设置也为岗位描述、岗位评价、薪酬福利体系设计提供支持，这些都应该是一体的。

（三）体现岗位价值原则

在组织机构里，岗位应该发挥它的最大作用。每一个岗位都要有相应的主责工作，然后有部分或者支持性工作。基层工作人员要有两项到五项的主责工作，如果工作分工里没有主责工作，都是部分或支持性的工作，那么员工的积极性就会受到影响。

（四）协调配合原则

岗位设置的根本目的是完成组织的目标。在某一个流程中考虑了上下游的关系，是否就表示在整个组织流程中就能配合好呢，在岗位的设置中，不仅要考虑一个流程中上下游之间的联系，还应该考虑本岗位与其他岗位

的协调配合,与其他流程的信息沟通。如果不能保证所有与岗位相关的业务流程的顺利开展,那这个岗位的设置就不是合理的。只有达到分工明确、协调配合并使得相关流程运转流畅的程度,岗位设置才是成功的。

（五）职责规范明确原则

在业务流程中设置某个岗位后,还要进行岗位名称、岗位职责内容的规范描述。这其实就是岗位说明书的价值。当设置一个新的岗位时,就像是任命了一个新的领导,要明确其分管的工作范围,让别人和他自己知道该做什么工作,不该做什么工作,防止工作中由于工作分配不明导致的内部冲突的发生。在这个过程中,要防止岗位名称和实际工作职责不一致的情况发生。

除因事设岗的原则外,因人设岗同样也是很重要的岗位设置原则。尤其对于国际工程建设项目,通过给一些当地特殊人才设置合适岗位,往往能超出预想的效果。

三、岗位分类方法

岗位分类应建立在科学化和系统化的基础之上,它以职位为基本元素,以职系、职组为横坐标,职级、职等为纵坐标交叉构造而成。岗位分类的主要方法有。

（一）横向分类

岗位的横向分类是根据岗位的工作性质及特征进行分类的方法。岗位横向分类的步骤与方法如下。

1. 岗位横向分类步骤

（1）将单位内全部岗位按照工作性质划分为若干大类,即职门。

（2）将各职门内的岗位根据工作性质的异同进行细分,把业务相同的工作岗位归入相同的职组,即将大类细分为中类。

（3）将同一职组内的岗位再一次按照工作的性质进行划分,即将大类下的中类再细分为若干小类,把业务性质相同的岗位组成一个职系。

2. 岗位横向分类方法

（1）按照岗位性质和特点,对岗位进行横向的区分。

（2）按照岗位在企业生产过程中的地位和作用分。

（二）纵向分级

岗位的纵向分级，即根据每一岗位的繁简难易程度、责任轻重以及所需学识、技能、经验水平等因素，将它们归入一定的档次级别。工作岗位纵向分级的步骤与方法如下。

1. 岗位纵向分级步骤

（1）按照预定的标准进行岗位排序，并划分出岗级。

（2）统一岗等。

2. 生产性岗位纵向分级方法

（1）选择岗位评价要素。

（2）建立岗位要素指标评价标准表。

（3）按照要素评价标准对各岗位打分，并根据结果划分岗级。

（4）根据各个岗位的岗级统一归入相应的岗等。

3. 管理性岗位纵向分级方法

（1）精简企业组织结构，加强定编定岗定员管理。

（2）对管理岗位进行科学的横向分类。

（3）评价要素的项目分档要多，岗级数目也应多于直接生产岗位的岗级数目。

（4）在对管理岗位划岗归级后，应对管理岗位岗级统一列等。

根据岗位分类的结果制定各岗位的岗位规范即岗位说明书，并以此作为各项人力资源工作的依据。

四、国际工程建设项目岗位级别划分范例

岗位级别一般可划分为 4 个层次：

1. 第一层次：项目领导

（1）总经理 General Manager；

（2）副总经理（总工程师、总经济师、财务总监）Deputy General Manager；

2. 第二层次：项目中层管理人员：

（1）总经理助理（安全副总监）General Manager Assistant；

（2）部门经理 Manager；

（3）部门副经理 Deputy Manager；

3. 第三层次：项目部门一般管理人员：

（1）总监 Superintendent；

（2）主管 Executive；

（3）主办 Assistant；

（4）助理主办 Clerk。

4. 第四层次：项目部门专业技术人员：

（1）专业总监 Superintendent；

（2）专业工程师 Engineer。

第四节　岗位说明书

一、岗位说明书内容

岗位说明书包含两大部分内容，即岗位描述和任职资格。岗位描述是描述一个岗位上的任职者做什么、如何做以及在何种条件下做的正式的、陈述性书面文件。任职资格包括任职者的知识、技能、能力、经验和其他方面的内容，任职资格说明了岗位承担者为了圆满完成岗位上的各项工作任务所应具备的各种素质。

（一）岗位描述

1. 岗位标识

岗位标识包括岗位名称、所属部门、汇报关系和岗位编号。岗位名称一定要反映工作内容，将该项工作与其他项工作区分开。

2. 岗位工作概述

岗位工作概述是对岗位的工作性质及其所承担的总体职责做出的简单描述，因此，可用简单的语句勾画出岗位的主要工作职责，不必详细描述工作职责下的具体工作任务和活动。

3. 岗位职责与任务

岗位职责与任务描述了岗位在组织中所承担的具体职责、所需完成的工作活动或工作内容。职责是指任职者在岗位上拥有的职权和担负的责任,而工作任务是为了履行职责而需要做的具体工作内容。

4. 工作联系

工作联系说明任职者与组织内部以及组织外部成员之间的联系情况。
以项目设计部经理为例说明如下:
报告对象:主管设计的副总经理;
监督对象:设计部总监、设计工程师及设计部专职秘书;
合作对象:采购部、施工部等相关部门经理和设计部全体人员;
产生联系的外部人员:业主公司、设计监理公司、分包商等。

5. 工作权限

岗位说明书中还应界定工作者的权限范围,包括决策的权限、对其他人实施监督的权限以及经费预算等权限。

6. 岗位绩效标准

在岗位说明书中,应根据工作职责、工作任务和工作内容的要求,列出相应的基本绩效要求。

7. 工作条件

岗位说明书中应该包括岗位所处的工作环境条件,如室内还是室外,工作环境中是否存在风险或对任职者身体健康有害的因素,如高湿、高温、粉尘、噪音等因素。

（二）任职资格

任职资格描述充分履行岗位职责的任职者应具备的基本条件,如受教育程度、受过的培训、工作经验、知识、技能、身体条件、心理素质等。

二、岗位说明书编写原则

（一）逻辑性

一般来说,一个岗位通常有多项工作职责,在岗位说明书中列出的这些职责并不是杂乱无章的、随机的,而是需要按照一定的逻辑顺序来编排,这样才有助于理解和使用岗位说明书。较常见的岗位职责的编排次序是按照职责的重要程度和所花费任职者的时间多少进行排列,将较重要、花费任职者较多时间的职责放在前面,将次要、花费任职者较少时间的职责放在后面。

(二)准确性

岗位说明书应当清楚地说明职位的工作情况,描述要准确,语言要精练,一岗一书,不能雷同,不应"千岗一面"、"一岗概全"。

(三)实用性

任务明确好上岗,职责明确易考核,资格明确好培训,层次清楚能评价。与此同时,还应该表明职责出现的频率,职责出现的频率可以用完成职责所需时间的比重来表示,因此,可以在各项工作职责旁边加上一列,表明该职责占总职责的百分比。

(四)完整性

完整性是指在编写岗位说明书的程序上要保证全面性。岗位说明书的编写一般要经过任职人员自我描述、主管领导审定、专家撰写、人力资源及其他部门工作人员完善等过程。

(五)统一性

文件格式统一,可参照典型的岗位说明书编写。

三、岗位说明书编写步骤

岗位说明书是在工作分析的基础上形成的书面资料,它的编写步骤主要有以下几个方面。

(一)工作信息的获取

分析组织现有的资料。浏览组织现有的各种管理、制度文件,并和组织的主要管理人员进行交谈,对组织中研发、生产、维护、会计、销售、管理等职位的任务、职责及工作流程有大致的了解。

(二)实施工作调查

充分合理地运用工作分析方法,如观察法、访谈法、关键事件法、工作日志法等,开展工作分析,尽可能地全面获取岗位工作的详细信息。这些信息包括工作流程及任务、职权、责任、关联对象、工作环境和任职者素质要求等。

（三）综合处理工作信息

这一阶段的工作较为复杂,需要投入大量的时间对材料进行分析和研究,必要时还需要用到诸如计算机、统计软件等工具。

对由文件查阅、现场观察、访谈及关键事件分析得到的信息进行分类整理,得到每一职位所需要的各种信息。

针对某一岗位,根据工作分析所需要搜集的7点信息,逐条列出这一岗位的相关内容,形成初步的岗位说明书。

工作分析者在遇到问题时,还需要随时与管理人员或岗位工作人员进行沟通。

召集涉及岗位工作分析的员工,分发说明书初稿,讨论根据以上步骤所制定的岗位说明书是否完整、准确。讨论要仔细、认真,甚至每个词语都要认真斟酌。工作分析专家应认真记下大家的意见。

根据讨论的结果,最后确定一份详细的、准确的岗位说明书。

最终形成的岗位说明书应简短扼要、清晰、具体。

表3-1所示是国际工程建设项目中方人员管理岗位说明书示例。

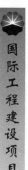

表3-1　人力资源部项目中方人员管理岗位说明书

一、基本信息			
岗位名称	项目中方人员管理	岗位编码	GL
岗位类别	管理岗	岗位等级	主管
所属部门或单位	人力资源部	岗位说明书编制时间	2009-07-27
直接上级	人力资源部主管副经理	直接下级	
二、工作概要和主要任务			
工作概要:负责项目中方人员管理的全面工作。 主要任务: 1. 办理员工借聘、聘用、入职、调转事宜,满足项目人员需求。 2. 进行绩效考核,为人员使用提供依据。 3. 协调办理项目人员调转,保证项目人员的相对稳定与合理流动。 4. 审核海外项目的机构与定员,做好定员控制。 5. 完善相关数据库,保证资料齐全			

三、岗位职责	影响程度
1. 贯彻执行党的路线、方针、政策,执行国家和上级部门的政策、法规、制度、标准。	部分
2. 负责海外项目中方人员管理工作(借聘、聘用、上岗、调配、专项考核与离职调转等)。	全部
3. 审核海外项目组织机构设置情况及"五定"方案。	全部
4. 公司人力资源管理有关会议、决议和文件的贯彻落实,具体事项的催办。	全部
5. 统计分析项目人员的各类数据,定期提供项目人员动态。	全部
6. 项目人员人事资料的收集、整理和保存。	全部
7. 与借聘单位的联系和沟通,签订借聘协议,续签借聘协议,完善借聘单位信息,计算并支付借聘费用。	全部
8. 建立健全项目人员管理数据库及其他相关数据库,并负责动态维护管理。	全部
9. 编写本岗位相关工作的上会材料,并贯彻落实。	全部
10. 根据合同到期情况,通知并办理人事代理转劳务派遣工作。	全部
11. 完成领导交办的其他工作	全部

四、岗位权限

1. 对考核出现的异常及时向领导汇报,提出处理建议。
2. 根据有关规定和工作实际情况,答复公司所属单位提出的一般性业务问题。
3. 督促各单位按时完成专项考核等工作,汇总并提出建议。
4. 及时通知协议续签、人事代理转劳务派遣,对异常问题及时向领导汇报

五、任职条件要求

学历	专科以上学历
专业技术职务任职资格	具有助理级专业技术职务任职资格
专业背景	经济、工商管理类专业毕业
工作经验或工作经历	从事人力资源管理工作 3 年以上
综合素质及其他要求	熟悉国家相关法律法规和公司的管理规定,具备较强的自我学习、计算机应用、与人合作、分析判断、业务实施、开拓创新等能力
………	

六、工作环境

工作场所	公司总部人力资源部	工作时间	标准工时工作制

七、备注

编制人: 审核人: 审核时间:

第五节 定岗定员

一、定岗定员基本原则

（一）定岗基本原则

1. 因事设岗原则

岗位和人应该是设置和配置的关系，岗位设置必须按照项目各部门职责进行，而不能颠倒。因人设岗不是不可取，它只能针对少部分的高端技术人才或特殊人才，不能是普遍的状态。

2. 协作原则

在项目组织的整体规划下，岗位设置强调专业化分工，但各岗位间有效地协调也尤为重要，因此，在分工基础上有效地协作，使各岗位职责明确而又能上下左右之间同步协调，以发挥最大的项目运作效能。

3. 最少岗位数量原则

在项目组织机构的框架下，要考虑在满负荷的状态下设置岗位，尽量降低岗位数量。既要最大限度地节约人力成本，又要尽可能地缩短岗位之间信息的传递时间，减少信息传递中的衰减效应，提高组织的工作效率和工作质量。

4. 业主导向原则

为业主创造价值是项目存在的依据，因此岗位设置必须从业主角度考虑，按照业主公司的组织机构以及项目对业主提供的服务内容进行岗位设置。

5. 有利于个人职业发展的原则

岗位的设置应考虑员工未来的职业发展，为员工提供职业发展通道。

6. 监控原则

在项目运行中，某些岗位之间存在着监控的关系，如财务部的会计和出纳、采购部的采购工程师和保管员，必须分别设立。

7. 一般性原则

岗位的确定是以一定任务量为前提的,任务量超出一定的限度,就应该增岗或增员。但是,在岗位确定时,应以一般情况下的任务量为前提。

8. 规范化原则

岗位名称、职责范围、任职条件等均应规范化。

(二)定员基本原则

1. 先进原则

所谓先进,就是与同行业标准相比,组织机构设置精干,用人相对较少,但是组织效能较高、劳动生产率较高。

2. 合理原则

所谓合理,就是从项目实际出发,结合项目的管理要求、技术要求及员工素质,在考虑到组织效能、劳动生产率和员工素质提高的情况下确定定员数。

3. 一般原则

定员人数的设定应该以项目正常运行时所需要的人数为标准。工程建设企业的项目季节性比较强,不能以旺季时所需要的人数作为定员的标准,在旺季产生人员需求时,可以以季节性用工为补充。

4. 有利于员工健康和发展的原则

在制定定员标准的时候,应该考虑员工的出勤因素,留有余地,保证员工的正常休息和参加岗位技术培训的机会。在海外项目中,还应该考虑员工回国休假制度对定员的影响。

(三)定岗与定员之间关系

生产岗位一般是一岗多人,先确定岗位再定员;管理岗一般是一人多岗,在确定岗位的同时完成定员。

二、定岗定员方案设计方法

(一)定岗定员总体思路

项目的定员可以按两种思路进行。一种是自上而下的逐级分解,也就是根据项目规模及产值,结合预算部门测算出的人力成本的平衡点,算出项目总定员数,由人力资源部根据各部门岗位的需要,分解总定员到各部门;另一种是自下而上的汇总,即由各部门负责人牵头,根据部门的工作量,拟定部门各岗位人员需求量,最终汇总到人力资源部,人力资源部将汇总的草案提交项目高层或定岗定员委员会进行讨论并最终确定。

(二)定员工作具体步骤

1. 确定操作、服务人员总规模

操作、服务人员的总规模可根据项目的规模及产值等量化指标概算出来,具体方法如下:

(1)根据设备定员。对于生产企业,每台设备都存在额定的看管定额或操作机位,例如,纺织企业的纺织工人数量是根据纺织机看管定额水平确定的,计算方法如下:

$$岗位定员 = 设备台数(台) × 看管定额(台／人)$$

其他生产企业,可按照生产线设计时确定的机位来确定生产定员,比如印刷企业某型号凹印机额定人员定额为 3 人,即必须由 3 人才能开动,这实际上也是看管定额的一种。

(2)对于服务类企业,生产人员与服务对象之间则存在相对稳定的比例关系,以餐饮企业为例,就餐人数和服务人员存在一定比例,按此比例可计算出服务人员规模。

(3)按照劳动效率定员。根据企业总的设计产量和一般的人均劳动效率,则可计算出生产人员总量,如在一定的自动化水平下,煤矿企业人均产煤量的指标。

(4)按照人工成本定员。还有一种情况,可以按照人工成本定员,如上面谈到的煤矿企业,可以用百万吨煤的人工成本计算出生产人员总量。

一般来说,生产岗位定员是最方便量化计算的,也是最容易达成一致的。利用以上方法,可以直接计算出不同岗位生产人员的定员标准。

2. 确定管理人员总规模

管理人员与生产岗位定员之间存在一定的比例关系,这种比例关系一般随行业不同而不同,一般来说,劳动越密集,管理人员所占比例越低,而资本和智力越密集则管理人员所占比例越高。每个行业都存在一个适宜的比例范围,企业可参考行业标杆企业、平均水平和自身情况确定该比例。

（1）按照部门岗位设置，在各职能部门中合理分配管理人员总定员。

在管理人员总定员确定后，按照组织结构的部门设置，将总定员分配到各部门中去。可由人力资源部门代表企业定员工作组提出一个讨论草案，草案分配原则如下：对于人力资源部门，可按照员工数量的一定比例确定；对于财务部门，可主要按照公司业务数量决定的财务工作量；对于行政部门，可按照员工数量的一定比例确定，其中，某些较为特殊、具有一定的独立性的部门的定员，主要取决于企业的发展策略。同时，各部门之间注意保持合理的定员比例关系。

（2）成立定员委员会，采用德尔斐法适当调整部门总定员。

定员委员会由公司高层、各部门经理、外部行业专家组成。将上述计算过程及结果以简明的列表方式呈现给各位内部专家，让其背靠背地按个人意见适当进行调整，并指明调整的理由；人力资源部在收集意见后作综合处理，然后反馈给各位专家，征求第二轮的意见。根据意见的一致程度，一般在两轮后即可组织面对面的座谈会，由各位专家公开发表意见，进行讨论。最后即可得到一致的部门定员数。在进行定员总数核定时，应考虑到出勤率的因素，为员工正常的事假、病假留出合理的空间，出勤率可参考企业历史数据确定。

3. 由各部门按照岗位设置将部门总定员分解为岗位定员

逐层分解的过程为各职能部门内部岗位定员勾勒出越来越清晰的框架。实际上，在部门定员确定之后，岗位定员的难度大大降低。具体方法如下：

（1）流程分析法：根据岗位所包含的流程总工作量确定各岗位定员。

（2）职责分析法：根据岗位职责数量确定岗位定员。

实际上，这两种方法都是主观分析的方法，但在部门定员确定的前提下，各部门负责人完全有能力根据流程和职责合理进行岗位定员。部门负责人不愿意合理确定定员的原因在于，一是没有部门总定员数的限制，存在增加部门编制的博弈心理，二是部门层面没有压缩成本的自我约束动机，这一方面将在下文中讨论。

4. 定员的最终确定

在分解部门定员的时候，可能产生定员核定数不尽合理的问题，这就需要重新核定部门总定员，还有就是要对分解到岗位的工作与责任进行总体分析，并最终确定定员结果。至此，定员全过程基本完成。

三、定岗定员工作现实意义及注意事项

（一）定岗定员工作对项目开展具有重要意义

1. 为合理掌控项目规模和确定人员招募策略提供依据

通过确定一个国际工程项目的总定员，可以有效控制其人员规模，避免人员急剧膨胀或严重不足的现象。同时，在出现人员需求的情况下，依据定岗定员来确定是否有缺员，可为人员招募工作提供决策依据。

2. 可以大力推进当地化和国际化工作

在一个国际工程建设项目的定岗定员中，明确其中方、当地、第三国雇员的比例或数量，可以直接并有效地确定外籍化程度。

（二）实施定岗定员工作应注意事项

1. 持续积累定员数据，为定员提供支持

行业数据和本企业历史数据是企业定员的最有力依据，但是很多企业却缺乏系统的数据积累，因而给定员工作带来一定障碍。人力资源部门应特别注意相关历史数据和行业数据的搜集和积累，从而为企业定员提供支持。

2. 正确认识定员的意义，争取企业高层的重视和支持

在成本成为企业生死线的今天，定员显得益发重要，要从企业竞争力的高度认识定员的重要性。同时，企业高层的重视和支持是定员成功必不可少的要素。

3. 运用公开透明的决策程序，使各部门充分发表意见

人力资源部门往往成为企业定员过程中的众矢之的，各部门将人力资源部门看做压缩定员的砍刀，原因之一就是定员过程中没有给相关部门发表意见的机会，使之被动接受定员结果。人力资源部门应当变暗箱决策为公开博弈，强化定员程序的公开透明性，使各部门充分发表意见，积极参与到定员过程中。

4. 通过规则设计，使各部门产生自我约束动力

在部门缺乏自我约束动力的情况下，依靠外界约束只能压缩和抑制定员膨胀的速度，而无法真正保持合理的定员水平。通过定岗定员划小核算

单位或者进行模拟独立核算,从形式上使各部门成为自我约束的实体,从而形成良好的定员机制。

5. 正确认识量化标准和主观经验的作用

定员工作不可能完全量化,主观经验起着重要作用,所以不要盲目相信量化,过度量化可能是有害的。采用合理的程序(如德尔斐法)使主观经验公开表达,非但不会影响客观性,反而有利于定员的合理进行。

6. 定员是一个持续调整过程

环境是不断变化的,企业定员也必然是不断调整的,因此没有一劳永逸的定员标准,人力资源部门要做好定员维护工作,及时发现问题,并根据企业状况适时调整。定岗定员是各种组织中普遍存在的问题,它没有固定的模式,也没有统一的标准,只有适用的才是最好的,因此,这是一个不断探讨、常谈常新的问题。

第四章 员工招聘

一、员工招聘概念

　　员工招聘是指企业根据人力资源规划和岗位需求,吸引并挑选合适的工作候选人来填补岗位空缺的活动。员工招聘是企业吸纳人力资源的必要途径,是整个人力资源管理活动的基础和关键。

二、招聘原则

　　(一)服务于企业经营发展战略需要原则

　　员工招聘应当服务于企业经营发展战略需要,以战略人力资源规划为基础,制订人力资源需求计划,以企业经营发展所需人才的素质模型为标准,确定招聘条件和人员甄选方法,定岗定员、因岗配人,从而为企业的可持续发展选拔和输送有用人才。

　　(二)公开、公平、择优原则

　　公开、公平、择优的原则贯穿于员工招聘活动的始终,招聘信息应当以正式渠道公布,招聘程序应当公开透明,人员甄选标准应当公平合理,人员选拔应当任人唯贤,选择最佳适用人才。坚持公开、公平、择优的原则,不仅可以确保企业招到真正符合岗位需求的人才,而且还有利于树立企业良好形象,从而吸引更多的求职者应聘,从而扩大选择范围。

　　(三)严格遵守当地劳动法律法规,依法用工原则

　　国际工程建设项目分属不同的国家和地区,因此在进行招聘活动时应该严格遵守项目所在国的法律法规,这不仅是保障招聘活动正常化和合法化的必要条件,同时也是维护企业形象甚至国家形象的必然要求。不同国家甚至同一国家不同地区的法律法规对用工制度有着不同的规定,因此,国际工程建设项目在项目所在国进行招聘活动时,必须事先认真学习当地的

劳动用工制度,按章办事,依法招聘。另外,由于国际工程建设项目的业主或合作方大多是外资企业,因此,在招聘时也应当尊重外方的相关规定和习俗。以苏丹关于当地雇用招聘的相关规定举例说明如下。

苏丹关于当地雇员招聘的相关规定:

苏丹法罗杰(PALOUGE)地区当地政府要求,所有油田企业招聘当地苏丹雇员时,必须到当地劳动力办公室(Labor Office)登记,并告知招聘人数和任职要求,并由当地劳动力办公室根据企业需求为其提供工作候选人,经企业考核合格后,所有聘用人员的基本资料需在劳动力办公室备案。任何企业不得在未通知劳动力办公室的情况下单独招聘当地苏丹雇员。

三、招聘流程

员工招聘主要包括招聘需求的分析与确认、人员招募、工作候选人的甄选、员工录用及招聘评估等几个主要活动,图4-1描述了员工招聘活动的主要流程。

员工招聘活动由企业人力资源部门和用人部门共同完成,人力资源部门负责招聘的组织和具体招聘活动的实施,相关业务部门配合人力资源部门开展人员需求的制定、员工甄选等相关活动。根据国际工程建设类企业职能部门加项目部的矩阵型组织结构,员工招聘一般可分为企业机关总部和项目部两个层次。根据招聘对象的不同,不同层次招聘活动的组织与实施也有所不同。一般来说,机关总部人员的招聘,由机关总部具体负责;项目部高级管理人员的招聘,由机关总部主要负责,项目部参与;项目部技术操作人员、项目所在国当地雇员和国际雇员的招聘,由项目部具体负责。机关总部和项目部在招聘活动中分别承担的具体职责参见表4-1所示的内容。

表4-1　国际工程建设企业的机关总部和项目部在招聘活动中的职责分工

招聘对象 \ 层次	机关总部	项目部
机关总部人员	具体负责	—
项目部高级管理人员	人员需求的审批 人员招募 人员甄选 办理录用手续	人员需求申请 人员甄选 办理接收手续
项目部操作技术人员 项目所在国当地雇员 项目所在国国际雇员	备案	具体负责

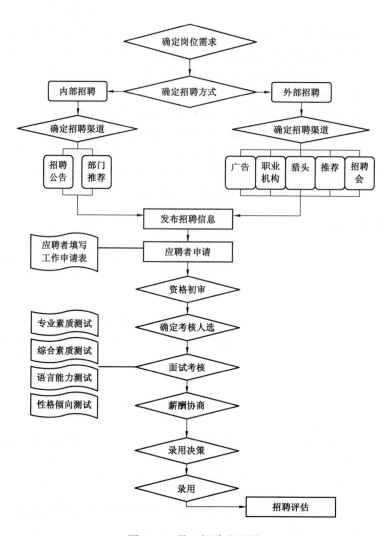

图 4-1 员工招聘流程图

四、国际工程建设项目员工招聘特点

（一）应聘人员多样化

国际工程建设企业所招聘的员工大致可以分为中方中高级管理人员、中方操作技术人员、外籍高级管理人员、项目所在地中高级管理人员、当地操作技术和服务人员等几类。由于不同类型员工的国籍不同、工作地点不同、岗位职责不同、任职条件不同,因此在招聘的过程中所选用的招募渠道、甄选方法以及最终的录用决策也不相同。国际工程建设企业在员工招聘过程中,应当根据所招聘对象的特点,选用恰当的招募渠道,采用科学合理的甄选方法与技术,从而做出明智的录用决策。

（二）招聘的计划性和时效性较强

国际工程建设企业员工招聘的主要目的是为项目的正常运行配备合适的人员。由于项目的运行具有周期性和执行情况不确定性的特点,员工招聘的计划性和时效性较强。一般说来,在一个项目正式开始前,人力资源部门就应当根据项目的合同金额、规模、项目执行模式等因素对项目的人力资源需求进行预估,制订定岗定员方案,并开始着手制订招聘计划。在项目执行过程中,又要根据项目执行进度对人力资源进行完善补充,为项目的正常运行及时配备相关人员。

（三）对招聘工作人员的个人素质要求较高

国际工程建设企业对招聘工作人员的素质具有较高的要求,一方面,招聘的岗位大都技术性较强,因此招聘工作人员除了应当具备丰富的人力资源管理专业知识以外,还应该对工程技术、项目管理等相关方面的知识有一定的了解;另外,由于招募的人员除了包含中方员工外,还包含外籍雇员和项目所在国当地雇员,因此招聘工作人员除了具备较好的沟通协调能力和语言表达能力外,还需要精通英语或项目所在国的官方语言。

第二节　人员需求

一、人员需求申请

人员需求的预测是招聘工作的第一步,在现代人力资源管理中,人员需求的预测一般通过人力资源规划来完成。人力资源规划作为企业战略规划的一部分,对人员需求的预测一般说来都是中长期的,它描述了企业经营发展对于人力资源需求的一种未来趋势,然而人力资源规划并未对短期内不同种类人员的需求数量、上岗时间、任职资格等进行严格界定,因此,在招聘活动具体实施过程中,一般应先由出现职位空缺的用人部门向人力资源部门提出人力资源需求申请,并向其提交正式人力资源需求申请表。

根据国际工程建设项目执行周期的不同,人力资源需求可分为年度人力资源需求、半年人力资源需求、临时用工人力资源需求;根据国际工程建设项目企业矩阵式组织机构特点及招聘权责的不同,人力资源需求可分为企业机关总部层次人力资源需求、项目部层次人力资源需求;根据需求对象不同,人力资源需求又可分为中方员工人力资源需求、国际雇员人力资源需求、当地雇员人力资源需求。鉴于国际工程建设项目人力资源需求类型的多样性,人员需求申请表也应当针对各类需求类型的特点制定相应的格式,并由人员需求部门在人力资源部门的指导下完成。以下提供了几种常见类型需求的申请表范例(表4-2,表4-3,表4-4)。

表4-2　某公司海外项目部某年中方管理人员需求申请表

序号	需求部门	需求岗位	性别	年龄	语言	学历	专业	持证要求	工作经验(年)	人数	工作地点	到岗时间	备注
1													
2													
3													
4													
5													
合计													
人员需求详细分析说明:													

制表:　　　　　　　　　审核:　　　　　　　　　审批:

注:此表为各分公司(项目部)向机关总部申请招聘中方高级管理人员时所用人员需求申请表。

表4-3　某公司项目部当地雇员招聘申请表
Recruitment Request Form for Local Employee

申请部门/单位 Applying Dept.:　　　　　　　　　申请日期 Applying Date:

拟聘岗位 Post Type:	○力工岗位 Labour Post ○管理人员岗位 Staff Post
雇佣形式 Form of Employment:	○短期 Casual ○固定期限服务 Service Fixed Term

工作地点 Work Place：   要求上岗日期 Employment Date：   预计聘用期限 Employment Term： 自 From： 至 To：
申请招聘原因 Motivation for Recruitment Request：   部门/单位负责人签字 Dept. Head：
岗位职责 Post Responsibility：
任职条件 Qualifications：

人力资源部审核意见 Comments of Human Resources Dept： 签字 Signature： 日期：Date：	项目领导审批意见 Project Leader's Approval： 签字 Signature： 日期：Date

注：此表为项目部(分公司)内招聘当地雇员所用申请表

表4-4 某公司项目部现场临时用工申请与审批表
Temporary Labor Requisition & Approval Form

申请部门 Applying Dept. ： 申请日期 Applying Date：

用工理由 Reason for Requisition：
用工人数 Quantity： 用工地点 Work Site：   用工天数 Working Days： 天 Days 自 From： 至 To：   用工要求 Qualification：   申请人 Applicant： 部门负责人 Dept. Head：

人力资源部门意见 HR Dept. Comments：

日薪 Daily Rate：

食宿 Accommodation：　☐　早餐 Breakfast　　☐　午餐 Lunch　　☐　晚餐 Dinner

　　　　　　　　　　☐　不提供 Not Provided

☐　提供住宿 Dorm Provided　　　　　　☐　不提供住宿 Dorm Not Provided

其他 Additionals：

负责人 HRD Head：

项目领导审批意见 Project Leader's Approval：

项目经理 Project Manager：

注：此表为项目现场招聘临时工所用申请表

二、需求确定

人力资源部门在收到人员需求信息后，应对需求申请的相关信息予以审核和确认。人员需求的确认主要包括三个方面：需求人数、上岗时间及任职资格。

人员需求的确认过程是人力资源部门与人员需求部门双向沟通的过程。人力资源部门在确认人员需求时，一方面要以现有的企业战略人力资源规划及员工素质模型为基础，另一方面又要充分征求用人部门的意见，在人员需求部门的配合下对招聘人数、具体上岗时间及任职资格等关键信息进行修订或再开发，确保需求信息的准确性。

第三节　人员招募

一、招募定义

在确定人员需求后，就进入了员工招募实施阶段。员工招募是指企业根据人员需求找寻和吸引与空缺职位相匹配的工作候选人的活动。员工招应聘职位：　　　　　　　　　　　　　　　　　　　　　　　　　填表日期：

表4－5　某公司中方员工应聘人员登记表

姓名		性别		民族		照片
出生地		出生年月		行政级别		
现工作单位		婚姻状况		身高	体重	
现工作职务						
政治面貌		技术职称		工作年限		年
联系电话	电话：		手机：	现住址		
E－MAIL		身份证号				
外语水平	语种：	考试类型：	时间：	成绩：		
期望薪酬	人民币/年；		美元/年			
教育情况	国内工作期间：　国外工作期间：　组织单位：					
	开始时间	毕业时间	毕业院校	所学专业	所获学历学位	
培训情况	开始时间	结束时间	培训单位	培训内容	获得资格（证书）	

续表

主要工作经历	起止时间	工作单位	岗位	主要工作内容

家庭情况	关系	姓名	所在单位	职务
	父亲			
	母亲			
	配偶			
	子女			

自愿保证：本人保证未曾参加中国法律、法规禁止的组织和活动。本人已详细填写本表单，并对以上填报内容和所提供材料的真实性负完全责任。
若因填写有误或故意提供虚假信息，其后果（包括解聘处分）由本人负责。

应聘人：　　　　　　　　　日期：

注：内容填写须属实，如有虚假，即取消资格。此表应为A4纸大小，请勿更改表格项，必要时可另附页。

募主要包括招募方式及渠道的选择、招募信息的发布、搜集应聘人员信息等几个活动。

员工招募所要达到的最终结果是搜集到符合岗位要求的工作候选人的相关信息,在招募过程中,《应聘人员登记表》是搜集应聘人员信息必不可少的工具。根据招募对象的不同,《应聘人员登记表》的内容和格式也有所不同,表4-5给出了国际工程建设企业《应聘人员登记表》范例,各企业在具体使用时可根据情况做相应调整。

二、招募渠道

招募渠道的选择是招募工作最重要的组织部分。由于招募对象、人员需求数量、招募紧急程度、招募预算费用不同,在招募活动中应该根据具体情况选择不同的渠道和方法。根据招募对象来源的不同,招募活动可分为内部招募和外部招募,它们采用不同的方法。

内部招募是指从企业内部发掘与需求岗位相匹配的人员的活动。内部招募一般通过在企业内部发布招募公告的方式发布应聘信息,并采用内部提升、推荐选拔、工作轮换等方式填补职位空缺。内部招募是国际工程建设类企业一个行之有效的招募途径。一方面,当在建项目中的一个项目出现职位空缺时,首先应考虑通过从其他项目或者机关总部寻找相关合适人选,通过项目之间、机关总部与项目间、国内与国外间的岗位轮换方式达到填补空缺职位的目的;另一方面,当需要招募中高层管理人员时,一般应在企业内部通过公开竞聘的方式进行选拔。内部招募的优点是:为组织内部职工提供了发展的机会,有利于调动员工的积极性;通过从内部寻找合适人选填补项目职位空缺,为企业节约了大量招募费用和新员工上岗培训等费用;简化了招募程序,减少了新员工熟悉工作岗位的时间,降低了因职位空缺而造成的间接损失。

虽然内部招募由很多优点,但由于招募要求的限制、人员需求的多样化,仅靠内部招募无法完全满足企业需要,这时就应当采用外部招募的方式来获得所需人员。研究表明:内部与外部招募的结合会产生最佳的结果。企业的外部招募通常有以下几种渠道。

1. 广告

广告是一种应用最为广泛的招募形式,招募广告可以通过报刊、杂志、电台、电视、网络等多种渠道发布,具有简便快速、传播范围广、应聘人员数量大、选择余地大等特点。一般说来,招募广告应包含以下内容:企业基本情况、招聘岗位、招聘人数、任职条件、福利待遇、应聘方式、联系方式及其他相关内容。近年来,随着互联网的普及与发展,各类招聘网站逐渐成为企业发布招聘广告的一种快捷、简单的渠道,针对不同的招募对象选择不同类型的招聘网站,往往能达到较好的招聘效果。

2. 招聘会

招聘会是由专业就业机构举办的一种人力资源供需见面会,企业通过参加招聘会与求职者面对面交流来达到招募目的。招聘会具有直接、可信度高、费用低廉等特点,比较适合招募通用性人力资源。对于国际工程建设企业而言,由于其人员需求大多为技术含量较强的工程技术类人员,参加招聘会的效果往往不是太好。许多实力雄厚的国际工程建设企业参加招聘会更多的是为了宣传自己,为潜在的求职者提供相关信息。

3. 职业介绍中心

职业介绍中心是一种为企业提供候选人的社会机构,具有推荐人选速度快、数量大的特点,可以节约企业寻找候选人所需的时间和人力。但职业介绍中心推荐的人选质量普遍不高,适用于初中级人才或急需用工。需要特别注意的是,在规定员工招募必须通过职业介绍中心的国家和地区,职业介绍中心是国际工程建设企业在项目所在国招募当地雇员的必要渠道。

4. 员工推荐

通过在职员工或行业内部他人推荐是国际工程建设企业招募中高级人才的一个重要来源。国际工程建设企业由于其行业特点,所需招募的人员除了要具有丰富的工程项目经验外,还必须有较高的外语水平。这类人才如果采取在社会上公开招聘的方式,往往耗费大量的精力也难以物色到合适的人选,而通过在职员工或行业内部他人推荐,能以相对较低的成本招到适合企业的素质较高的应聘人员,如果是内部推荐,则此类人员较为可靠,人员忠诚度较高,离职率也很低。因此,员工推荐的方式在企业招聘渠道中所占的比重越来越大。

5. 猎头公司

猎头公司是近年来兴起的为企业提供高端人才招聘服务的机构。猎头公司具有服务水平高、找寻人才速度快、成功率高、人员匹配率高等特点。同时,猎头公司收取的费用也比较昂贵,一般猎头公司收取的费用是推荐成功职位年薪的30%左右。猎头公司一般适用于物色企业高级人才。

国际工程建设企业在招募员工的过程中,应根据所要招募人员的类型选择不同的招聘渠道:对中方中高级管理人员,一般应选择广告、员工推荐、猎头公司等招募渠道;对中方操作技术人员,宜通过职业介绍中心代为招聘,采取劳务外包的方式招募相关人员;对外籍高级管理人员,应选择猎头公司作为主要招聘渠道;对项目所在国中高级管理人员,可选择在当地报刊上发布招聘广告或通过当地就业机构推荐的方式招募;对项目所在国当地操作服务人员,主要采取当地就业机构推荐的渠道。关于国际工程建设类企业招聘渠道的选择,可以简单用表4-6表示,但由于不同企业情况不同,项目所在国的国情及法律制度不同,企业在选择招聘渠道时,既要考虑到不同招聘渠道的特点,又要结合项目所在地的社会、经济、文化及法律法规等情况进行招聘渠道的优化组合,这样才能达到较好的招聘效果。

表4-6　针对不同类别需求人员的招募渠道的选择

招聘人员类别	主要招聘渠道
中方中高级管理人员	广告、员工推荐、猎头公司
中方操作技术人员	职业介绍中心
外籍高级管理人员	猎头公司
项目所在国当地中高级管理人员	当地广告、当地就业机构推荐
项目所在国当地操作服务人员	当地就业机构推荐

第四节　员工甄选

一、员工甄选概念

当企业招募到一定的工作候选人后,就进入到了员工甄选阶段。员工甄选是指企业通过一定方法和手段,对招募到的工作候选人进行评估和筛选,并最终确定拟聘用员工的过程。员工甄选是招聘活动中的一个重要环节,在甄选过程中运用的方法与手段,不仅决定着招聘活动的成败,甚至会对企业的发展产生深远的影响。

员工甄选包括两个方面的内容:一是甄选标准的确定,这是进行甄选活动的基础和前提。二是甄选方法和技术的选择,这是通过甄选活动挑选到合适人选的客观保证。从流程上看,员工甄选主要包括简历审查与筛选、选择适当的甄选方法对候选人进行评估、背景调查、身体检查等主要几个活动。

二、员工甄选标准

员工甄选活动必须以一定的标准为基础,按照甄选标准合理选择相关甄选手段与技术,从而挑选出与甄选标准相匹配的工作候选人。员工甄选的标准由需求岗位的内在要求决定,而对需求岗位内在要求的描述则包含在工作分析及员工素质模型的构建中。在员工甄选的具体实施过程中,为使相关工作更具可操作性,应将工作分析的结果与员工素质模型的相关内容转化为具体的岗位任职条件,换句话说,员工甄选标准的确定实际就是将工作分析与员工素质模型构建的结果具体化为需求岗位的任职资格的过程。

根据国际工程建设企业人员结构的特点,将招聘过程中的员工基本甄选标准大致归纳为下面几类。

（一）中方中高级管理人员的基本甄选标准

（1）大学本科以上学历,3 年以上相关工作经验。工作经验丰富者,学历可放宽至大专;

（2）外语（项目所在国官方用语或工作语言）水平较高,能作为工作语言熟练使用;

（3）具有相关专业执业资格;

（4）身体健康,能够适应国外艰苦的工作环境。

（二）中方操作技术人员的基本甄选标准

（1）中专以上学历,具有一定与所应聘岗位相关的工作经验;

（2）具有一定的外语基础,基本交流无障碍;

（3）特殊工种需持有相关职业资格证书;

（4）身体健康,能够适应国外艰苦的工作环境。

（三）外籍高级管理人员的基本甄选标准

（1）大学本科以上学历,5 年以上国际工程建设项目相关工作经验;

（2）熟练掌握英语,懂中文者可优先考虑;

（3）身体健康,能够适应国外艰苦的工作环境。

（四）项目所在国中高级管理人员的基本甄选标准

（1）大专以上学历，有 3 年以上专业工作经验；

（2）取得当地劳动部门认可的相关专业执业资格；

（3）英语听、说、读、写流利，交流无障碍；

（4）身体健康，能够适应工程建设现场的工作环境。

（五）项目所在国当地操作服务人员的基本甄选标准

（1）具有职业院校或相关专业培训机构的学习培训证书，具有一定的所应聘岗位的相关工作经验；

（2）特殊工种需持有相关职业资格证书；

（3）身体健康，能够适应工程建设现场的工作环境。

由上可知，国际工程建设类企业的员工甄选标准一般可从知识水平、外语水平、工作经验、从业资格和身体状况五个能力维度予以确定。不同类型的员工，对五个能力维度的要求也不尽相同。上面仅列举了国际工程建设类企业员工甄选的一些基本任职条件，企业在具体的招聘活动中，还应当根据需求岗位的要求，结合职位说明书和员工素质模型，对甄选标准进行细化和量化。

以某公司招聘工艺设计工程师的甄选标准举例说明如下。

某公司招聘工艺设计工程师的甄选标准：

（1）化学工程、油气储运、石油加工学士及以上学位；

（2）五年以上专业设计工作经验，参加过大中型工程项目设计或管理工作；有国家石油石化甲级单位 6 年（或国家石油石化乙级单位 8 年）以上专业设计工作经历或国际工程建设项目管理工作经验者优先；

（3）英语托福考试成绩总分 500 以上；

（4）年龄 45 岁以下，身体健康，可适应海外工程现场艰苦工作环境。

三、员工甄选方法

（一）一般甄选方法

1. 初审

员工招募活动完成后，常常会收到大量应聘者的简历和应聘资料，这时就需要对这些资料进行初步筛选，从中挑选出与需求岗位任职资格基本符合的应聘者。首先,人力资源部门通过审阅求职者的应聘资料挑选出基本符合要求的求职人员,然后,人力资源部门再将筛选后的人员名单及资料移交用人部门,由用人部门再次筛选,最终确定进入下一轮的考核人员名单。初审工作是一项大量耗费时间与精力的工作,当企业规模较大且短时间内需要招聘大批人员时,初审工作所需要的时间与工作量往往占到了整个招聘活动的一半以上。为提高工作效率,一些大型国际工程建设企业通常开发一套应聘员工信息系统,求职人员可通过网络在线填写个人信息,企业可以根据相关岗位的任职要求在系统中设定筛选条件,并通过信息系统的自动筛选功能获得基本符合岗位需求的求职人员名单。

2. 笔试

笔试是让求职者对给定的题目进行作答,然后根据答题情况给予相应成绩的一种甄选方式。笔试可以用来测量求职者的专业知识、分析能力、书面文字能力、外语能力等方面的素质。笔试具有成本低、花费时间少、效率高、公正客观的优点,同时,对应试者知识、技能和能力的考察信度和效度较高,因此笔试至今仍是企业普遍运用的一种甄选方法。但另一方面,由于笔试是一种被动的测试方式,缺乏与求职者之间的互动交流,因此笔试不能全面考察求职者的工作态度、品德修养、沟通协调能力、管理组织能力以及其他方面的隐形素质,因此在员工甄选的过程中,笔试往往作为大多数企业进行筛选活动的第一步,笔试成绩合格者才能进入下一轮。

3. 面试

面试是指通过面对面交流的方式收集应聘者相关信息,从而考察应聘者是否具备需求岗位任职资格的一种甄选技术。面试是在现代企业中应用最为广泛的一种甄选方式,关于面试的种类和技术将在本章第五节中详细介绍。

4. 管理评价中心技术

管理评价中心技术是近来新兴的一种甄选技术,它模拟与需求岗位相关的工作场景,并让应聘者参与到其中,通过考察应聘者在实际工作场景中的表现来考查其工作能力并对其进行评价。管理评价中心技术主要包括无领导小组讨论、公文处理、管理游戏、个人演说、角色扮演等方面的内容。管理评价中心技术具有较高信度与效度,通过短时间的工作模拟,很容易考察应聘者是否具备需求岗位的任职资格,但管理评价中心技术相对于其他甄选方法成本较高、耗时较长,在实际招聘过程中,一般仅用于对高级管理人员的甄选。

5. 性向测试

对求职者进行性向测试,寻找其内在性格中与职业倾向相关的特质,并以此作为判定求职者是否满足需求岗位素质要求的依据。性向测试可以很好地了解应聘者的个性特点,在实际招聘过程中,性向测试一般作为一种辅助甄选技术帮助企业进行人员选拔。性向测试在西方管理学和心理学界具有悠久的历史,目前在企业中应用较多的性向测试工具主要有两类:一类是自陈式测试,这种测试基于"只有本人最了解自己"的假设,其测试信息及结果来源于受测者对自身个性的解读,如卡特尔 16PF 测试(Catell 16 Personality Factor Test)、艾森克人格问卷(EPQ)、加州心理调查表(CPI)等;另一类是投射测试,这种测试基于"人们对外界刺激的反应都是有原因的,且这些反应主要取决于个体的个性特征"的假设,其目的是探知个体潜意识的欲望、动机、态度等,主要方法包括罗夏克墨迹测验、主题理解测验和句子完成测验等。

6. 身体检查

身体检查是员工甄选过程中一个必不可少的程序,对国际工程建设企业而言,由于工作现场自然环境较为恶劣,因此对求职者身体素质要求较高。身体检查一般由企业委托专业的医疗机构进行,费用由企业承担。

7. 背景调查

为了更加全面获得求职者的真实个人信息,避免求职者为迎合岗位需求弄虚作假,故意编造相关经历,企业在甄选活动的最后一个环节中有必要对求职者进行背景调查。背景调查的内容包括以下几方面:(1)候选人学历、证书的调查;(2)工作经历的核查,工作经历的核查主要是指对候选人任职时间、任职职位、具体工作内容、候选人的工作表现、离职原因等方面的调查;(3)辅助资料调查,例如个人魅力、在个性和诚信上的表现、社会关系等。背景调查并不是针对所有应聘人员,而是只针对在甄选过程中有疑问的应聘人员,调查方式可由企业自身进行,也可委托专业中介机构实施。

(二)国际工程建设企业甄选方法选择与应用

上面简单介绍了一些常用的员工甄选方法,企业在实际招聘过程中,应该结合企业自身的特点和所要招聘员工的类别选择合适的甄选方式。下面简要介绍一下国际工程建设企业在招聘不同类型员工的过程中相关甄选方法的选择与应用。

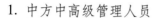

1. 中方中高级管理人员

根据中方中高级管理人员的甄选标准,在选拔此类人员的过程中,宜采用笔试、面试、个性测试等几种甄选手段相结合的方法。笔试主要用于测试应聘人员的专业技术知识、外语水平及文字表达能力;面试可分为专业素质面试和综合素质面试,专业素质面试主要通过相关专业岗位的专业人员与应聘者面对面地交流考察应聘者是否具有应聘岗位所需的专业技术能力,综合素质面试则主要考察应聘者的仪表、态度、语言表达、工作动机等方面的基本素质;个性测试作为甄选活动的辅助手段,帮助企业探明应聘者的内在个性是否适合应聘岗位的相关工作。另外,在以上甄选活动中如果对求职者的相关信息有疑问,有必要对应聘者进行背景调查,对其提供的个人信息真实性进行考察。

2. 中方操作技术人员

根据中方操作技术人员的甄选标准,招聘此类人员的过程中可选择面试与工作情景模拟相结合的甄选方式。对中方操作技术人员的考核,重点在于测量应聘人员是否具备应聘岗位所需的专业技能,通过模拟工作情景,能简单明了地测试出应聘人员的相关专业技能。例如,招聘工程现场厨师,可以让其在企业所在餐厅现场烹饪,通过考查其烹饪的时间、饭菜是否可口以及卫生状况等要素衡量其是否具备现场厨师的任职条件。需要注意的是,凡聘用各种车辆的驾驶员、起重工、电工等具有一定危险性工种的雇员,在考核前必须由人力资源部相关人员核实有效操作证明,在确认无误后由用工部门及 HSE 部门进行技能考核,考试合格后要由 HSE 部门和用工部门对考核成绩签署意见。

3. 外籍高级管理人员

外籍高级管理人员多为企业聘用的技术或管理专家,对此类人员的招聘,主要应采用管理评价中心技术,让应聘者在企业中工作一段时间,如10~15天,成立一个由用人部门、人力资源部门和专业人员组成的评价小组对应聘者在这段时间中的工作表现进行全方位的考察,一方面确认应聘者是否达到聘用岗位所需的专业知识和能力,另一方面考察应聘人员是否能够很好地融入到企业文化之中,是否能与周围同事进行较好的沟通交流和协作。除此之外,背景调查也是选拔外籍高级管理人员的一个必不可少的甄选手段,背景调查主要用于调查应聘者的工作经历、任职职位、具体工作内容、工作绩效以及为服务过的组织创造的效益等。

4. 项目所在国当地雇员

项目所在国当地雇员可分为当地中高级管理人员及当地操作技术服务人员。招聘此类人员的过程中采用的甄选方法和技术与招聘中方相应类别人员所采用的甄选方法和技术基本相同。需要注意的是,在甄选项目所在国当地雇员时,必须严格考察应聘者是否具备项目所在国法律法规所规定的从业资格,同时在甄选活动中应避免违反项目所在国有关就业歧视的相关法律制度的规定,严格遵守项目所在国的相关法律制度,依法招聘。

第五节 面 试

面试是指由一个或多个人发起的以收集信息和评价应聘者是否具备职位任职资格为目的的对话过程。面试通过供需双方的正式面谈,一方面可以帮助组织客观了解应聘者的业务知识水平、工作经验、语言表达能力、反应能力、逻辑思维能力、个人修养以及求职动机等信息;另一方面可以使应聘者能够了解更全面的组织及应聘岗位的信息,并将个人期望与现实情况进行比较,找到最好的结合点。

一、面试分类

按照不同的角度,面试可以分为不同的类型。如按照面试人数的不同,可以分为单独面试与集体面试;按照面试程序的不同,可以分为一次性面试与阶段性面试;按照面试的结构化程序,可以分为结构化面试,非结构化面试和准结构化面试;按照面试的内容和形式,可以分为情景面试、描述面试和压力面试。

(一)单独面试与集体面试(小组面试)

所谓单独面试,是指主考官个别地与应试者单独面谈。这是最普遍最基本的一种面试方法。单独面试的优点是能提供一个面对面的机会,让面试双方较深入地交流。

所谓集体面试,又叫小组面试,指多位应试者同时面对面试考官的情况。这种面试方法主要用于考察应试者的人际沟通能力、洞察与把握环境的能力、领导能力等。无领导小组讨论是最常见的一种集体面试法。面试考官小组一般由 7～9 人组成,在年龄上,最好老中青结合;在专业上,应吸收有业务实践、业务理论研究且面试技巧方面经验较丰富的权威人士。

（二）一次性面试和分阶段面试

所谓一次性面试,是指用人单位对应试者的面试集中于一次进行。在一次性面试中,面试考官的阵容一般都比较"强大",通常由用人单位人事部门负责人、业务部门负责人及人事测评专家组成。

分阶段面试,是指整个面试过程分为了若干个阶段,试行逐层淘汰制。又可分为两种类型,一种叫"依序面试",一种叫逐步面试。依序面试一般分为初试、复试与综合评定三步,初试一般由用人单位人事部门主持,主要考察应试者的仪表风度、工作态度、进取精神等,将明显不合格者淘汰,初试合格者则进行复试,复试一般由用人部门主管主持,考察应试者的专业知识和业务技能为主,复试结束后再由人事部门会同用人部门综合评定各位应试者的成绩,确定最终合格人选。逐步面试一般是由用人单位的主管领导、处(科)长以及一般工作人员组成面试小组,按照小组成员的层次,由低到高的顺序,依次对应试者进行面试。例如,国际工程建设企业在招聘一名计划工程师时,首先由经营计划部门对其进行专业素质面试,如专业素质面试通过,再由人力资源部门、公司主管领导、其他人事测评专家组成面试小组对其进行综合素质面试,如综合素质面试通过,再结合其他甄选活动所得的结果对其进行综合评定。

（三）结构化面试、非结构化面试和准结构化面试

1. 结构化面试

结构化面试是指面试的内容、形式、流程、评分标准及结果的合成与分析等,都按照统一制定的标准和要求进行。结构化面试是在面试之前,事先设定好提问的问题,考官严格按照事先准备好的问题对每一名应聘人员做相同的提问。这种面试的优点在于,对所有应聘者均按同一标准进行,可以提供结构与形式相同的信息,便于分析、比较,同时减少了主观性,且对考官的要求较少。研究表明,结构化面试的信度和效度较好。但缺点是过于僵化,难以随机应变,所收集的信息的范围受到限制。在结构化面试中,面试问题的设计是决定结构化面试能否达到预期效果的关键因素。一套科学的结构化面试题目,应该以应聘岗位需要的任职能力为出题依据,紧密围绕所

需了解的信息,问题要简单扼要,应有一定的诱导性,尽量给应聘者以更多的机会发挥。下面给出了某公司项目部招聘一名计划工程师的结构化面试题目范例,参见表4-7所示。

表4-7 某公司项目部计划工程师面试题目示例

一、专业素质
1. 在国际工程招投标工作中,通常对承包商的工程控制计划编制的合理性和先进性十分重视,请简述工程控制计划主要应反映那些计划内容?
2. 控制部的工作应该主要注重那几个方面?
3. 作为控制部的计划工程师能够使用先进的计划编制软件来编制工程计划是十分必要的,请介绍一下你曾经使用过何种软件编制了那些较重大的工程计划,并简述一下该软件的工作原理及编制步骤。
4. 什么是 WBS? 它的作用是什么?
二、综合素质
1. 请用不超过三分钟的时间介绍一下你自己,请重点介绍实践及工作经历和体会。(考核要点:表达应对)
2. 请举一个在工作中不断克服困难,通过持续努力完成工作任务的例子。要求说明时间.地点及什么样的工作。(考核要点:激情毅恒)
3. 如何看待一份收入颇丰,但比较艰苦的工作,并说明为什么。(考核要点:责任耐性)。
4. 请举一个工作经历中任务最紧急的一项工作的例子,说明时间、地点、在什么情况下用什么方式完成的。(考核要点:压力应变)
5. 假如让你干一项工作,这个工作估计一周就能完成。干了几天后,你发现,即使干上三周也没法完成这个任务。你该怎样处理这种情形? 这种情况下你将采取什么方式加快进度?(考核要点:组织协调)
6. 请举一个你在非常有效的团队内工作的例子。(考核要点:团队合作)
7. 假设你发现,你的上司的一个工作举措是有违公司规章制度的,你会怎样做。(考核要点:正直诚信)
8. 请回答你是愿意在比规定的时间稍晚一些的时间内提交质量更好的工作报告还是在规定时间内提交质量还不令自己满意的工作报告。为什么?(考核要点:职业素质)
9. 如果暂时没有分配给你明确的任务,你会先做什么? 请举出过去发生在您身上的一个例子,说明时间、地点、所做工作等。(考核要点:积极主动)

2. 非结构化面试

非结构化面试就是完全依据主考官的个人经验进行的面试,对每一个被面试的人员,所提的问题和评分的标准都不必相同,关注的点和考察的内容也不尽相同。这种面试无固定的模式,事先无需作太多的准备,主考官只要掌握组织、职位的基本情况即可。在面试中往往提一些开放式的问题。这种面试的主要目的在于给应聘者充分发挥自己能力与潜力的机会,由于这种面试有很大的随意性,主考官所提问题的真实目的往往带有很大的隐蔽性,要求应聘者有很强的理解能力和应变能力。非结构化面试由于灵活自由,问题可因人而异,可深入浅出,可得到较深入的信息。但是这种方法缺乏统一的标准,在很大程度上依赖于主考官个人的能力和经验,随意性很大,因而比较适合作为其他选人用人机制的一种参考或验证,而要作为主要的人才选拔的依据就不太合适。

3. 准结构化面试

准结构化面试一方面也是按照结构化面试的方法,对面试的题目、程序、形式、考官及评分标准等,要进行统一的标准化要求,另一方面又不像结构化面试那么刻板,不必严格按顺序提问,强调随时追问,但是整个面试的标准化程序都要走一遍,不会出现遗漏了某一个方面没有进行考察的情况。

(四)按照面试的内容和形式,可以将面试分为情景面试、行为描述面试、压力面试

1. 情景面试

情景面试是根据面试内容对面试进行的分类,又叫情景模拟面试或情景性面试等,是面试的一种类型也是目前最流行的面试方法之一。情景面试是结构化面试的一种特殊形式,它的面试题目主要由一系列假设的情境构成,通过评价求职者在这些情境下的反应情况,对面试者进行评价。目标设置理论认为,一个人的未来行为会在很大程度上受到他的目标或行为意向的影响。基于这个假设,情景面试的目的是给应试者设置一系列工作中可能会遇到的事件,并询问"在这种情况下你会怎么做",以此来鉴别应试者与工作相关的行为意向。例如,某国际工程建设公司在招聘一名海外项目当地雇员管理人员,为考查其紧急事件应急能力,可以设计如下情景面试题目:"你现在是我公司某海外项目当地雇员管理人员,工作地点在苏丹某油田现场,突然某天在项目营地大门外聚集了大批当地居民,他们手持当地劳务办的相关文件,要求公司按照当地劳务办的要求为他们提供工作,但根据现有项目人员配备情况,已经没有空余的岗位提供给他们,在这种情形下,你会怎么做。"

2. 行为描述面试

行为描述面试是近年来的研究成果,这种面试与情境面试较为相近,都是给予应试者一个既定的情况,要求应试者作出回答,情境面试更多的是一

个假设的事件,而行为描述面试则是针对求职者过去工作中所发生的事件进行询问。行为描述面试的主考官通过应试者的行为描述了解两方面的信息:一是应聘者过去的工作经历,判断他选择本组织发展的原因,预测他未来在本组织中发展所采取的行为模式;二是了解他对特定行为所采取的行为模式,并将其行为模式与空缺职位所期望的行为模式进行比较分析。行为描述面试在提问过程中,所提的问题还经常是与应聘者过去的工作内容与绩效有关的,且提问的方式更具有诱导性。比如在招聘一名工艺设计工程师时,可设计如下题目:"请你简要叙述你参与设计的最为得意的一个工程项目,在这一项目中你承担的职责是什么,你在设计阶段遇到的最大困难是什么,你是如何处理的"。

3. 压力面试

压力面试的目标主要是考察求职者将如何对工作上承受的压力作出反应。在典型的压力面试中,面试官连续提出一系列直率、尖锐甚至是不礼貌的问题,让求职者明显感到压力的存在,甚至陷入较为尴尬的境地。面试官通常寻找求职者在回答问题时的破绽,在找到破绽后,针对这一薄弱环节进行追问,希望借此使应试者限于慌乱之中。压力面试往往在面试的开始就给应试者以意想不到的一击,通常是敌意的或具有攻击性,面试官以此观察应试者的反应。一些应试者在压力面试前显得从容不迫,而另一些则不知所措。用这种方法可以了解应试者承受压力、情绪调整的能力,可以测试应聘者的应变能力和解决紧急问题的能力。压力面试一般用于招聘市场开发人员、HSE 管理人员及项目高级管理人员等。

以上简要介绍了几种常用的面试方法,对于国际工程建设企业而言,在招聘不同岗位及类型的人员时,应该根据自身发展及岗位特点,在面试中采取多种形式相结合的方式,形成以结构化面试模式为主题框架,以情景模拟及行为描述考察为重点的立体多维面试模式。

二、面试流程

面试由人力资源部门组织实施,一般包括五个步骤:面试的准备阶段、面试的开始阶段、正式面试阶段、结束面试阶段、面试评价及面试记录的整理阶段。

（一）面试的准备阶段

面试的准备主要是面试类型的选择、面试问题的设计、确定面试时间及考场、通知面试考官并准备相关面试资料等事项，另外，面试考官在面试前要详细了解应聘者的资料，发现应聘者的个性、社会背景及对工作的态度、是否有发展潜力等。

（二）面试实施阶段

1. 面试的开始阶段

面试时难免会给应聘者带来压力，这是在面试开始之前就需要考虑的因素。有些岗位需要考察应聘者的压力应对，观察是否在压力环境下能够"处变不惊"，因此，在面试开始之时可能会故意制造紧张的气氛。但大部分岗位并不需要这么做，在正式面试之前应该给应聘者创造一个轻松的氛围，使他们不感到拘束，以便应聘者能够充分的表现自己。面试之前，可设计一套标准的指导语，以方便告知面试的目的和注意事项；另一个很重要的作用就是缓解应聘者的压力，免得面试一开始就提问，可能对方还来不及反应，很可能影响整个面试过程。面试时可以从应聘者能够预料到的问题开始发问，如工作经历、文化程度等，然后再过渡到其他问题，下面是某国际工程建设公司面试指导语的范例：

您好！欢迎到您到＊＊＊公司参加面试，首先请您用3分钟左右的时间对您的教育情况、工作情况、家庭情况和其他需要说明信息进行简单介绍，随后各位考官将就相关信息对您提出一些问题。

2. 正式面试阶段

面试的提问阶段，即正式面试阶段。提问的方式可以是一对一的方式、小组方式或由一系列主考官提问。在面试的过程中，应及时作好面试记录。记录内容包括应聘者的回答和对其进行的评价。面试的过程中需要集中精力，是比较耗费脑力的过程。有的面试官在面试过程中仅专注于提问和观察被面试者，结果导致面试记录不完整，因而影响了最终结果的处理，这是不可取的。面试记录过程中的评价是非常重要的，考官在面试时不仅关注应聘者回答的内容，还有其言谈举止、仪表仪态，都能够反映应聘者的有关信息。因此，及时把这些评价的信息记下来，对于后期结果的处理及评价报告的撰写是非常有帮助的，否则只记录下一些内容，会丧失很多有价值的信息。表4-8给出了面试评价表的范例。

表4-8 某公司项目部中方管理人员综合素质面试评价表

应聘者姓名		应聘职位		面试日期		得分
评价等级	差	一般	较好	好	优秀	
测评内容 举止形象	0分	2分	3分	4分	5分	
表达应对	0分	2分	3分	4分	5分	
激情毅恒	0分	2分	3分	4分	5分	
责任耐性	0分	3分	6分	8分	10分	
压力应变	0分	3分	6分	8分	10分	
组织协调	0分	3分	6分	8分	10分	
团队合作	0分	5分	9分	12分	15分	
诚信正直	0分	3分	6分	8分	10分	
职业素质	0分	5分	9分	12分	15分	
积极主动	0分	5分	9分	12分	15分	
合计						

考官意见	对应聘者的综合素质评价及使用意见:
	聘用意见: 综合素质较好,建议聘用☐　综合素质一般,可作为备选☐　综合素质较差,不建议聘用☐
	考官签字:

3. 面试结束阶段

在面试结束时应该给予应聘者提问的机会,并且无论面试的好坏如何都应该向应聘者致谢,如果正在考虑应聘者但不能马上做出决策,就应当告诉应聘者公司将尽快告知其面试结果。

(三)面试评价及面试记录的整理阶段

在所有的面试结束后,如果面试为多对一的面试,每一位考官对每位被面试者都有一张面试评价表,需要将多位考官的评价结果综合,形成对应聘者的统一认识,这个工作可以在综合评价表上完成。综合评价表是将多位主考官的评价结果汇总得出,有时候根据需要还要将所有应聘者的面试评价结果进行综合排序。

三、面试技巧及误区

(一)面试技巧

由于应聘者个性的差异,不一定每个人都会说出考官想要的信息,面对这种情况,考官可以使用如下一些面试技巧。

1. 认同

为了鼓励应聘者多说,可以不时地对应聘者的回答表示认同,点点头或简短地回应一下。简短的回应基本上是重复对方的某些语言,不应加入过多自己的观点在里面。这样使应聘者在面试过程中更加充分地表现自己。需要注意的是,不能在应聘者每句话之后都进行点头和回应,否则就会给人不真诚的印象了。

2. 沉默

面试的过程中会出现这样的现象,应聘者非常快速地回答主考官提出的问题,但每个问题回答得都不够深入,无法去考察应聘者的真实情况。其实这是没有把握好面试进程的节奏造成的。在面试过程中,适当的沉默是把握节奏很好的办法。当觉得面试进程太快的时候,暂停一会儿,不急于问下一个问题,这样能够产生积极性的紧张,使应聘者感觉到压力,同时又给他留出了思考的时间,回答问题就会比较深入。沉默的时间不能太长,一般只能持续 8~10 秒,否则应聘者的注意力就可能离开问题,适得其反了。

3. 打断

面试中经常会遇到一个让主考官为难的事情,那就是遇到一位特别能说的应聘者,如果任由他说下去,他会在某一个问题上滔滔不绝,严重超过了时间,使他在这个问题上花费的时间延长,而耽误了回答其他问题。这个时候,必须进行打断。一个好的面试,控制权应该掌握在考官手中,必须要通过打断应聘者无关的话来控制面试,以便得到所需的信息。

4. 追问

准结构化面试不同于结构化面试的一个很重要的方面就是,在准结构化面试过程当中,可以使用追问技巧,追问技巧的使用是否恰当,直接决定准结构面试的效果。追问有两个目的:第一种目的也是最基本的目的,是为了获得更多的信息。比如说,一位应聘者讲道:"在当地雇员管理方面,我有很强的创新能力"，我们就应该进一步地追问："那么，请举一个能够说明这一点的实例好吗？"如果应聘者举不出什么真正的实例，或者举的例子根本不能说明他的创新能力很强，那么我们就没有根据来说明他的创新能力高低了。追问的第二种目的是查明真伪。虽然说我们是抱着基本上信任应聘者的态度来进行面试，但是也存在应聘者作假的现象，面试官要充分利用追问来了解真相。通过长期经验的总结，关于如何追问，已经形成了一套行之有效的方法，叫做 STAR 追问法：STAR 分别是 Situation，Task，Action，Result 几个英语单词的缩写。

Situation：指当时事件发生的背景是什么？是在什么情况下发生的？为什么会发生？

Task：指具体的任务和工作内容是什么？什么时间完成？完成到什么程度了？

Action：指为完成一项任务而采取了什么行动？说了什么样的话？或做了什么事情？如何去做的？有哪些言行？

Result：指面试者行为产生的效果。即个人的行动产生了什么样的变化，是否达到了期望的目标等。

（二）面试误区

影响面试有效性的常见错误：

（1）轻易判断：面试官通常在见面后的几分钟，仅凭印象就对应聘者做出判断，随后的面试信息通常不能改变这一决定。

（2）强调负面信息：面试官受不利信息的影响，忽视有利信息，在面试过程中过分强调面试评价表中的不利内容，不能全面了解应聘者。

（3）不熟悉岗位工作：面试官本人缺乏面试经验或对岗位的任职资格不够了解，没有掌握正确的衡量标准。

（4）雇佣压力：在雇佣需要较多的压力下，迫于招聘时间限制，为完成招聘进度，急于求成。

（5）求职者次序影响：求职者次序的安排会影响面试官对求职者的评定，一般来说，面试官易受前一位应聘者的影响，并以此作为衡量后一位应聘者的标准。

除上述因素外，第一印象、晕轮效应、群体定见、趋中效应、以貌取人、个人偏见等常见心理偏差，均会影响面试效果。

第六节　员工录用

一、录用决策

(一)录用决策方法

通过员工甄选活动获得应聘员工的测试结果后,就进入了员工录用决策阶段。员工录用决策是指依据需求岗位的员工甄选标准,结合应聘者在员工甄选阶段的测试结果,选择特定的决策方法确定拟录用人员名单的过程。本章我们已经谈到在选择员工甄选方法时,一般要综合考虑招聘员工的类型、需求岗位的员工甄选标准、招聘时间以及费用等因素。国际工程建设企业在招聘操作技术服务人员时,由于采用的甄选方法较为简单,因此,录用决策也相对容易。例如,招聘一名项目所在国的当地司机,只需要根据应聘者是否持有相应等级的驾驶执照,并且现场考查其驾驶技术后就可做出决定。但是,对于中高级管理人员来说,由于甄选过程和甄选方法较为复杂,因此,需要采用一定的录用方法才能做出录用决策。主要录用方法有如下三种。

1. 淘汰式

该方法是将每一项甄选活动依次实施,应聘者只有通过上一轮的测试才能进入下一轮的测试,所有测试都通过的应聘人员即可被录用。此种录用决策相对比较简单,一般应用于技术性较强岗位的员工甄选。例如,招聘一名海外项目的仪表工程师,首先测试其英语水平,如英语水平满足岗位需要,接着进行专业知识的笔试和面试,如笔试和面试成绩合格,再进入综合素质面试,如综合素质优秀,即可安排进行入职体检,如身体条件满足海外项目岗位需求,即可录用。

2. 综合排序式

该方法是让所有应聘者参加每一项测试,并根据甄选标准设定每一项测试的权重系数,最后根据应聘者在所有测试中总成绩的高低做出录用决定。例如,有甲、乙、丙、丁4人应聘计划工程师岗位,4人同时参加外语水平测试、专业素质测试、综合素质测试、语言表达能力测试和身体检查,用每一

项测试的分数乘以权重系数后求和,即可以得到每人的最终成绩。如表
4-9所示,根据测试结果,丁的总成绩最高,如招聘人数仅为1人,则应录
用丁。

表4-9　某公司项目部仪表工程师岗位应聘人员考核评价结果

测试项目	外语水平	专业素质	综合素质	语言表达能力	总成绩
权重	20%	40%	30%	10%	100%
甲的得分	80	90	80	70	83
乙的得分	90	75	70	80	77
丙的得分	60	65	80	60	68
丁的得分	90	90	88	80	88.4

3. 结合式

该方式是淘汰式与综合排序式的结合。在这种情况下,有些测试是淘
汰型的,应聘必须通过这些测试才能进入下一轮测试,余下的测试是按照应
聘者综合排序型测试项目的成绩高低确定录用人员。例如,有甲、乙、丙、丁
4人应聘项目协调岗位,首先安排4人参加外语水平测试,合格标准为托福
成绩500分以上,其中除丁未过500外,其余3人外语水平均合格,丁在此轮
测试中被淘汰,甲、乙、丙三人接着参加余下的专业素质、综合素质及语言表
达能力测试,根据总成绩排名,甲成绩最高,如仅招聘1人,则应录用甲。

(二)人员录用审批权限

通过录用决策获得拟录用人员名单后,需要报具有审批权限的相关负
责人或权力机构进行审批。对于国际工程建设企业而言,招聘员工的类型
不同,具有审批权限的机构或负责人也不同。

(1)企业总部、项目部中方中高级管理人员、外籍高级管理人员和正式
录用的应届毕业生,应该由企业总部人力资源管理委员会或具有相同职能
的机构进行审批。人力资源管理委员会的组成人员主要包括企业负责人力
资源工作的总经理、人力资源部门负责人、用人部门负责人等;

(2)海外项目部(分公司)招聘的项目所在国当地中高级管理人员,应用
项目部(分公司)总经理审批;

(3)项目施工现场招聘的中方或外方操作技术服务人员,应由项目施工
现场经理审批。

二、录用通知

当做出录用决策后,应向拟录用者发出正式的录用通知书。通知书中应包括工作岗位、工作地点、薪酬待遇、合同期限、报到时间、报到地点、报到需携带的材料、联系方式等内容,下面给出了公司项目部常用的录用通知书范例(表4-10)。

表4-10 某公司项目部常用的录用通知书范例

聘用通知书

————:

　　经审核,我公司决定聘用您从事————岗位工作,工作地点为————。现将办理入职手续的相关事项告知如下:

一、协议期限和薪酬待遇

1. 按我公司规定,将与您签订————年《劳动合同》。

2. 您的工资标准为:国内工资————元人民币/年,国外工资————元人民币/年。

二、办理入职手续要求

请您于————日前到公司办理入职手续。

地址:

单位:

　　联系人: 　　　　　　　 电话:

传真:

E-mail:

需要您提供的资料:

① 原单位解除劳动合同证明或离职证明(证明必须有,否则不予聘用);

② 身份证、学位证、学历证、职称证书;

③ 近期彩色一寸免冠照片2张;

④ 其他执业资格证书、护照等

三、办理录用手续

当录用人员收到录用通知,并按照录用通知的要求到企业报到后,应立即为其办理录用上岗手续。录用手续的办理步骤如下。

(一)检验录用者提供的各项证明材料

员工报到时需提供的相关材料主要有:身份证件、学历学位证明、职称证书、原单位劳动合同解除证明等;另外,国际工程建设企业在招聘当地雇员时,必须根据当地政府的相关法律规定让雇员提供相应的证明材料,例如,在苏丹,新员工上岗时必须要求应聘者提供个人简历、服兵役证明、劳力办出具的雇员卡、ID 卡复印件、学历证明、工作经历证明、有效期内的驾驶执照原件(限于司机)及其他所需的支持文件;在哈萨克,雇员必须提供其有效身份证件、个人纳税登记号(PHH)、社会个人编码序号(退休人员需提供退休证明)、个人养老保险合同、健康证明、家庭住址、有无法院判决书的执行义务证明等文件。

(二)签订劳动合同

在确认新员工提供的各项证明材料真实无误后,应与其签订劳动合同,确立劳动关系。劳动合同一般由雇主与劳动者直接签订,对于国际工程建设类企业而言,为项目招聘的部分员工采用了劳务派遣的方式,在公司与劳务派遣公司签有劳务派遣协议的情况下,此类人员应与劳务派遣公司签订劳动合同。另外需要注意的是,按照一些工程项目所在国的劳动法规规定,劳动合同签订后还应该在劳动部门进行备案。

(三)出具新员工上岗通知书

与新员工签订劳动合同后,应该由人力资源部门出具新员工上岗通知书,并通知相关业务部门办理新员工入职手续。下面给出了某国际工程建设公司中方雇员的上岗通知书范例(表 4 −11)。

表 4 −11　某公司_____分公司/项目部中方员工上岗通知书

基本信息						
单位		工作部门		工作岗位	上岗时间	
姓名		性别		出生日期	民族	
政治面貌		职称		晋升日期	参加工作时间	
学历		毕业院校		所学专业	毕业时间	
籍贯		出生地		身份证号码		
协议签订与薪酬接口信息						
协议期限						
起薪日期	以薪酬岗位通知为准			工资标准	国内标准:　　　元人民币/年 国外标准:　　　元人民币/年	
国内工资截止日期	以薪酬岗位通知为准		国内津补贴截止日期		以薪酬岗位通知为准	
上岗至出境期间执行	○国内工资		○待岗工资	○休假工资		○病假工资

其他说明		
1. 请人力资源处员工配置岗办理 IC 卡		
2. 请资产装备处按程序配备办公电脑		
3. 请党委办公室接洽并开具组织关系证明信		
4. 到所在单位报到后,请信息管理处开通网络与电话		
请公司相关部门协助办理标注"√"的项目		
手机	家庭电话	其他

第七节　招聘评估

一、招聘评估概念

　　招聘评估是指在一次招聘工作结束后,对整个招聘工作进行分析、总结和评价的活动。招聘评估主要包括成本与效益评估、录用人员数量和质量的评估、招聘方法效度与信度的评估等几个方面。招聘评估是招聘过程中必不可少的一个环节,可以帮助组织反思招聘过程中存在的问题,对招聘工作形成一个更加清晰的认识,从而总结经验、汲取教训,降低招聘成本,提高招聘效率。

二、招聘评估作用

　　招聘评估的作用,具体体现在以下几个方面。

　　(一)有利于组织节省开支

　　通过招聘成本与效益的评估、各种招聘方法使用效果的评估,可以使招聘人员清楚地知道在招聘过程中各项费用的支出情况,区分哪些支出是必要的,哪些支出是不必要的,哪些支出能得到很好的效益,哪些支出没有什么收益,从而帮助招聘者在今后的招聘工作中更加合理地分配各项招聘费用,选择更加科学的招聘方法,以最小的招聘成本取得最好的招聘效果。

（二）有利于检验招聘工作的有效性

通过录用员工的数量和质量评估，可以清楚地反思招聘计划的完成情况，通过分析录用员工数量和质量满足或不满足岗位需求的原因，有利于及总结经验，从而改进今后的招聘工作，为人力资源规划的修订提供依据。

（三）有利于检验招聘方法的有效程度

通过对录用员工质量的评估，可以了解员工的工作绩效、行为、实际能力和工作潜力与招聘岗位要求的符合程度，从而为改进招聘方法和实施员工培训提供必要的、有用的信息。

（四）有利于提高招聘工作质量

通过招聘方法的信度和效度的评估，可以了解招聘过程中所使用方法的正确性与有效性，从而不断修正和改进招聘方法，提高招聘工作质量。

三、招聘成本收益评估

招聘成本指的是在招聘过程中发生的各项费用的总和，它主要包括招募成本、员工甄选成本、录用员工成本、离职成本（指因招聘不慎，导致员工离职而给企业带来的损失）、重置成本（指因招聘方式或程序错误致使招聘失败而重新招聘所发生的费用）及其他成本（如招聘人员的工资、招聘人员差旅费等）；招聘收益指的是通过招聘所获得的录用员工的数量和质量。招聘的成本收益评估是指对招聘过程中发生的成本和招聘所取得的收益进行对比分析的活动，具体评估方法如下。

（一）招聘成本效用评估

招聘成本效用评估是对招聘成本所产生的效果进行的分析，主要可以由总成本效用、招募成本效用、甄选成本效用、人员录用成本效用等几个指标进行衡量：

总成本效用 ＝ 录用人数 ÷ 招聘总成本　　　　　（4－1）

招募成本效用 ＝ 应聘人数 ÷ 招募期间费用　　　（4－2）

甄选成本效用 ＝ 拟录用人数 ÷ 选拔期间费用　　（4－3）

人员录用成本效用 ＝ 正式录用人数 ÷ 录用期间费用　（4－4）

（二）招聘收益成本比

招聘收益成本比是录用员工为组织创造的价值与招聘总成本之比,它既是一项经济评价指标,同时也是对招聘工作的有效性进行考核的一项指标。招聘收益成本越高,则说明招聘工作越有效。

招聘收益成本比 = 所有新员工为组织创造的总价值／招聘总成本

$$(4-5)$$

四、录用人员评估

（一）录用人员的数量评估

录用人员的数量评估是指根据招聘计划对录用人员数量进行评价的过程。录用人员数量评估主要可以从录用比、招聘完成比和应聘比三个指标进行衡量：

$$录用比 =（录用人数 \div 应聘人数）\times 100\% \qquad (4-6)$$

$$招聘完成比 =（录用人数 \div 计划招聘人数）\times 100\% \qquad (4-7)$$

$$应聘比 =（应聘人数 \div 计划招聘人数）\times 100\% \qquad (4-8)$$

录用比越小,则说明录用者的素质相对较高,反之则可能录用者的素质较低;招聘完成比如果大于等于100%,则说明完成或超额完成招聘计划,反之则说明未完成招聘计划;应聘比越大,则说明在员工招募的过程中吸引到了越多的求职者,招募效果越好,反之则说明招募效果不佳。上面仅列出了三种主要评估指标,企业在进行招聘评估的实际操作过程中,也可以结合企业自身的特点任意选用以上几个指标或增加其他相应的指标,如初选通过比（面试人数 ÷ 简历数 × 100%）、面试通过比（面试通过人数 ÷ 面试人数 × 100%）、到岗比（实际到岗人数 ÷ 拟录用人数 × 100%）等,此外,如果企业在员工招募的过程中采用了多种招募渠道,则在进行录用人员评估时,可以将以上各项指标同各种招募渠道结合起来分析,通过比较不同招募渠道间的指标差异,对各种招募渠道进行评估。如表4 - 12所示,给出了某国际工程建设公司录用人员评估范例。

表4－12　某公司项目部＿＿年录用人员评估分析

序号	主要招聘渠道	收到简历数	面试人数	拟录用人数	实际到岗人数	招聘费用（元）	初选通过比	面试通过比	到岗比	录用比
1	招聘网站	14000	290	235	135	60000	2.07%	81.03%	57.45%	0.09%
2	猎头	324	68	57	30	900000	20.99%	83.82%	52.63%	9.25%
3	内部推荐	1200	155	136	95	0	12.92%	87.74%	69.85%	7.9%

（二）录用人员的质量评估

录用人员的质量评估是指对录用人员的工作绩效或对其在组织中创造的价值进行的评估，其主要方法和内容与员工绩效评价相似。

五、招聘方法成效评估

（一）招聘信度评估

信度是指用同样的测试或等值形式的测试重复施测所得分数的一致性，它反映的是测试结果的一致性程度。检验招聘信度的方法很多，比较常用的方法有以下三种：

（1）再测评估（Retest estimate）。再测评估是指在不同的时间点用同一种测试方法对应聘者进行测试，通过考察不同测试结果的一致性程度来衡量该测试方法的信度。如果不同测试结果的一致性程度高，则说明测试方法的信度较高，反之则说明测试方法的信度较低。

（2）复本评估（Equivalent－form estimate）。它是指用两种等值的测试方法（测试类型，题目不同）对应聘者进行的测试，如果测试结果一致性较高，则说明该种类型的测试方法信度较高，反之则较低。例如，对一名应聘海外项目市场开发岗位的人员进行英语水平测试，让应聘者分别参加两次由企业自己组织的模拟托福测试，两次测试的题目不同，但都出自同一题库，难度相当。如果两次测试分数相近，则说明模拟托福测试信度较高，如两次测试分数相差很大，则说明模拟托福测试信度较低。

（3）内部比较评估（Internal comparison estimate）。它是指把同一（组）应聘者进行的同一测试分为若干部分，通过考察各部分所得结果之间的一致性来评估测验方法的信度。例如，为考察应聘者的出国工作意愿，让应聘者做一套个性测试题，在测试题中有15道题从不同角度测量应聘者的出国工作的意愿,通过分析应聘者对 15 道题的作答结果来评估该套测试题的信度,如果 15 道题的结果都反映出应聘者具有较强的出国意愿,则说明本套测试题信度较高,反之则较低。

（二）招聘效度评估

效度是指测量工具或手段能够准确测出所需测量事物的程度。所谓招聘的效度,是指组织对应聘者进行某种测试所获得的应聘者的素质特征与应聘者真实的素质特征之间的一致性程度。在招聘测试中,效标效度和内容效度是评估招聘测试效度的两种主要方法:

（1）效标效度（Criterion validity）是指某种测量方法测出的应聘者的预期工作绩效与应聘者实际工作绩效之间的一致性程度。我们可以将应聘者在甄选环节中的测评分数与他们被录用后的绩效考核的分数相比较,如果两者的相关性较大,则说明测量方法具有较高的效度,反之则效度较低。

（2）内容效度（Content validity）是指某种测量方法能真正测出被测内容的程度。例如,某国际工程建设公司需要招聘一名驻外英语翻译,该企业选用英语笔试的方法对应聘者的英语水平进行测试,应聘者在笔试中取得较高的分数,但后来发现,该应聘者仅仅是英语阅读水平较高,听说能力完全不能满足国外工程项目英语翻译的岗位要求,由此可见,英语笔试的得分高低无法真实反映应聘者的实际英语水平,作为一种考查英语能力的测试方法,效度较低。

第五章　员工配置、派遣与流动

第一节　员工配置

一、员工基本类型

国际工程建设项目中的员工按照不同的分类标准,主要有下列类别。

(一)按照劳动合同签订主体的不同进行分类

1. 劳动合同制员工

这其中既有按照《中华人民共和国劳动法》的规定,形成劳动关系的劳动合同制员工,也有按照项目所在国法律,签订劳动关系的当地员工,也就是属地化员工,还有少量的第三国的国际化员工。

2. 借聘员工

借聘指用人单位根据内部管理需要,经过沟通协调与外单位之间所发生的聘用人员关系。借聘须由用人单位与被聘用人员单位及被聘用人员三方共同签订借聘协议,用人单位负责支付一定的借聘费用,用人单位的人力资源部门负责审核、备案。

用人单位与被聘用人之间不存在劳动合同关系,借聘人员一般是富有实践经验、身体健康的专业管理和技术人才。借聘关系一般发生在集团公司总部及其内部单位或集团公司内部单位之间,特殊专业人才的借聘关系也可能发生在集团公司单位与外部单位之间。

(二)按照工作时间分类

员工按照工作时间的不同分为全日制员工和非全日制员工。全日制员工就是最常见的规定了劳动时间(每天工作时间)、劳动期限(劳动合同期限)等工作方式的员工,这种方式具有稳定性和持久性,对企业培养人才、长远发展、调动员工积极性、形成企业凝聚力非常有利,对劳动者而言则具有保障性和稳定性,有利于发挥和提升个人能力。

非全日制用工方式是指以小时计酬为主,员工在同一单位的平均每日工作时间不超过四小时,每周工作时间累计不超过二十四小时的用工形式。

(三)按照员工的岗位不同进行分类

按照员工的岗位不同进行分类,通常分为管理岗员工、操作岗员工、附属辅助岗员工。

管理岗员工主要是指负责项目工程技术管理、施工管理、HSE 管理、经营管理及行政管理工作的员工。操作岗员工是指具有专业技能,负责施工现场具体的土建、安装、调试等工作的员工。附属辅助岗员工是指服务于管理和操作岗员工工作的员工。

不同类别的员工,其配置和流动的方式亦有很大区别,下面介绍的配置和流动主要针对管理岗员工。

二、员工配置概述

(一)员工配置含义

员工配置指的是将项目的人力资源投入到各工作岗位,使之与物质资源有机结合,确保项目目标得以实现的经济活动。

(二)员工配置在人力资源管理中的意义

(1)员工配置是人力资源管理的中心环节,员工配置决定了项目人力资源管理活动的成败;

(2)员工配置对实现项目目标起着举足轻重的作用;

(3)合理配置员工,有利于减少项目的"内耗";

(4)合理配置员工有利于推进项目人力资源开发工作的有效进行。

总之,员工的科学配置,是项目人力资源管理与开发的关键环节,也是项目人力资源管理活动的核心。

(三)项目人力资源配置状况分析

项目人力资源配置状况是判断项目人力资源活动是否运转良好的标志之一。配置状况主要从五个方面进行分析。

1. 员工数量与岗位总量配置分析

员工数量要与岗位的数量相匹配,即多少工作要多少人去做。这种数量关系不是绝对的、固定的,而是随着项目的进展而不断变化的。岗位的任务处于变化中,员工的能力亦处于变化中,因此,这种数量匹配是动态的。

员工数量与岗位数量的不匹配共分两种情况:

(1)项目人力资源不足。这种情况主要发生在项目启动到项目中期。这时可以采取向总部申请调剂、外部招聘补充和培训等方式解决。

(2)人力资源过剩。这种情况主要发生在项目的中后期。随着工程的进展,在度过施工高峰期后,项目工作量会逐渐减少,这时可能会出现冗员。转岗训练、调整工作时间、遣散临时用工、外包劳务、辞退和不再续签合同等是可以考虑的应对方式。

2. 员工与岗位的结构配置分析

针对不同性质的项目或不同特点的岗位,应选派具有相应专长的人去完成,只有把各类人员配置到最能发挥专长的岗位上,才能做到人尽其才,才尽其用。

3. 员工与岗位的质量配置分析

它是指员工与岗位之间的质量关系,也就是要求岗位工作的难易程度与人的能力水平相匹配。人员素质低于岗位要求的,应该进行职业培训或降职,人员素质高于岗位要求应该得到晋升。

4. 员工使用效果分析

是指将员工的绩效高低与其能力做比较的一种分析方法,分析存在的问题,努力提高员工能力,并与员工一起制定提高绩效的措施。

(四)员工配置任务

员工配置任务是为项目各岗位配备适当的员工,满足项目管理的需要,同时要考虑项目成员个人特点、爱好和需要的满足。员工配置的任务可以从项目和个人这两个角度去考虑:

(1)通过员工配置使各项管理系统高效运转。使各工作岗位都有适当的员工发挥作用是员工配置的基本任务,是管理系统高效运转的必要条件,是实现项目目标的必然要求。

(2)为项目选配骨干管理力量。通过员工配置为项目配备专业知识丰富、业务能力强的管理骨干。

（3）通过员工配置使项目员工的知识和能力得到公正的评价和充分的发挥，激发员工在工作中的积极性、主动性，从而实现企业和个人的共同成功。

（4）通过员工配置促进员工知识和能力的拓展、经验的丰富和素质的提高，而这往往是员工在职业生涯中通向职务晋升的阶梯。

三、员工配置原则

（一）要素有用原则

在项目人力资源配置过程中首要遵循的原则就是，每个员工都是有用的，换句话说，只有用不好的人，没有无用的人，而人力资源配置的目的之一就是为每个员工找到其发挥作用的岗位。

（二）能力与职位匹配原则

由于受身体条件、受教育程度、实践经验和性别差异等因素的影响，每个员工的能力是存在差异的，人力资源管理者就是要针对差异合理地配置和使用人力资源，提高人力资源的利用效率。

项目的管理层级一般为领导层、管理层、执行层和操作层，项目人力资源部的任务之一就是为各个层级配备具有相应能力等级的员工。只有达到这样的要求，才能形成合理的员工配置，从而大大提高工作效率，促使企业高效运行。

（三）互补增值原则

由于每个人都有各自的长处和短处，因而在员工配置时，项目内部各成员之间应该建立团结一致、密切配合的互补关系，只有这样，才能形成凝聚力，产生互补之后的"增值"效应，形成整体优势，实现项目目标。

（四）动态适应原则

动态适应原则指的是在项目运行中，员工与岗位之间的不适应是绝对的，适应是相对的，随着工作时间和环境的变化，人与事一直经历着不适应—适应—不适应的循环过程，只有采用相应的措施，不断调整人与事的关系，才能达到新的适应。

（五）内部为主原则

为最大限度地利用项目人力资源，要在项目内部建立起人力资源的开发和激励机制。从项目内部挖掘潜力，培养人才，给有能力的人提供发展的机会。营造企业内部人才开发与激励的氛围,是促进项目运行的动力。

四、员工配置方法

(一)解决岗位需求措施

(1)培训本项目员工,对受过培训的员工据情况择优提升并相应提高其薪酬待遇;

(2)进行岗位平行调动,适当进行岗位培训;

(3)延长员工工作时间或增加工作负荷量,给予相应的奖励;

(4)重新设计工作以提高员工的工作效率;

(5)制定招聘政策,向组织外进行招聘;

(6)采用正确的政策和措施调动现有员工的积极性。

(二)员工配置方法

针对上述措施,在运行中常用的员工配置方法,主要有以下几种。

1. 内部委任法

对于项目的中高级管理岗位,通常由总部任命到岗,这种方法的优点是员工熟悉企业情况、管理流程和运作模式,能够很快进入角色,实现各项管理工作的快速进行。内部委任的员工一般是从其他项目或部门平调,或是从下级部门聘任提拔。

2. 竞聘法

对于负责项目生产经营的高级管理岗位,由于责任重大,对人员的岗位技能、业务素质、工作经验、领导能力和组织协调能力要求很高,除了委派外,还可以通过竞聘的方式,选拔配备英才到岗。

3. 内部协调法

项目部根据岗位需求,首先从项目内部人力资源中挖潜,在符合岗位任职条件的同岗位人员之间进行协调,优点是员工熟悉企业管理情况,不存在适应期。

4. 招聘法

在对项目内部的人力资源状况进行认真的分析、协调和平衡后,对其余的人员需求,需要通过招聘当地雇员的方式进行补充。具体的招聘要求、流程等工作这里不再叙述。

目前,招聘法已经成为项目员工配置的一个主要方法。

五、员工配置流程

为保证项目管理工作正常进行,需要根据人力资源平衡情况,检查和对照项目内部的人力资源现状,确定内部协调和外部招聘的员工数量,并经过协调或招聘配备到岗,具体流程如下:

(1)根据项目总体情况,确定员工需要量,编写报告,报请总部人力资源管理部门审批。

员工配置是在总部已审定的组织机构设置和定员的基础上进行的。员工需要量的确定主要以设计出的岗位数量和类型为依据。岗位类型指出了需要什么样的人,岗位数量则规定每种类型的职务需要多少人。

(2)总部人力资源管理部门对项目工程量、工期、管理模式等进行审查,并对照项目的管理标准,提出意见,报主管领导或机构讨论通过,并批复。

(3)总部人力资源部门在整个公司的层面,进行人员的协调、招聘、借聘等工作,并将合适人员推荐到项目。

(4)项目部对符合岗位要求的员工通知安排调转或面试;同时,项目部在当地进行招聘面试,选拔当地雇员。

(5)内部协调人员申报且经过主管领导或部门批准后,办理到岗手续,到新岗位报到。

(6)总部面试合格的人员,由项目提出聘用申请,报总部人力资源部门同意后,由总部办理报到上岗手续。

(7)项目招聘的当地雇员,由项目人力资源部办理上岗手续。

第二节　员工派遣

一、员工派遣定义

员工派遣,是指根据项目的人力资源需求计划,从集团公司内部或其他所属单位和外部单位经过各专业部门和系统的选拔,报经上级主管领导审查同意确定的员工,参加培训合格后,到人力资源部办理《上岗通知书》,并持上岗通知书在规定的时间,到项目人力资源部门报到开展工作,直至岗位工作结束或接到工作调整通知而离岗的工作过程。

一般而言,国际工程建设项目的人力资源管理比国内企业的人力资源管理更复杂,它对优秀雇员的需求更迫切,同时它面临的选择也更多元化。国际工程建设项目的员工派遣主要指从母国或第三国派遣员工到海外子公司直属项目部任职。

员工派遣的原因有三:

第一,因为受当地的条件限制,不能保证招募到大量符合要求的技术和管理人才,根据定员要求,补充岗位空缺,以满足项目管理的需要,这是最主要的动机;

第二,为了提高项目管理水平,同时使具备较高发展潜力的员工获得国际管理经验;

第三,是项目发展需要,员工派遣可以较好地促进项目生产经营工作的开展,进行项目经营的控制和协调。

二、员工派遣流程

为促进国际工程建设项目的进展,需要加强对员工派遣工作的管理,本着严格要求,细致管理,科学决策的原则,细化员工派遣工作流程,使员工派遣工作步入程序化、规范化和制度化的轨道。

从人力资源管理的角度来看,员工派遣过程可以分为如下基本步骤:

(1)项目部根据工程的工作量、工期要求等,编制机构和定员,提出人员需求和到岗计划;

(2)总部根据用工需求,对照任职条件,确定派遣的人员;

(3)员工填写《派遣员工申请表》,签订劳动合同书或岗位协议书;

(4)总部安排拟派遣员工提交相关的证明材料;

(5)总部组织拟派遣员工进行 HSE、防恐等相关出境培训;

(6)总部安排拟派遣员工到检疫部门办理国际旅行《健康证明书》和《预防接种证书》;

(7)总部将材料提交相关部门办理审查、报批、护照、签证等手续;

(8)签证办好后,总部开出《上岗通知书》,确定机票,并安排其准时乘机,到项目部报到。

三、员工派遣准备

在这个过程中,为了保证员工派遣工作的顺利进行,我们还要注重做好以下工作。

(一)选拔派遣员工

为了保证员工派遣工作的顺利进行,拟派遣员工(就职于集团公司总部或集团公司所属的其他单位)必须具备下列条件:

(1)必须是与公司签订劳动合同或岗位协议书的人员;

(2)派遣人员由所在部门确定,并报经上级主管部门或管理委员会批准;

(3)必须具有与岗位相关的丰富的工作经验或熟练的专业技能;

(4)必须符合岗位任职条件;

(5)经过出国前培训并考核合格。

(二)明确工作任务

一般情况下,派遣员工的任务可能是:

(1)筹建、组织和参与项目的各项生产经营工作;

(2)组建培养一支属地化的优秀员工队伍;

(3)建立现代化的管理体系,完善管理制度,强化执行力,组织项目的生产经营工作,提高项目利润水平;

(4)建设和谐项目,发展国际友好关系。

(三)做好岗前培训

为了有效减少员工适应新环境的时间,需要对拟派遣员工进行有针对性的培训,主要的培训包括:基于安全考虑的 HSE 培训、防恐培训,基于沟通交流的语言培训,基于地方关系的出国教育培训等。

(四)确保外派质量

《中华人民共和国公民出境入境管理法》第 8 条,有以下情形之一者不能出境:

(1)刑事案件的被告人,或公安机关、人民检察院、人民法院认定的犯罪嫌疑人;

(2)人民法院通知有未了结民事案件不能离境的;

（3）被判处刑罚正在服刑的；

（4）正在被劳动教养的；

（5）国务院有关主管机关认为出境后会对国家安全造成危害或国家利益造成重大损失的。

四、员工派遣管理与终止

（一）员工派遣管理

员工派遣是一项系统性的工作，被派遣员工是工作的重心，决定着员工派遣工作的成败。

1. 对派遣员工的管理

派出员工实行系统化管理，在员工派出后，其隶属关系仍归原系统，服从系统内的统一调配。派出员工实行轮换制，针对外派时间和项目情况，定期轮换，原则上三年轮换一次。派出员工必须遵守公司的各项人事管理制度。公司保留其相应的关系、职位，员工的考核、薪资调整、晋升、奖励和福利等按照公司人事管理规定及其他有关规定执行，在每年年底或考核期满时，由目前所在单位按照规定程序进行考核。派出员工由派往单位负责管理，安排工作任务，并实施有效地监督管理。派往单位拥有对其提职、降职或处分的建议权。

派出期间，为企业做出突出贡献者，予以晋升；工作失误，造成不良影响的，按有关规定处理。

2. 派出员工应注意的问题

派出员工必须尽快转变角色，适应新的工作和生活。首先要适应新环境下的工作，尽量把工作安排周详；其次要适应当地的大环境，包括自然环境、文化、安全和交通等方面；第三是注意与当地人的交往，要逐步适应当地的行为规范、沟通模式，增强文化冲突的处理能力。

（二）员工派遣终止

在项目运行中，随着工程进展和公司、个人情况的变化，有些派遣员工将会退出，员工派遣关系终止。

1. 员工派遣终止原因

主要有以下几种原因：

（1）项目工程完成，合同履行完毕，部分岗位人员逐步撤离；

（2）岗位工作期满，进入轮换期间，由他人替换；

（3）根据工作需要，员工被协调到其他岗位或项目工作；

（4）员工个人原因，提出终止派遣，退出项目。

2. 员工派遣终止的流程

（1）单位原因造成的派遣终止。

一般经过如下程序：

① 由项目部根据网络节点计划、中交计划和投产计划等工程的不同阶段，编制人力资源退出计划，形成书面材料，报总部人力资源管理部门；

② 总部人力资源管理部门进行人力资源平衡，拟定退出人员的安排方案，经公司主管部门审查批准，并通知项目人事主管；

③ 项目人事主管接到通知后，在人员退场前 10 天通知个人，并办理交接手续；

④ 交接手续办理完后，项目部开具《员工流动介绍信》；

⑤ 员工本人持流动介绍信，在规定时间内到公司人力资源管理部门报到。

（2）个人原因造成的派遣终止。

一般经过如下流程：

① 员工书写并提交书面申请；

② 项目主管领导签字同意；

③ 项目部提交书面材料，由上级主管领导审查；

④ 通知员工办理交接手续；

⑤ 项目部开具《员工流动介绍信》；

⑥ 员工持介绍信在规定时间内到公司人力资源管理部门报到。

第三节　员 工 流 动

一、员工流动定义

员工流动是指员工与项目岗位相互选择而实现职业变换，即员工的进入、退出及在项目内部的流动是项目人力资源管理的主要内容，其目的是达到个人与岗位的匹配和个人与组织发展的匹配，提升组织的整体效能。

伴随项目内外部环境的变化,岗位的任职资格势必会有变化,在岗人员会变得不胜任岗位或远远超出岗位要求,这时就需对岗位责任、岗位要求及员工的知识、技能、能力等重新定位,通过员工流动,即调配、晋升、降职、轮换、辞退等方式,对人力资源进行动态的优化与配置,使人力资源的配置趋近合理。

因此,保持合理的员工流动就成为项目优化配置人力资源、达成生产经营目标的重要手段。

二、员工流动种类

(一)员工流入

员工流入主要是经过总部协调,或招聘面试程序录用合格人员的过程,流入员工包括社会聘用的劳务派遣人员、当地雇员、外籍雇员等。

由于流入员工对项目的文化、工作性质、管理流程等情况不甚了解,为了充分发掘他们的潜力、能力和专业知识,加快他们融入项目的速度,需要对他们进行培训,让他们对项目有一个初步认识。在国际工程建设项目中,尤其是国外雇员,由于文化、观念、法律、信仰、生活习惯等差异,员工的培训更加重要。

(二)员工内部流动

1. 按流动的方向分类

(1)横向流动。横向流动是指项目部根据工作需要调整员工的工作岗位,员工也可以根据本人意愿申请在项目各部门之间流动。

横向流动主要分为项目的部门内部流动和部门之间流动:

部门内部流动是指员工在本部门内的岗位变动,由部门经理根据实际情况,经考核后具体安排,并报项目人力资源部存档。

部门之间流动是指员工在项目内部各部门之间的流动,需经考核后由拟调入部门填写《职员调动、晋升申报表》,经调出部门主管同意后报总经理批准,由项目人力资源部存档。

(2)纵向流动。纵向流动主要是指员工的晋升与降级,但这种流动相对较少。晋升包括晋职和晋级,晋职是指员工因业绩突出,由较低职位提拔到较高职位,权力责任增大,薪资待遇增加的情况,而晋级是指不提升员工的

职务级别,仅提高员工的薪资待遇的情况。在国外与当地雇员签订劳动合同时,一般会约定晋级的时间。降级是指由原来的职位调到较低的职位,降级之后员工承担的责任变小,权利和报酬相应减少。

合理、规范的纵向流动机制有利于激发员工工作热情,提高员工管理和业务技能,实现选拔优秀人才的目的。

2. 按流动目的分类

(1)以培养为目的的流动。

通过到其他岗位上工作,可以了解岗位的工作内容、工作流程、与其他人的工作关系等,从而培养员工认识、分析问题的能力,还能培养员工的多种技能,提高员工的综合素质。

(2)以考察为目的的流动。

有的短期流动是以考察员工为目的,为便于客观地评价员工,可安排员工短期到岗工作,由主管更全面、更真实地了解员工。主要是由于职位好升不好降,所以提拔一个人之前要慎重考虑,最好通过临时换岗的方法进行考察后办理。

(3)以应急为目的的流动。

有的短期流动是当出现无法预测的原因,造成突然减员,为了填补临时的职位空缺而进行。一般是不正常的流动。例如,员工暂时离职,身体、家庭等个人原因,出差、临时借调、工伤事故等工作原因,都会导致员工暂时不在岗,项目必须在最短的时间内安排人员临时补充。因此,在人员安排方面,应储备少许人员,以便于工作调整。

(三)员工流出

员工流出主要是指员工辞职、辞退、退休等,员工流出有主动和被动之分。

辞职是指员工主动要求与公司解除劳动关系。辞退是指公司依据法定程序,与员工解除或终止劳动关系的人事活动。退休是指员工达到法定退休年龄而终止劳动关系,退出企业的活动。

三、员工流动流程管理

员工流入为项目注入了新鲜血液和管理活力;员工内部的流动促使人力资源科学配置和优化组合,有利于实现"人尽其才,物尽其用"。而针对不同的员工流动,我们需要设计不同的管理流程。

（一）员工流入程序

（1）员工持录用通知书或公司开具的《上岗通知书》（表4-11）报到,填写《员工登记表》（表5-1）;

（2）向员工发放介绍项目情况及管理制度的《新员工入职指导书》（表5-2）;

（3）按照《新员工入职指导书》逐项办理入职手续;

（4）与新员工签订《岗位协议书》;

（5）为该员工建立人事记录;

（6）带新员工到工作部门,介绍给部门领导;

（7）将新员工的情况通过信息平台进行公告;

（8）更新员工通讯录。

表5-1　某公司员工登记表

填表日期:　　年　　月　　日

姓名		性别		出生年月		
民族		婚姻状况		政治面貌		
身份证号码				籍贯		
文化程度		所学专业		技术职称		
毕业学校				毕业时间		
家庭住址						
通讯地址				邮编		
户口所在地				联系电话		
档案所在地				档案是否能够调入		
现工作单位				目前收入		
现任职务				专业工龄		
学习及培训情况						
由年月	至年月	学时	学习及培训单位	学习及培训内容		结果

工作简历				
由年月	至年月	在何单位何部门	从事何种工作	任何职
应聘岗位			到岗时间	
业务专长				
工作业绩与研究成果				
其他特长				

表5-2 某公司新员工入职指导书

新员工入职指导书

尊敬的新员工:

您好! 欢迎您到　　项目工作! 为方便您顺利办理入职手续,现就有关事项说明如下:

一、上岗手续

1. 办理上岗通知书:请到人力资源部门　　处(电话　　)办理上岗手续,填写员工登记表,签订《劳动合同书》(或《岗位协议书》)。

2. 办理IC卡:IC卡是员工身份识别卡和通行证,具有门禁、考勤和就餐等功能,凡在项目工作,均需办理。

(1)持《上岗通知书》和《员工信息采集卡》及身份证扫描件、电子版照片到HSE部办理IC卡。

(2)IC卡仅供本人使用,不得转借、弯曲、挤压,如有损坏或遗失,请及时到人力资源处办理更换手续。

3. 到所在部门报到:持《上岗通知书》到工作部门(单位)(　　　　)报到,在部门员工的协助下办理电话(信箱)开通、电脑配备、路费报销等事项。

> 二、工作时间
> 　每周工作 6 天,每天工作 8 小时。工作时间:周一至周六上午 8:00—12:00,下午 13:00—17:00。
> 三、用餐时间
> 　早餐(7:00—8:00)、午餐(12:00—13:00)持 IC 卡刷卡就餐,晚上需要加班者,请事先到所在部门(单位)领取餐票,凭餐票就餐。早餐时间 7:00—8:00,午餐时间 12:00—13:00,晚餐时间 17:00—18:30,就餐地点:项目部餐厅。
> 　祝愿您在新的工作环境中心情愉快,取得更优异的业绩!

(二)员工晋升流程

晋升的原因可能是项目部申请,也可能是上级任命,需要分别对待。

1. 项目部申请

项目部申请员工晋升时,应准备好《职员调动、晋升申报表》、员工的人事考核表、考核鉴定、晋升依据及其他相关材料。工作流程如下:

(1)项目部办理申报材料;

(2)人力资源部门审核(岗位、晋升对象及申报材料);

(3)人力资源部门对拟晋升员工进行考核;

(4)人力资源部门将考核结果报主管领导批准;

(5)项目经理批准;

(6)项目领导进行任前谈话;

(7)正式通知晋升员工并办理相关手续;

(8)记入人事档案。

2. 上级任命

工作流程如下:

(1)总部确定空缺岗位;

(2)总部人力资源部门进行考察、选拔;

(3)向主管领导汇报考察结果;

(4)根据领导决定,拟定聘任文件;

(5)总部行政领导签发;

(6)总部人力资源部门发布聘任文件并限期报到;

(7)主管领导进行任前谈话;

(8)总部人力资源部门办理《上岗通知书》;

（9）员工持《上岗通知书》到项目部报到工作；

（10）记入人事档案。

（三）内部员工流动程序

员工的内部流动分为横向流动和纵向流动，横向流动主要分为项目的部门内部流动和部门间流动；纵向流动又分为晋升和降级。上文已经就项目部申请员工晋升和上级任命员工晋升这两种情况下的晋升程序进行了介绍，在实际工作中，还有另外一种情况会导致员工晋升，那就是企业就某一较高职位在内部发布招聘信息，从组织内部选拔任职者导致的晋升。这种情况下的工作程序和员工横向流动的工作程序相似，其工作程序如下：

（1）人力资源部门发布内部招聘信息；

（2）员工填写《内部职位申请表》，提交相关应聘材料；

（3）原单位领导签署意见；

（4）人力资源部审核和确认员工信息；

（5）员工参加新部门的招聘面试程序；

（6）新部门负责人签署录用意见；

（7）人力资源部协调、批准；

（8）员工接到人力资源部发出的内部流动通知后，填写《员工离岗交接清单》，按时妥善交接工作，办理调转手续，持《上岗通知书》到新单位报到；

（9）记入员工人事档案。

员工本人申请、领导同意调出，但因为其他原因未被新部门录用的，原单位应继续留用。

四、员工流动管理

必要的员工流动是项目的需要，但不合理的员工流动也会给项目带来负面的影响，造成人浮于事、工作效率低、人才流失等现象。在管理员工流动的过程中还要做好员工流动风险的防范控制。

（一）员工合理流动作用

合理的员工流动主要有以下作用：

（1）有利于员工满意程度的提高和员工成就感的增强；

（2）有利于提高员工工作积极性；

（3）是员工发展和提高的动力；

（4）在把握项目效率的基础上兼顾公平性和一致性。

（二）员工流动管理目标

（1）确保项目在目前和未来的发展中获取所需的各类人才；

（2）使员工感到工作内容与自身需要相一致；

（3）让员工看到自己的发展机会；

（4）使员工认为，企业的选人、安置、晋升和解雇都是公平的；

（5）确保员工队伍稳定，防范流动风险。

（三）强化员工流动管理

员工流动有积极的影响，但如果处理不好，也会有负面效果，我们必须针对不同流向的员工流动，加强管理，保证满足人力资源需求。

1. 晋升原则

一般来说，规范的晋升管理能对员工起到良好的激励作用，使员工为达到晋升目标而不断增强自身能力和素质，提高工作绩效，从而促进项目效益的提高，同时也有利于员工队伍的稳定。可见晋升工作进行得好坏直接关系到队伍的积极性和效率。

有效的晋升管理应遵循以下原则：一是晋升过程规范、公平和透明；二是晋升选拔以员工能力为衡量标准；三是在能力评价时要注重对员工技能、绩效、经验、适应性以及个人素质等因素的综合考察。

2. 内部调动管理

内部调动根据需要，可以由项目提出，也可以由员工提出。由项目提出调动的原因有：满足调整组织结构的需要；使更多的员工获得发展机会；使员工的晋升渠道保持畅通。

3. 轮换管理

轮换指根据工作需要安排员工在国外和国内、总部和项目部之间轮换工作。轮换的时间通常为3年左右，轮换还可以丰富员工的工作经验，满足项目和公司的人力资源需求。

为提高轮换的有效性，应注意以下几点：（1）在为员工安排轮换时，选择与其相适应的工作；（2）轮换时间长短取决于工程情况，而不是机械地规定某一时间；（3）轮换岗位所在部门的经理应受过专门培训，具有较强的沟通、指导和督促能力。

4. 辞退管理

解聘是项目主动与员工解除聘约,由于是非自愿的流出,员工会有抵触情绪,因此,在解聘员工时应格外慎重,要遵循公正、公平的原则,避免不良后果的出现。

(四)防范人才流出风险

1. 建立人力资源信息管理系统

建立信息管理系统,加强人力资源信息管理,是员工流动管理的基础。信息管理系统中的信息主要包括在职人员信息、离职人员信息、员工工作动态跟踪信息、员工考核信息、人才储备信息等。通过对员工信息的全面收集,提高员工满意度,增加凝聚力,降低员工流出风险。

2. 树立以人为本的管理理念

人是工作的主体,项目的决策离不开人,项目方针政策的制定、执行也离不开人,因此,要树立以人为本的管理思想。在项目的生产经营过程中,充分发挥每个员工的作用,营造良好的环境,增强员工对项目的忠诚度和认同度。

3. 充分运用激励机制

运用激励机制是防范人才流失的根本。现代心理学研究表明,人的心理活动是一个"产生需要—努力争取—得到满足—再产生需要"的变化过程,因此应当根据员工的心理变化规律实施激励,动态地识别员工需求的侧重点,从员工的实际需要和期望出发,有针对性地进行激励,提高员工对项目和工作的满意度。

五、员工流动评估

企业保持一定的员工流动性是正常的,正所谓"流水不腐,户枢不蠹"。但什么才是合理科学的流动呢,如何对员工流动的科学性进行评估呢?

(一)员工流动分析

通过对员工流动状况的分析,可能存在以下几种情况:

(1)项目稳步推进,人员各尽其能,员工未产生流动意愿,项目也未做出流动决策,员工队伍处于稳定期。

（2）由于主客观条件发生变化，员工产生流动意愿，而项目却不能提供流动渠道。员工的需要与项目的需要不一致，而且在内部无法流动，这时员工开始在外部寻求流动的机会。

（3）员工要求稳定，而项目却作出流动决策，结果可能是项目放弃流动决策、项目部动员员工服从项目决策、项目部强制员工的流动。这样，会导致本来稳定的队伍因项目的调整而出现流动风险。

（4）项目部制定了科学合理的内部流动制度，当员工产生流动意愿时，可以及时做出流动决策，尽量满足项目和员工的流动要求。

（二）员工流动评估原则

1. 真实性原则

针对现有人力资源，严格按照项目的人力资源管理标准，通过全面地调查研究和动态分析，借助科学方法，求得真实性的结论。

2. 公正性原则

公正性要求选择的评估方法要科学，材料要全面，这样结论才不会失之公正；评估人员要遵循基本的职业道德规范，不以个人的好恶作主观的臆断和取舍。

3. 科学性原则

科学性原则要求选择适当的科学方法，制订科学的评估方案，使评估做到科学、准确、合理。要把定量分析与定性分析、动态分析与静态分析结合起来。

4. 有效性原则

有效性原则是指评估要结合项目的实际，有计划、有目的地进行，评估是为管理、规划服务的，无为的、没有目的的评估是搞形式主义，既浪费人力又浪费财力，要极力避免。

（三）员工流动评价指标

1. 离职率

离职率是由单位时间（一般以月为单位）的离职人数，除以期末平均人数然后乘以 100% 得出的。用公式表示：

$$离职率 = 离职人数 \div 平均人数 \times 100\% \qquad (5-1)$$

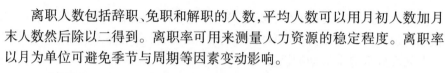

离职人数包括辞职、免职和解职的人数，平均人数可以用月初人数加月末人数然后除以二得到。离职率可用来测量人力资源的稳定程度。离职率以月为单位可避免季节与周期等因素变动影响。

2. 新进率

新进率是新进员工除以平均人数，然后乘以100%。用公式表示：

$$新进率 = 新进人数 \div 平均人数 \times 100\% \qquad (5-2)$$

3. 净流动率

净流动率是补充人数除以平均人数然后乘以100%。所谓补充人数是指为补充离职人员所雇佣的人数。用公式表示：

$$净流动率 = 补充人数 \div 平均人数 \times 100\% \qquad (5-3)$$

由于人力资源流动率直接影响到组织的稳定和员工的工作情绪，必须加以严格控制。流动率过大，表明人事不稳定，劳资关系存在较严重的问题，容易导致企业生产的低效率，同时增加企业挑选、培训新进人员的成本；流动率过小，不利于企业的新陈代谢和保持企业的活力。

第六章　员　工　培　训

　　培训是指企业有计划地实施有助于提升员工学习与工作相关能力的活动。这些能力包括知识、技能或对工作绩效起关键作用的行为。培训的目的在于让员工了解培训项目中强调的知识、技能和行为,并让他们将这些知识、技能与行为应用到日常生活中来。近年来,企业越来越意识到:要获得竞争优势,培训就不仅仅局限在员工技能开发上。培训是创造智力资本的途径。智力资本包括基本技能、高级技能、对客户和生产系统的了解以及自我激发的创造力。必须注意的是,传统意义上的培训重点一般放在基本技能和高级技能这两个层次上,但目前许多公司要求员工有更广博的知识,学会知识共享,并创造性地运用知识来调整产品和服务,同时还应了解产品和服务的开发系统。

第一节　培　训　规　划

一、培训规划概念

　　培训规划是指对企业培训活动的战略性安排。培训规划必须密切结合组织战略,强调与组织的愿景、使命、战略和核心价值观等协调一致,管理者要从企业的人力资源战略出发,在考虑组织资源条件、员工素质基础、人才培养前瞻性的基础上,明确培训目标,确定培训内容,制订和选择培训方案,提高符合企业战略目标需要的员工能力,保障组织职能和目标的顺利实现。

二、培训规划基本原则

(一)服从战略原则

　　企业培训规划必须服从企业战略,只有建立在企业战略基础上的培训规划才是有效培训规划。企业战略是事关企业发展的方向性的谋划,培训规划首要考虑的问题就是如何使培训活动推动企业战略规划的实现。通过培训增强企业核心竞争力,为企业战略的实现保驾护航。企业培训不是头痛医头、脚痛医脚的权宜之计,管理者应该具有全局观念,有长远眼光,要根据企业未来战略意图前瞻性地、针对性地进行培训规划,促进企业战略实现。

培训规划服从企业战略,必须将培训活动在企业战略基础上分解成不同时段的培训项目,以明确的整体培训计划为依托,使每一个培训项目都有详细的实施计划,这样才能保证培训顺利进行,发挥培训的作用。

(二) 系统规划原则

企业是由若干分工协作、相互依存的运营系统融合而成的有机整体,因此,企业培训规划应体现系统性。一是培训规划思路的系统性,即从系统上把握发展现状与发展目标之间的差距,统筹考虑发展战略、组织架构、组织资源、企业文化、经营特色、管理能力等因素,确定系统性的、前瞻性的人员培训思路,二是培训规划过程的系统性,即人员培训的总体思路应贯穿培训的全过程,反映在需求分析、计划制订、项目实施、效果评估等阶段的每一个层次、每一个步骤。

培训规划应考虑系统化培训方法的要求。系统化培训是国际原子能机构(International Atomic Energy Agency)提倡的培训方法,它针对某个岗位,提出满足岗位要求的人员能力素质模型,然后编制培训大纲并按大纲内容实施培训,从而使人员达到岗位的全面能力要求,在实施过程中还要不断地对整个过程进行评价和修正。系统化培训方法从企业战略出发,自上而下将目标层层分解,形成各个岗位的工作任务,并对工作任务进行分析,提出胜任岗位的各种要求,并按要求对岗位人员进行培训,使人员胜任岗位要求。按照系统化培训方法的要求,培训规划需要自上而下满足企业战略和项目执行的需要,使培训成为推动企业战略实现的有效方式。

(三) 结合实际原则

国际工程建设项目参与人员众多,人员层次背景各不相同,培训规划必须结合不同群体实际情况制订有针对性的培训规划。

根据员工文化背景不同,可以分为中方雇员、当地雇员和国际雇员。中方雇员是在国内招聘,外派至国外项目的管理和技术人员。中方雇员一般经验较丰富,熟悉本国企业特点、习惯、风格,文化层次较高,对中方雇员的培训应以国际工程建设项目管理规范、行业国际惯例以及国际语言文化等内容为主,提高综合素质,增强其管理国际项目的综合能力。当地雇员是在项目所在地招募的人员,具有一定文化和相关知识经验,熟悉当地的风俗习惯,在当地雇员中,高级管理人员担当相应技术、管理岗位,操作人员主要从事辅助性岗位工作,对当地雇员的培训应当以项目管理规章制度为主,通过培训使其行为符合管理要求。国际雇员主要是具有较多国际工程管理经验的外籍雇员,国际雇员一般为管理和技术人员,具有较多相关知识经验,熟悉国际工程管理规范,对国际雇员的培训应以企业文化、项目管理规定为主,使其了解企业文化、组织的战略目标和项目管理制度,发挥自身潜力,推动项目顺利进行。

按照员工岗位性质不同,可以分为管理技术人员和操作人员。管理技术人员应以业务、制度、标准、规范的培训为主,操作人员则以技能的培训为主。

（四）务求实效原则

培训规划要立足于企业或项目的实际情况,既要符合企业战略利益、满足员工发展要求,又要特别考虑项目资源情况,使培训能够直接解决项目管理中面临的或可预见的问题,使参加培训人员学以致用,解决工作中出现的实际问题。

工程项目管理即是有效地组织和管理人员、材料、设备、程序方法、环境等要素,在合同约定的时间范围内,按约定的标准完成规定的施工任务,并在施工过程中确保安全生产,达成企业经营目标的过程。对国际工程建设项目的培训管理而言,培训除了满足企业整体战略需要之外,还带有明确的满足项目需要的特殊目的性,国际工程建设项目的培训活动必须要对项目的执行产生效用,要促进项目的顺利执行。

三、培训规划编制方法

培训规划本质上也属于计划,是培训工作在企业战略层面的总体安排。因此,培训规划的编制在结合企业战略规划的基础上遵循计划编制的一般方法。

（一）分析企业目标和项目规划

分析企业战略要求和总体发展方向。首先依据企业愿景和使命,了解企业目标,然后通过目标分解,确定每个部门和各个岗位承担的工作重点和主要目标,进行目标分解时尽可能量化和具体化,让每个人都清楚明了。

分析项目规划期内的重点内容。针对重点规划培训活动,解决项目执行中可能遇到的人力资源问题,促进项目顺利进行。

了解企业战略和项目重点内容对人才的需求。以企业对人才的长期需求、近期具备的条件、未来人才的数量和质量等标尺,确定未来人力资源需求。

(二)调查人员现状

调查现有人力资源状况。在制订培训规划时应全面掌握现有人力资源状况,包括人员的年龄、教育程度、知识背景、工作经历、性格特征、工作态度等,对现有人力资源、未来工作及预期的员工工作能力做出基本判断。

结合企业战略,分析现有人力资源状况与将来人力资源需求之间的差距。通过建立岗位素质模型,从根本上衡量企业现有人员基本水平的差距,再通过分析造成这些差距的根本原因,培训的真正需求就一目了然了。

(三)明确培训重点

分析需要通过培训解决的问题。不是所有人力资源管理需求都能通过培训得到解决,如员工了解规章制度但没有遵守、知道如何开展工作却不愿意做好等。因此,培训规划要明确属于培训范畴内的问题,使培训带有针对性,具有实效性。

培训重点要根据战略重点和工程重点来确定。企业现有人力资源与组织战略之间总是存在各种各样的差距,为了向企业战略提供满足要求的人力资源支持,则需要组织全方位的培训活动,但企业培训的资源是有限资源,因此,企业需根据组织战略重点和规划期内的项目重点确定培训的重点,提高组织资源使用效率,确保企业战略和重点项目顺利实现。

(四)确定培训目标

培训目标是培训项目或培训活动需要达到的预期效果,包括培训内容目标、绩效目标、组织目标等。培训目标要说明员工通过培训应该做什么,阐明员工培训后应该达到的绩效水平,或企业人力资源总体要达到什么标准等。

(五)制订培训规划

根据企业的战略需求和现有人力资源差距,设计企业的培训体系和培训方案。首先确定培训重点,然后根据轻重缓急安排培训,做到资源的合理配置。同时,针对各部门和人员的目标和差距,了解人员个性需求,进行区别对待,设计分层次、分类别、分技能的培训课程,行程培训规划框架和具体的培训计划,力求在解决共性问题的同时解决个性需求,使个人的培训需求与企业战略相一致。

第二节　培训需求

一、培训需求分析

（一）培训需求分析人员构成

培训需求分析是在人力资源管理人员的牵头下,由公司高层给出战略性指导意见,发动部门经理及其员工进行部门培训需求和员工培训需求的调查和归类,参照外部专家以及客户的意见,最终分析总结归纳出企业的培训需求。因此,培训需求分析的参与者除人力资源管理人员外,还包括员工本人及其上级、同事、下属,有关项目专家和客户等人员。

（二）培训需求分析组织支持

需求分析的过程打破了组织成员日常工作的既定行为模式,往往被看做是对组织正常工作的干扰,因此,在进行需求分析之前我们必须寻求组织各阶层的支持和帮助,认真而细致地设计分析过程,把干扰减到最小。

首先要获得高层领导的支持,了解其对企业未来发展的构想以及对培训的期望。为了获得高层领导的支持,必须对培训需求分析过程进行很好的规划,明确培训需求分析的目标、所需要的时间和经费预算,明确要采用的方法、涉及的人员以及在实施过程中可能遇到的阻力。让领导者对整个项目有全面的了解和把握,这样更易于获得他们的支持,并且使其支持更具有针对性。

其次要建立必要的培训分析联络团队。要使需求分析过程获得成功,关键是要得到各级管理者及员工的关注、理解和接受,并且得到这些人对此活动的参与、建议和承诺。为达到这种效果的方法之一就是建立一个需求分析的联络团队。联络团队由组织中少量的人员组成,是架设在评价者和组织者之间的桥梁。

（三）培训需求分析主要内容

系统的培训需求分析必须包含对组织、工作和个人三个方面的分析。从组织方面入手，以任务分析为核心，结合人员分析，得出培训的目标、培训的对象和培训的内容。其中，组织分析主要判断组织环境、组织目标、组织资源对培训的要求和限制；工作分析主要界定在理想状况下对工作任务的要求，明确各个职位所包括的工作任务及执行标准和特定岗位工作人员所需的知识技能要求，它是对员工岗位培训目标的重要衡量标准；人员分析是从员工的实际情况出发，分析员工知识、技能、态度等方面的现有情况与理想情况之间的差距，以形成具体的培训目标和培训内容。

1. 组织分析

组织分析主要以企业的长期发展战略为基础，根据对环境、组织目标和资源等的分析，结合组织现有的人力资源情况，确立企业未来的发展重点，辨别由此带来的组织的发展变化以及这种变化对员工素质提出的新要求。基于培训角度的组织分析可从三个方面进行，即组织环境分析、组织目标分析和组织资源分析。

（1）组织环境分析。组织环境可分为组织的外部环境和组织内部环境。外部环境分析主要包括对技术变革、管理变革、政策环境的变化、经济的变化及社会变革等因素分析，内部环境分析包括对组织机构的变革、部门领导的意向、临时性任务的出现及组织氛围的恶化等因素分析。

（2）组织目标分析。明确、清晰的组织目标既对组织的发展起决定性作用，也对培训规划的设计与执行起决定性作用，组织目标决定培训目标。

（3）组织资源分析。传统的组织资源包括人力、物力和财力，现代社会信息和时间也逐渐成为组织资源中的重要组成部分。组织的培训目标必须结合企业的现有资源状况，具有可行性。

2. 工作分析

工作分析明确地说明每一项工作的任务要求、能力要求和对人员的素质要求。通过对工作任务的需求分析使每个员工都能够认识到接受一项工作的最低要求是什么，只有满足了一项工作的最低要求，人员才能上岗，否则就必须接受培训。工作分析的结果是得出岗位说明书，其基本内容包括工作描述和任职资格说明。工作描述一般用来表达工作内容、任务、职责、环境等，任职资格说明则用来表达任职者所需的资格要求，如技能、学历、训练、经验等。工作分析可分为以下几个步骤：

（1）建立全面的岗位说明书。岗位说明书主要是对岗位中主要工作内容、职责及任职条件的说明。

（2）进行职责任务分析。进行职责任务分析主要是对工作中的结构、内容及要求的分析，即主要弄清楚每个岗位的主要任务以及每项任务完成后应达到的标准。

（3）确定完成任务所需要的知识、经验、能力及其他个性特征。

3. 人员分析

人员分析是确定个体员工是否需要培训、哪些人需要培训及他们需要什么样的培训，据此确定所需要的培训努力或特定的培训项目。在人员分析过程中，重点是根据现有员工目前的状况评价与理想状态的差距，而这个差距就是培训的内容。所以人员分析包括以下两个方面：

（1）分析人员的知识、经验、能力水平。工作分析明确了完成任务所需要的知识、经验、能力水平，从人员的角度进行同样的分析是用以考察工作人员是否达到了培训的需求状况。对人员的上述条件加以分析不仅仅是为了满足当前工作的需要，也是为了满足组织发展的未来工作需要。培训的目的之一就是发挥人的潜能，通过培训，使组织的人力资源系统得到合理的开发和利用。

（2）针对人员工作绩效的评价。如果人员的工作绩效不能达到组织提出的效益标准，就说明可能存在着某种培训需求。

人员分析一般从个人绩效记录、员工自我评价、知识技能测验、员工态度评价等方面进行。

（1）个人绩效记录。主要包括员工的工作能力、平时表现（请假、怠工、抱怨）、意外事件、参加培训的记录、离（调）职访谈记录。

（2）员工的自我评价。自我评价是以员工的工作清单为基础，由员工针对每一单元的工作成就、相关知识和相关技能进行的真实评价。

（3）知识技能测验。以实际操作或笔试的方式测验工作人员真实的工作能力。

（4）员工态度评价。员工对工作的态度不仅影响其知识技能的学习和发挥，还影响与同事间的人际关系，影响与顾客或客户的关系，这些又直接影响其工作表现。因此，运用定向测验或态度量表，可帮助了解员工的工作态度。

（四）培训需求分析步骤

1. 发现问题

培训是为了解决企业发展中遇到的问题,这些问题一般来自于三个方面:(1)组织外部,由于政策和环境的巨大变化、顾客的抱怨与不满或竞争对手的特定举措带来的问题;(2)组织层面,由于业务变化、新标准出台或人员调整所导致对新技能的需要,或根据未来的需要建立"技能"储蓄;(3)个人层面,因员工绩效水平不佳,存在如工作效率低下、知识技能不足等问题,或因个人发展需要接受培训等。

2. 提出假设

(1)要对问题的严重性或必要性做出初步假设,即直观的判断;(2)确定进行培训需求分析的范围;(3)判断培训需求的工作量;(4)决定分析方法。

3. 资料收集

(1)要根据工作量、问题的范围确定资料收集范围;(2)确定收集资料的方法;(3)落实行动,收集企业经营目标等组织资料、职位说明书、员工个人情况等资料。

4. 分析需求

(1)分析绩效落差,找出员工绩效与企业要求之间的差距;(2)确定落差性质,并非所有落差都可以通过培训加以消除,只有真正属于员工自身原因造成的落差才有可能通过培训得到解决;(3)明确企业培训需求和培训目标。

二、培训需求确认

（一）培训需求信息获取方法

获取培训需求信息的方法一般有观察法、问卷调查法、经验预计法、访谈法、关键事件法、测验法等,针对不同的培训目的、不同的分析层面和不同的分析内容,收集信息的方法不同。对于较高的面向战略层面的分析,一般采用外部专家、高层领导、重要客户访谈法、预测法、调查法;而面向企业内部当前绩效改善的微观层面的任务分析和人员分析方法主要采用观察法、问卷调查法、经验预计法、访谈法、关键事件法、测评法等。

（1）观察法。观察法是培训需求调查人员通过接近员工了解其工作情况，观察其工作技能、工作态度，了解其在工作中遇到的问题。观察法比较适用于操作技术方面的工作，对于管理类工作具有一定的参考价值。观察法一般在非正式的情况下进行，否则会造成被观察者的紧张和不适应。为了提高观察效果，通常要设计一份观察记录表，用来核查各个需要了解的细节。

（2）问卷调查法。问卷调查调查法是培训管理者较常用的一种方法，培训部门先将一系列问题编制成问卷，发给培训对象填写之后再收回分析。调查问卷要满足以下要求：（1）问题清楚明了，不产生歧义；（2）语言简洁；（3）采用客观问题方式，易于填写；（4）主观问题要有足够空间填写意见。调查问卷必须由专家或专业人员主持进行，否则，会造成调查结果的偏差和不真实，从而影响需求分析的客观性。

（3）经验预计法。有的培训需求具有一定通用性和规律性，可以凭借丰富的管理经验进行预计。对于预计到的培训需求，可在需求发生之前采取对策，这样既可避免当需求临时出现时给培训工作带来的措手不及的压力，又可防止由于缺乏培训而给企业带来的损失。

（4）访谈法。访谈法是通过对代表性人员或专家访谈，确定培训需求。访谈可以是正式的或非正式的，结构性的或非结构性的，或者两者兼有之。访谈可以采用面对面的方式，也可以采用打电话的方式，可以在工作场合或远离工作场合进行。

（5）关键事件法。关键事件法是指企业在经营生产过程中所发生重大或不良事故时，为解决这些重大问题，达成标准化作业所产生的一系列突发性培训课题需求。

（6）测评法。组织员工根据岗位要求的知识技能进行测评，测评结果不符合岗位要求的，需安排培训进行提高。

（二）培训需求确认步骤

（1）寻求员工行为或工作绩效的差异。行为或工作绩效差异是指员工实际行为或工作绩效与期望行为或工作绩效的差异。组织可以通过生产、成本、安全记录、缺席率、能力测验、工作态度调查、员工意见反馈、员工绩效评估等指标，了解组织现有员工的行为、态度及工作绩效与组织目标之间是否存在差异，如果存在差异，就有必要进行组织培训。

（2）分析绩效差异对组织的影响。只有绩效和行为差异对组织有负面影响时，这个差异才值得重视。绩效层面的重要性要根据组织的目标和发展方向而定。当绩效差异影响到组织目标的实现与组织的未来发展时，就必须分析影响绩效的原因，并确认是否需要进行培训。

（3）培训的成本效益分析。当绩效和行为差异是因为个人知识和技能不足，或因员工表现不佳时，培训活动才可能是解决问的最佳方法。因为培训不仅仅可以增加员工的知识技能，而且能够引导员工的行为更加符合规范。但是，培训能否成为解决问题的有效途径，还应考虑培训成本和绩效差异造成的损失比较，否则会导致培训边际效用减少，最终使培训效果受到影响。

（三）培训需求确认内容

1. 确认培训目的

结合组织战略分析、工作分析和对员工的分析，明确组织培训的目的和方式。

2. 确认培训目标

培训目标需同组织长远目标相吻合，且一次培训的目标不宜过多。明确培训要达到的标准，需要阐明员工通过培训所应具备的技能以及培训后应达到的绩效水平。培训目标要与组织宗旨相统一，要与组织资源、员工基础、培训条件相协调，尽可能量化做到现实可行。

3. 确认培训的对象和内容

确认参加培训的人员范围，协调其工作和培训的时间安排。培训内容要具体，要有明确的针对性。

4. 确认培训组织形式

培训组织形式包括培训的方式、培训的规模、培训的时间、培训的地点等。

5. 确认培训所需资源

培训所需资源包括资金、时间、场地、人力等。组织内部的各种资源都是有限的，如何协调这些有限的资源创造最大的价值是培训确认的重要内容之一。

第三节　培 训 计 划

一、培训计划编制原则

培训计划是对培训工作的各项活动所进行的事先安排。培训计划中要合理地安排培训进度、内容、参加人员、资金、设施等要素,它是培训有效实施的前提。培训计划编制通常以一个自然年度为计划周期。年度培训计划目前较为普遍,能够较好地体现培训活动的连续性、系统性以及与企业其他计划编制惯例的适应性。国际工程建设项目培训计划的编制,应具有以下一些基本原则和显著特点:

(一)时间上的超前性

一般来讲,企业培训需求明确后,要根据培训计划的正式启动时间提前编制培训计划,培训计划编制的时间提前量越充分,培训计划编制的科学性、准确性和可执行性越强。

(二)计划上的完整性

国际工程建设项目的培训内容就是培训计划中的培训项目。编制培训计划时,要充分体现培训项目的完备性。(1)培训项目要与企业发展战略对员工个人、团队和组织三者能力培养上的内在需求相一致,即培训项目要能够从宏观层面准确反映企业主导能力发展的意图;(2)培训项目要能够在时间和空间上兼顾不同国籍、不同文化背景条件下,员工个人的培训意愿以及未来职业发展需要;(3)培训项目安排要能够充分反映个体项目、群体项目、母子公司、总分公司等不同经营模式,以及跨国和跨文化经营背景下其他特殊培训要求。

(三)决策上的科学性

培训计划编制,是一个自下而上与自上而下相结合的动态交互过程,要充分调动各个层面参与编制决策的积极性和能动性。通过发挥培训项目需求部门、培训管理专业部门和人员、企业中高层管理人员在微观和宏观层面考虑问题的差异性,结合培训需求和预算水平,对培训项目按急用先行、先

重点后一般的原则去伪存真、去粗取精，对培训项目、目标、内容和资源分配等进行优化调整，确保培训计划的科学性。

（四）执行上的现实性

国际工程建设项目培训计划的编制，有别于传统、单一的国内工程项目培训计划编制。编制过程中，需要通过借助评估手段，除综合考虑不同经营模式下培训管理体制、专兼职培训人员配置数量、国内外培训管理层级和跨度等因素外，还应充分考虑国际工程建设项目所在国培训资源供给情况、培训成本构成、不同国籍员工对培训项目的适应程度等因素。培训计划编制既不能凭空臆想，忽略国际工程建设项目本身跨国、跨地区、跨文化的特点，又不能贪多求量，忽略自身在人力、经费、师资等培训资源上的能力限制，避免培训计划与实际执行结果的偏差过大。

二、培训计划编制流程

培训计划编制的科学性、完整性和现实性，既是企业培训管理能力的综合体现，又是培训工作取得成功的根本保证。国际工程建设项目的培训计划编制，主要包括以下一些基本流程。

（一）确定培训需求

培训需求是编制培训计划的基础依据。培训主管部门根据培训需求调查反馈结果对培训需求进行汇总、分类和优先级排序。综合考虑培训需求与工作岗位、任职资格、职业发展的关联程度；培训需求与历年已执行培训项目的重合程度；培训需求对企业中长期发展战略的支持程度；培训资源在不同国籍和不同国家或地区间的分配情况；当年或某一特定阶段对某类专业、技术、技能或领域的关注程度等因素，通过上下结合的方式和特定的决策程序确定最终培训需求。

（二）确定培训目标

培训目标可分为总体目标和具体目标两个层面。总体目标是指年度培训计划作为一个有机结合的整体，其本身对企业发展战略的支持以及对员工、团队和组织能力与绩效提升的总体贡献情况，可以用培训项目执行率以及培训效果评估等方式进行描述和评价。具体目标是指单一培训项目对实现某一或某种既定培训意图的实现程度，可以用培训效果评估加以衡量和描述。在确定培训计划时,首先要根据培训需求调查情况逐步具体和显化培训项目目标,使培训结果可以用定性或定量的方法加以描述和评价。

(三)确定培训要素

培训计划是培训活动有序和有效实施的基础前提和执行依据。科学、合理、完整的培训计划需要包括如下一些构成要素。

1. 培训项目

培训项目是培训计划的主体,也是构成培训计划的基本单位。培训项目是根据培训需求、培训目标及培训重点提炼和概括出的某一个或某一系列具体的培训主题。

2. 培训内容

培训内容是培训项目或培训主题下应包含或体现的具体培训框架和要点,要能够准确反映培训需求、实现培训目标。

3. 培训对象

培训对象是培训项目涉及的特定员工个人或群体。按员工国籍,可划分为母国员工、所在国当地员工、第三国国际员工;按员工层级,可划分为决策层、管理层、执行层和操作层四类;按培训专业,可划分为管理员工、技术员工、技能员工。

4. 培训形式

培训形式是培训项目实施的方式和载体。国际工程建设项目的地理、文化差异,以及项目所在国培训资源供给状况以及总部与海外分支机构培训管理模式的差异,决定了培训形式的多样化,以满足不同情况下的不同需求。

5. 培训时间

培训时间包括次序和时长两个维度。在次序上,培训项目时间安排要充分考虑不同培训项目之间的协调性,同类培训项目安排之间的逻辑关系,以及现有培训资源对培训项目的实施与控制能力,做到培训项目的时间安排疏密有致,避免培训项目彼此在时间安排上的冲突,不宜出现培训项目时间间隔过长或过密情况。在时长上,培训项目要充分考虑不同培训目标、培训内容和培训形式的需要和特点,做到短期、中期和长期相结合。

6. 培训师资

培训师资包含培训机构和培训讲师两个维度。培训机构可以是企业内

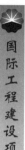

部专职培训管理部门,也可以是符合条件的外部培训机构。培训讲师既可以包括企业内部专兼职培训人员,也包括外部符合条件的培训讲师。

7. 培训地点

企业内部主办的培训项目,培训地点的选择,要充分考虑培训总体规模、培训设施的完善程度、培训场所的便利性、主办方或承办方的接待能力等多种因素。以公开课为形式的外部培训,地点选择相对灵活,可根据公开课提供方和培训内容自行掌握。但要注意考虑不同培训地点除直接培训费用之外的交通、食宿、安全等非直接培训项目费用,在公开课培训地点或提供方选择方面,要综合考虑直接成本与间接成本,在二者之间做好平衡和选择。

8. 培训费用

培训费用是培训项目从启动阶段到实施收尾全过程一切相关费用支出的总和。确定培训费用,一方面要参照同类项目的可比历史数据,另一方面要结合现阶段不同国家、地区、机构和讲师的培训资费标准。计算培训费用时,要全面考虑培训师资、场地以及国内外交通、食宿、不同币种兑换等综合因素。

9. 培训责任人

培训责任人是在制订培训计划、组织和实施培训环节中承担责任和义务的有关组织、机构或个人。主要包括培训项目的主办方、承办方和第三方机构三个方面。主办方是培训项目的牵头单位,主要负责培训项目的计划、组织、协调、管理和考核。承办方是培训项目的具体执行单位,主要负责培训项目的具体组织、实施、评估和反馈。第三方机构是部分培训项目方案、讲师等服务内容的提供单位,主要负责培训方案的前期调研、方案策划、讲师安排、资料提供、进度把握、质量监控等内容。

(四)评估培训计划

培训计划按常规方式和式样编制完成后,首要任务就是要从以下几个角度对计划进行评估。

1. 培训计划的完整性

培训计划是一套完整的培训项目组织实施安排,培训计划的完整性评价主要是判断培训项目本身是否符合企业发展战略、是否满足员工能力提升和职业发展的需求、是否能够满足某一时期特殊形势或特定任务条件下的内在要求;培训项目在次序和时长的安排上能否体现优先级原则、在现有执行能力和条件下是否存在矛盾或冲突;培训对象是否能够兼顾母国员工、项目驻在国当地员工和第三国员工等人群、是否能够兼顾不同层级组织、部门和专业的培训需求等。

2. 培训计划的可执行性

在企业现有组织架构、管理层级、权责划分、执行能力等前提下,要确定培训计划的项目数量、时间安排、资源保障是否与国际工程建设项目不同执行阶段的运行特点、组织运行方式、人力资源配置相冲突,上述因素对培训计划及其项目安排的影响程度越低,培训计划的可执行性就越高。

3. 培训项目经费的充裕性

员工培训是一项前期投入高、回报周期长、产出评价难的长期投资。很多企业特别是管理层对员工培训工作的重视程度不够,缺乏对培训组织、人员、经费等方面的支持和保障。评估培训计划时,同时要评估培训计划项目的培训费用总额与培训费用预算之间的匹配程度。

（五）培训计划沟通

培训计划确定后,培训计划编制部门需要与企业管理层、培训需求部门及培训项目关联部门进行多向沟通,详细说明培训需求确定、培训计划项目、培训对象范围、培训时间和地点安排等细节,在征求意见的同时,根据沟通和反馈情况对培训计划进行补充、调整和完善,保证培训计划的科学性。

（六）培训计划发布

培训计划最终确定后,需要通过企业网站、内部文件、专项通知等媒介和方式进行发布。培训计划发布时,要充分考虑母国、项目所在国和第三国员工获取培训计划的便利性。考虑不同国籍员工的语言差异,应采用母国语言、所在国当地官方语言或英语双语种或多语种形式对外发布。

三、培训经费预算编制

培训经费是培训活动的物质基础,是培训活动计划、组织、实施和收尾全过程各组成要素费用支出的总和。合理的培训经费预算编制是培训项目获取充足资金保障,培训经费得到合理分配使用以及培训取得良好效果的前提。

（一）培训经费预算编制原则

预算编制过程中，要坚持以下几点原则。

1. 与企业年度预算总额相适应的原则

员工培训活动是企业经营活动的重要组成部分，是提高员工个人、团队和组织三方绩效的有效手段之一，必须服从和服务于企业经营发展战略大局，不能脱离企业经营发展现状和实际。员工培训经费预算是企业年度经费预算活动的重要组成部分，培训经费预算的编制不能脱离企业某一时期经营发展的经济成果指标，预算额度既不宜过大、也不宜过小，要以节俭、高效和充裕为原则，将其控制在企业可承受的合理范围内。

2. 主要管理层成员与执行层成员广泛参与原则

员工培训经费预算的编制是自下而上与自上而下相结合的往复过程，需要培训预算编制部门与主要管理层、执行层成员密切沟通。国内企业从事国际工程建设项目，习惯以工程项目执行为导向，容易忽略工程项目执行以外的员工培训。培训预算编制阶段获得企业主要管理层成员和执行层成员的广泛参与，一方面能够有效保证培训预算编制的科学性和合理性，另一方面能够获得充分的培训资源保障。

3. 与培训计划项目组织实施相协调的原则

培训计划项目与培训经费预算之间存在密切的联动关系。以培训经费预算额度为主导确定培训计划，在额度充裕度较低情况下，会影响和制约培训计划项目的确定及培训效果的实现。以培训计划实际需要为主导确定培训经费预算，在培训计划编制依据不充分或成本估算不合理情况下，会产生培训经费预算不足或虚高的弊端。不同企业预算编制的原则和方法不同，这直接导致培训经费预算结果的差异。因此，企业在编制培训经费预算时，要结合现阶段企业经营发展状况以及培训管理工作实际。

（二）培训经费预算编制方法

培训经费预算的编制方法很多，从预算编制的实用性和可操作性层面考虑，以下三种方法较为普遍。

1. 培训计划项目成本估算法

这种方法是以培训项目计划为编制依据，综合考虑项目计划中各组成要素在场地、设施、课程等方面的总体固定成本，参考企业历年同类培训项目成本支出水平趋势、不同国家和地区培训项目市场行情等变动情况，综合计算出培训计划项目的总成本。这种方法适用于全员培训氛围浓厚、培训活动较为频繁、经费水平较为充裕的企业,能够按实际培训计划项目及临时追加项目的实际成本支出进行支付保证。

2. 员工工资总额计提法

这种方法是以企业全体员工上一年度或本年度工资总额为计提依据,由企业遵循一定原则和方法,按一定百分比提取员工教育培训经费。计提法在培训经费预算与员工工资总额之间建立起固定的联动关系,其优势在于在企业经营成果和员工收入保持高速和正向增长、员工总量稳定在一定规模的前提下,员工培训经费总体水平能够保持稳定增长。劣势在于当员工工资总额无法实现稳定和持续增长或员工工资总额总体规模较小时,员工培训经费持续增长和充裕程度就会受到制约,并最终影响员工培训工作的组织和实施结果。

3. 逐年百分比递增法

这种方法是以企业上一年度培训经费预算及实际发生情况为依据,由企业主要管理层根据企业实力和发展形势,统一研究确定当年培训经费额度增长百分比。这种方法适用于经营业绩保持正向增长或扩张期需以培训带动业务快速发展的企业,能够保证企业培训经费每年按一定水平保持正向增长,对培训活动的正常组织实施、消化培训市场成本变动因素的影响具有积极作用。

(三)培训经费预算基本要素

培训经费预算,应考虑不同时期、不同国家和地区、不同培训意图和主导思想等因素对培训经费预算水平变动的影响。编制培训经费预算,首先要确定培训经费预算的货币单位。企业实行紧密的总分结构培训管理体制,通常由总部统一编制培训经费预算,预算报表收集、整理、统计和分析预算构成,可以将不同工程项目所在国的货币单位根据某一固定汇率统一换算为总部所在国货币,也可以根据国际通行标准统一采用美元或欧元统计。企业采用松散型培训管理体制,将培训费用纳入所在国工程项目成本考虑时,可以所在国工程建设项目结算货币为各自预算编制计量货币。

编制培训经费预算时,通常需考虑以下构成要素。

1. 培训讲师课酬

主要有企业内部讲师课酬、社会自由职业讲师课酬、第三方机构讲师课酬。

（1）内部讲师课酬。一般可由企业结合自身工资支付水平、支付机制并参考市场水平等综合因素统一确定,对总部和所有海内外分支机构适用。但以国际业务为主且海外分支机构较多的企业,确定内部讲师课酬支付标准时要充分考虑项目所在国家和地区、不同国籍内部讲师现行费率支付标准等客观因素,既要使课酬支付符合企业内部公平的要求,又要与所在国当地国情和国际通行惯例相适应。

（2）社会自由职业讲师课酬。可由企业与讲师根据培训项目规模、内容、时长、专业稀缺程度、是否需跨国流动、培训目的地风险等级等市场因素综合考虑,在企业参考市场水平的前提下由双方协商一致后确定。

（3）第三方机构讲师课酬。支付第三方机构讲师课酬通常发生在机构与讲师之间。企业仅向第三方机构支付单一项目或整体培训服务解决方案费用,不单独与第三方机构讲师本身发生直接支付关系。

2. 培训场地费

培训场地费的计算可参考因素包括:培训项目所在国家或地区发达程度、整体物价水平、场地性质和等级、场地大小及配套设备完备性与先进性等。

3. 培训教具与消耗材料

培训教具的种类和数量取决于培训项目的性质、特点、规模、专业性要求等多个方面。常规培训教具包括电子设备,如影音设备、录放像设备、投影设备、计算机系统、计算机辅助系统、互联网接入系统、广播或电视系统、视讯会议系统等;教学工具,如白板、电子黑板、激光笔、翻页器等;消耗材料,如水性白板笔、板擦、磁扣、纸张等。此外,培训教具与消耗材料还包括针对专业技术和职业技能培训所需专业配套仪器、仪表、设备、机具、车辆等。

4. 培训教材

培训教材是指用于向培训对象提供培训主题相关内容理论和实践指导的书面载体。培训教材费用根据不同情况由教材工本费、版权使用费等构成。涉及企业自主知识产权和内部秘密的培训教材,要设置好密级,做好文件登记保密工作。部分外部引入课程有版权使用范围限制,要根据培训教材提供方要求签订保密协议,并履行好保密义务。

5. 其他费用

其他费用是指培训项目主办方或承办方为培训项目顺利实施所做的人员安排和服务支持费用。从接待对象角度计算费用,主要包括企业内部员工赴国内外进行培训、企业外聘国内外讲师到企业内部或指定培训目的地进行培训所需要的食宿、交通、签证、各类保险等费用。

(四)培训经费预算变动因素

培训经费预算的编制是基于事前对某一时期的培训活动所需资金总量的估算。培训经费预算执行过程中通常会受到一些突发性或临时性变动因素的影响,因此培训经费预算需根据企业预算编制惯例,定期进行修正和调整,以确保培训经费预算既能够满足计划培训活动的需要、修正执行过程中未发生或与实际发生偏差较大的预算项目,又能够对阶段性、突发性或根据需要临时追加的培训相关活动所需经费进行追加和补充,使培训经费预算能够在最大程度上反映培训活动对经费的准确需求。

1. 企业经营形势对预算变动的影响

企业经营形势对预算变动的影响主要有两个方面:(1)经营成果对预算变动的影响。预算执行过程中,企业各项经济数据和指标较好,对预算执行就能够提供有力保障。反之,则可能会导致培训经费预算的缩减;(2)工程项目执行的紧张程度。如业主对工程建设项目周期要求调整或企业新签工程项目合同并加以实施,都会对培训对象能否参加计划培训或培训项目能否执行产生冲击和影响,均需结合动态形势进行安排调整。

2. 企业管理思路调整对预算变动的影响

国际工程建设企业作为以涉外经营业务为主要特点的经济组织,在步入海外市场的不同发展阶段会采取不同的管理思路和人力资源策略。例如,为配合企业对新进海外市场开发,通常会在计划中追加外派员工适应性培训项目。企业海外分支机构发展到一定阶段,会因应所在国劳工政策的临时调整以及母国企业外派员工成本增加等新情况,加快推动管理国际化、用工本土化等管理战略和思路,势必会以现有员工管理能力提升、所在国当地员工能力开发等为手段加大培训力度,对预算本身都会产生较大的变动影响。

3. 培训资源选择差异对预算变动的影响

如果国际工程建设项目所在国培训市场落后、资源贫乏,部分计划培训项目无法通过所在国培训市场加以保障,需要通过母国或第三国市场资源进行补位。不同国家物价水平、不同培训项目资源供应方等在培训成本上

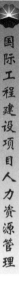

的差异以及培训资源跨国流动等因素,都会对培训经费预算产生较大影响。因此,在预算编制阶段应对目标培训市场或目的资源市场的培训成本和资源供应情况有较为充分的了解。

4. 突发事件对预算变动的影响

国际恐怖事件、所在国社会安全形势、国际交往期间的交通过程安全等突发事件与形势变化都会对培训计划及经费预算产生较大变动影响。

5. 非直接费用对预算变动的影响

非直接费用是指除与培训项目本身直接相关的培训方案策划、讲师课酬、培训讲义、设备租赁与使用、消耗材料等费用以外的其他费用,如培训对象、培训讲师、助教等人员国内、国外的食宿、差旅、服务接待等费用。这部分非直接费用,会随着培训地点的不确定性和人员选择的等级程度等有较大出入,在预算编制初期,很难做到准确预测。结合不同企业的财务制度和成本计量规定,采取相应的统计和处理方式,这部分非直接费用既可以纳入培训费用进行预算管理,也可以按培训对象的派出单位计入对应工程项目管理费用。

第四节　培 训 项 目

培训项目是构成培训计划的主体,是培训预算调节和控制的对象,是组织实施培训活动的基本依据。完整的培训项目包括培训目标、培训对象、培训内容、执行方式、成本控制和师资选择等要素。

一、培训目标

培训计划编制阶段的培训目标是一个具有战略性和结构性的概念。培训项目目标是为满足某种特定需求、达成某种目的或意图而设计和存在的具体培训活动目标,与培训计划目标之间是分支与主干的关系。任何培训项目的存在,都是以一定培训目标或意图为前提和假设,不存在没有目标的培训项目。国际工程建设项目培训,首先要确定培训项目策划所必须依据的培训目标问题。

二、培训对象

　　培训项目的存在,是为了满足特定员工、团队或组织某种培训需求,达成或实现某种心理预期和现实目标。培训对象是培训项目涉及的员工个人或群体。明确培训对象,对于最大限度用好培训资源、准确进行方案设计、实现培训目标具有重要意义。确定项目培训对象,要充分考虑培训目标本身与培训对象之间在培训内容、形式、方法等方面选择上的匹配性。根据国际工程建设企业的特点以及划分标准不同,培训对象可包括如下类型:

　　(一)按员工层次划分

　　按员工层次划分,包括项目决策层、项目管理层、项目执行层和项目操作层4个层面。

　　1. 项目决策层

　　是指在事关全局层面行使领导、指挥和决策权利,并对国际工程建设项目整体运营成果负责的项目领导层人员,如项目总经理及副总经理等。这个层面人员的培训主要以领导力、战略管理、经营决策分析等为主。

　　2. 项目管理层

　　是指在国际工程建设项目组织实施过程中负有执行、协调、监督、考核等权限的中层项目管理团队成员,如子项目经理、部门经理或副经理等。这个层面人员培训主要以团队建设、项目管理、执行力建设等为主。

　　3. 项目执行层

　　是指在项目设定的工作范围内,承担或执行具体专业管理、技术和商务职能的一般人员。例如设计工程师、施工工程师、安全工程师、测(录)井工程师、合同管理工程师、文控工程师等。这个层面人员培训主要以语言及相关专业能力素质提升为主。

　　4. 项目操作层

　　是指根据项目工作任务中专业、技术和技能要求分工,直接从事项目建设相关活动和任务的职业技术或技能人员。例如电工、焊工、特种作业车辆和设备操作工等。这个层面人员培训主要以提高基本操作水平和操作效率为主。

　　(二)按员工国籍划分

　　按员工国籍划分,包括母国员工、所在国当地员工和第三国员工三类。

1. 母国员工

是指由国际工程建设类企业总部所在国国籍为判别标准,具有企业所在国国籍、与企业存在雇佣关系的公民。对母国员工培训除常规项目外,主要是外派人员对工程建设所在国文化适应性培训、国际安全防恐培训及语言培训等。

2. 所在国当地员工

是指具有国际工程建设项目所在国国籍,由企业在项目所在国当地劳动力市场雇佣的所在国当地公民。对所在国当地员工的培训,主要应区别所在国当地劳动力素质情况,有针对性地提供相应培训。如所在国劳动力市场欠发达并且优秀劳动力资源缺乏情况下,培训项目主要集中在当地员工技能、能力和素质提升领域。如果所在国劳动力市场发达并且优秀劳动力供给充裕情况下,培训主要应集中在当地雇员与企业跨文化沟通与融合、语言学习等方面。

3. 第三国员工

是指具有企业总部所在国家、国际工程建设项目所在国以外其他国家国籍,与企业存在雇佣关系的其他国家公民。这部分员工可分为两个层次,一是具有较高管理、技术或商务经验的专业人士,二是具有一定劳动素质和职业技能的操作人员。对专业人士的培训主要应集中在管理和文化融合领域,对操作人员的培训主要集中在操作技能标准化和效率提升方面。

三、培训内容

不同类型企业对培训项目的定义和分类标准存在一定程度的差异,依据综合培训项目的性质、内容和适用对象进行划分,主要有如下一些类型。

1. 通用培训项目

主要包括具有普遍适用性且满足履行岗位职责所必需的基础性职业素养、技能培养和提升需要的培训项目。例如语言类培训、办公软件与计算机类培训、跨文化适应性培训等。

2. 领导力培训

主要包括与提升个人、团队和组织管理和领导能力相适应的能力素质类培训项目。例如领导艺术、战略管理、压力管理、时间管理、沟通管理、商务礼仪等。

3. 专业管理、技术和商务培训项目

主要包括与具体专业管理、技术和商务专业相适应、以提高岗位履责能力、工作质量和效率为目标的专门知识和技能培训项目。例如财务管理、人力资源管理、招投标管理、设计管理、采购管理、商务谈判、HSE 培训等。

4. 任职或持证上岗类培训

主要包括与满足岗位任职要求相适应的专门资格或资质类培训项目。如国内的注册 HSE 工程师、注册建造师、注册工程造价师执业资格等;例如国外的 PMP、IPMP 专业资格认证等。

5. 新员工入职培训或外派人员培训

主要包括提高新员工入职后对企业的了解和适应能力、提高外派员工对跨文化环境的适应能力、增强新环境对于健康和安全变化的适应能力为目标的综合知识和应变能力类培训项目。在培训课程设置上,应包括企业文化建设、所在国风情、安全防恐知识、语言交流以及符合企业特点和特色的普及性专业知识培训等。

四、执行方式

国际工程建设类企业培训项目的执行方式,因项目实施地点、国籍、时长、载体等划分标准不同,主要包括如下一些执行方式。

(一)按项目实施地点不同划分

1. 内部培训

培训在企业内部场所举办或由企业自行选择、确定的其他地点举办,由企业自行安排、组织和实施或委托其他机构统一安排、组织和实施,由企业内部员工参加的培训项目。这类培训主要适用于企业内部场地资源和硬件设备比较完善的企业总部或项目所在国分支机构培训人数和规模较大的情形。

2. 公开课培训

培训由社会专业部门或培训机构组织、培训地点在企业外部、参加对象面向社会大众或特定受众,企业仅派出一定数量人员参加的社会培训项目。这类培训主要适用于企业内部培训对象人数较少或具有一定专业性需求企业指派少数人员参加的情形。

（二）按项目实施国籍不同划分

1. 母国国内培训

在企业总部所在的母国国内任意地点进行的培训。主要适用于企业总部统一组织、由总部国内人员或部分企业驻外项目相关人员回国参加培训的情形，培训地点在母国总部或总部指定的国内其他培训地点。主要执行全局性或专业系统性总体培训项目。

2. 所在国培训

在企业所属国际工程建设项目所在国进行的培训。主要适用于驻外项目组织或承办的、由所在国项目成员、所在国当地雇员等在所在国当地参加的培训项目。

3. 第三国培训

在母国和项目所在国以外的第三国进行的培训。主要适用于企业根据发展需要，由企业或驻外项目外派到第三国参加的培训项目。这类项目所指第三国，员工教育培训市场比较发达、培训资源具有比较优势，能够与母国和所在国培训形成优势互补关系。

（三）按项目实施时间长短不同划分

企业对依据培训时间长短划分培训项目的标准各不相同，可根据企业实际情况自主界定和定义。例如：

（1）短期培训。培训时间在三天以内的培训项目；

（2）中期培训。培训时间在三在以上十五天以内的培训项目；

（3）长期培训。培训时间在十五天以上的培训项目。例如学历、学位教育以及培训周期较长的脱产语言类培训项目。

（四）按项目实施载体不同划分

1. 讲授式培训

是企业较为常用且较为传统的培训方式，适用于讲师与培训对象面对面讲授、讲座或讨论等形式进行的培训项目。

2. 体验式培训

强调讲师与培训对象互动、突出培训对象的参与性及模拟体验，例如，拓展训练、沙盘模拟演练等形式，能够对培训对象提供直观和实战的真实感受,效果较讲授式培训灵活、生动且印象深刻。

3. 网络培训

是伴随互联网和多媒体技术发展产生的全新培训方式,利用多媒体技术、信息技术和互联网技术搭建培训和学习平台,实现跨时间、跨地域、多点和交互式培训形式,主要体现形式为 E – Learning 和视频会议等,适合不同国家和地区、不同时区、多项目协同的培训项目。企业可通过自主开发方式自行搭建电子学习平台,开发和设计具有企业所在行业和企业内部特色的各类培训课程和课件,优点是个性化强,缺点是开发周期较长、人力投入较大。也可能通过租赁服务器或客户端的方式,通过专业电子学习平台服务机构直接采购通用培训课程和课件,优点在于课程和课件无需自行开发、人员投入较少,但不足是课程和课件缺乏个性化。最佳的实践方法是由企业委托或联合专业电子平台建设和课程开发机构,联合建设和开发适合企业实际的个性化和差异化培训课程与课件资源,从而实现优势互补。

(五)按是否取得学历学位划分

1. 学历学位教育

是指通过参加某一个或多个国家教育主管部门批准的院校、机构一定时间的培训和学习,修满规定学分并通过相应考核、考试或论文答辩,取得由该学院或机构颁发、在某一国家、地区或世界范围具有普遍认可价值的学历或学位证书的教育项目,如国内外大学、知名研究机构学历、学位教育培训项目。

2. 非学历学位教育

是指学历、学位教育项目以外的其他培训项目。例如以提高专业和职业能力参加的教育进修类培训项目等。

五、成本控制

控制培训项目成本,需要从培训项目成本构成的基本要素加以考虑。

(一)严格执行费用预算

培训项目费用预算是培训项目成本控制的源头,在费用预算编制阶段,要对培训项目的需求去伪存真,对培训项目方案设计、人员选派、地点选择等方面严格审查,全面履行预算的报批程序,并在预算执行阶段对计划项目严把审批关,并严格按预算额度控制培训费用。同时,对预算外项目的审批要严格、慎重,实现以预算为依据控制培训项目成本的目标。

（二）合理选择培训方式

培训项目成本因为培训方式选择上的差异会有较大不同。普及性通用培训项目,适宜采用传统的内部培训方式或网络培训方式进行。少数人员参加的培训项目适宜采用外派参加公开课方式进行。专业性较强且程度较深的培训项目,采用演示性、案例研讨等方式较为适宜。选择合理的培训方式,有助于降低培训成本,避免培训资源浪费,提高培训投入和产出效率。

（三）合理控制培训周期

培训项目方案设计阶段,在明确培训需求和培训目标的前提下,合理设计培训内容、优化培训方案、合理安排培训时间,通过合理安排培训时间减少培训直接和间接成本支出。特别是外派培训项目中存在以考察名义变相赴国内外旅游、观光并延长培训时间的项目,要在培训项目审查阶段特别进行甄选和剔除,以减少非直接培训成本支出。

（四）合理安排培训地点

跨国经营是国际工程建设企业的典型特点,全球范围的网络化布局决定了其在培训项目组织实施过程中培训地点安排的灵活性。企业在确定培训地点时,要充分考虑培训对象规模、工程项目所在国及周边国家培训资源分布状况、培训对象跨国流动过程中的食宿和交通等非直接培训费用支出因素,合理选择和安排培训地点、交通线路和待遇标准,以合理控制并降低培训项目成本。

（五）合理选择合作伙伴

合作伙伴主要包括培训服务供应商和企业内部讲师。企业与培训服务供应商之间是目标一体化的利益共同体。通过建立合格培训服务供应商选择和管理体系,确立基于实力、服务、成本等综合要素的服务评价体系,保证培训服务的专业化、个性化和系统化,提高培训项目的有效性。失败或低效的培训项目会造成培训资源浪费,成功的培训项目会使培训投入事半功倍。同时,对于与企业经营管理实践密切相关、行业或企业专业特色鲜明的培训项目,内部培训讲师授课效果优于外部讲师,但培训费用会大幅降低。

六、师资选择

　　培训服务供应商,是指为企业提供不同层面、不同深度培训服务的专业培训服务、咨询机构。培训管理专业化、队伍职业化和服务社会化是当前企业发挥其内外培训职能的特点和趋势。企业内部培训组织管理力量、专业化程度、培训资源的局限性,为引入和借助社会专业培训服务机构创造了前提和可能。通过与培训服务机构合作,利用其专业化的服务体系和广泛的社会资源,承担企业部分培训管理职能、缓解企业内部培训管理压力,引进满足企业培训需求、符合企业培训目标的一体化培训服务解决方案,对充分发挥企业与培训服务供应商的互补优势,提高培训质量和效率至关重要。

　　培训服务作为企业服务采购的重要内容之一,已被越来越多的企业列入培训项目采购合格供应商体系,实行规范化和动态招投标和过程评价管理。

(一)培训服务供应商选择渠道

　　培训服务供应商的选择,可根据企业培训管理体制,既可以在全球范围内进行选择,也可以按企业总部或其海外分支机构按属地化原则或按照一定地理区划限定选择范围。从培训服务供应商所处市场区域,主要可划分为三类:

　　(1)母国培训市场。企业以其总部所在国家或地区为选择范围,按照一定标准和原则选择培训服务供应商。在母国可以通过培训行业管理机构、公开市场信息、网络媒体推介等方式选择适宜的培训服务供应商。

　　(2)项目所在国培训市场。企业以工程项目所在国或其海外分支机构所在国家或地区为选择范围,通过公开市场信息、网络媒体推介等方式选择适宜的培训服务供应商。

　　(3)第三国培训市场。企业根据培训项目需要、特点以及培训项目专业培训市场在不同国家和地区的发达程度和充裕程度,面向除母国和项目所在国培训市场之外的其他国家选择培训服务供应商。国际市场培训服务供应商选择余地和范围较宽,可通过国际专业机构、协会、培训服务供应商全球排名等方式选择适宜的培训服务供应商。

(二)培训服务供应商的评价要素

　　企业对培训服务需求的着眼点不同,对培训服务供应商的评价要素和标准也就不同。通常来讲,主要参考和依据以下一些要素指标:

（1）服务。即培训服务供应商向企业提供服务的前期、中期和后期服务上的标准化、系统化、专业化，以及是否坚持服务质量和效率上的高水平。

（2）信用。即培训服务供应商对企业服务的承诺内容以及实际履行培训服务协议、提供培训服务内容标准和交付结果的一致程度。

（3）实力。即培训服务供应商在机构规模、专业人员数量、项目跟进效率、方案与企业需求的契合度等方面是否能够切实反映其专业化。

（4）经验。即培训服务供应商可追踪、可验证的培训服务对象、培训服务解决方案与被服务企业之间的关联度，以及服务实施后的实际运行效果是否能够满足企业现实和长远需要。

（5）师资。即培训服务供应商内部专兼职培训、顾问和资源团队的经验、素质、专业结构和总体规模是否与企业服务需要相适应。

（6）产品。即培训服务供应商最终交付的培训服务成果，即培训服务解决方案、培训项目策划书、培训讲师推荐方案等，其可执行性、过程的可控以及结果的可测量性能否满足企业的实际要求。

（7）成本。即培训服务供应商提供培训相关服务所发生的成本和费用是否在同行业、同类机构或其竞争对手中具有比较优势，能够使企业培训服务支出处于预算控制范围之内。

通过为以上要素设置不同的分值及权重，在培训服务供应商的选择和评价过程中加以参考和使用，对科学、合理选择及维持企业与培训服务供应商之间的合作及利益共同体关系，具有积极和现实的借鉴价值。

第五节　培训实施

培训实施是企业培训管理部门和机构，根据企业培训工作总体工作思路和原则，在现行培训管理体制和机制前提下，领导、计划、组织、执行培训计划和培训项目的一系列培训组织活动。

一、培训实施程序

培训实施是企业培训管理部门或培训对象所在单位或部门根据企业年度培训计划或临时批准和追加的补充计划组织和参加对应培训项目的管理过程。分为计划内培训项目的实施程序和临时追加培训项目的实施程序。

（一）计划内培训项目的实施程序

1. 企业培训管理部门主办的内部培训项目的实施程序

（1）企业培训主管部门对计划培训项目自主或委托外部培训顾问机构，结合培训计划设定的培训内容和培训目标，与培训需求部门结合确定培训需求；

（2）企业培训主管部门可根据培训需求通过适宜渠道和方式选择适宜的培训服务供应商，并通过招标或议标方式征集培训项目建议书；

（3）企业培训主管部门可自行或委托培训顾问机构对培训项目建议书进行初次评价；

（4）企业培训主管部门将通过初次评价的项目建议书交由培训需求部门、单位或上级管理团队征求意见；

（5）企业培训主管部门结合培训需求部门、单位或上级管理团队意见重新由培训服务供应商完善培训项目建议书，并按内部评标管理程序选定培训服务供应商；

（6）企业培训主管部门根据培训计划与培训需求部门和培训服务供应商确定适宜的培训时间、地点和人员规模；

（7）企业培训主管部门将确定的培训实施方案报主管领导审批并与培训服务供应商签订培训服务协议，规定企业与培训服务供应商之间的权利和义务；

（8）企业培训主管部门根据审批意见发布培训通知，组织员工个人或集体参加内部或外部培训项目；

（9）企业培训主管部门自行或与培训服务供应商共同制作过程文档、安排场地和服务保障事宜、组织实施培训项目、监控培训实施过程、及时评价培训效果；

（10）企业培训主管部门根据培训服务协议支付培训费用，将培训过程文件整理归档。

2. 企业所属业务部门或员工申请参加外部培训项目的实施程序

（1）企业所属业务部门或员工根据年度培训计划向培训主管部门提出培训申请，提交培训时间、地点、参加人员和培训框架方案等信息；

（2）企业培训主管部门可根据年度培训计划和预算情况对业务部门或

员工的培训申请做出批准或不批准的决定,重要或重大项目由企业培训主管部门报上级管理团队审批;

（3）企业培训主管部门将批准或不批准的决定通知培训申请部门或员工,同意后可由部门持审批文件参加外部培训;

（4）企业培训申请部门或员工参加培训后应向培训主管部门提交培训效果评价报告以及(或)培训总结材料报企业培训主管部门备案;

（5）企业培训申请部门或员工可持培训主管部门或上级管理团队批准文件履行费用报销手续或由企业统一向培训承办机构支付培训费用;

（6）企业培训主管部门应将培训申请部门或员工的培训情况以及培训过程文件及时整理归档。

（二）临时追加培训项目的实施程序

临时追加培训项目的实施程序与计划内培训项目的实施程序基本相同,但前者较后者增加了临时追加培训项目的前期审批程序。

1. 企业培训主管部门临时追加培训项目的前期审批程序

（1）企业培训主管部门根据企业培训需要,对需临时追加的培训项目结合追加动机自行与培训需求部门或员工、培训顾问机构共同开展培训项目调研,明确培训目标、培训内容、培训对象、培训时间、培训地点、培训费用等相关内容;

（2）企业培训主管部门根据前期调研情况形成临时追加培训项目报告,说明临时追加项目的理由及相关方案报上级管理团队审批;

（3）企业培训主管部门根据上级管理团队审批结果组织实施。

2. 企业所属业务部门或员工申请参加外部临时追加培训项目的前期审批程序

（1）企业所属业务部门或员工根据业务或能力提升需要,对需临时参加的培训项目结合培训目标、培训内容、参加人员、培训时间、培训地点、培训费用等相关内容报企业培训主管部门审查;

（2）企业培训主管部门根据审查情况与申报部门进行需求和方案确定,在授权审批权限范围内做出批准或不批准的决定并反馈申报部门或员工;

（3）企业培训主管部门对同意申报的培训项目以书面形式报上级管理团队审批,对相关细节进行阐述说明并根据审批情况通知申报部门或员工;

（4）企业所属业务部门或员工根据企业培训主管部门的通知安排组织实施临时追加培训项目。

二、培训实施准备工作

培训项目确定后,在培训实施前应做好如下准备工作。

(一)硬件准备

1. 场地

可根据培训项目规模、授课形式等要求,选择确定培训场所和场地,并根据授课要求进行安排布置,同时根据人员数量和室内外气温变化设置并调整好空调、照明等设备或设施,以保证培训场地温度适宜、空气流通。

2. 设备

对于常规培训项目,培训实施前应事先对影音设备、录音录像设备、音响设备、投影设备、计算机设备、网络环境等进行测试,确保培训所需设备状态的完好性和可用性。在培训项目实施过程中,可安排相关设备维护人员到场对设备运行状态进行监督,以应对和处理设备故障事故。

3. 教具

根据培训项目需要,准备白板、白板笔、板擦、激光笔、白纸以及其他培训项目实施相关的教学用具、消耗材料等。

4. 其他

为做好培训过程记录和控制,还应准备培训签到表、培训课程评价表等相关材料。同时,可根据培训规模及重要程度,由企业内部会务管理部门或专业服务机构提供会务服务。

(二)软件准备

1. 与培训服务供应商进行事前沟通

应与培训供应商或内部、外部培训讲师进行充分事前沟通,明确培训项目举办的时间、地点和路线等信息。明确培训供应商或讲师对培训场地、设备条件以及讲师、助教人员食宿标准和禁忌等要求,对于国外讲师特别要明确其民族和宗教要求上的特殊性,避免培训执行阶段出现被动局面。明确培训讲师授课语言、双方基本情况介绍等。同时,要将双方的联系人和联系方式交付对方等。

2. 培训讲师行程安排及接待工作

对于由外部培训服务供应商提供的培训讲师或企业由外部自行聘请的培训讲师,应事前明确双方在交通、食宿、签证办理、意外伤害保险等方面的责任义务,并签订培训协议。双方应根据协议条款的基本要求,提前落实培训期间讲师及助教人员的食宿和交通安排等事宜。

第六节　培训评价

培训评价是一项全面和系统的工作,贯穿培训计划、组织、实施、评估等全过程。培训评价,主要应针对培训体系、培训项目和培训效果三个方面展开。

一、培训体系评价

培训体系是支撑培训计划、组织、实施、评估等一系列活动的前提、基础和保障,没有一套科学、完整的培训体系,无法开展科学、有序和高效的员工培训活动。培训体系评价,主要从培训管理组织、培训管理人员和培训管理制度三个层面展开。

(一)培训管理组织

员工培训工作正在被越来越多的企业所重视,员工培训对员工能力开发的影响和支持也逐步对企业人力资源管理的核心业务产生推动作用,成为发掘组织内部潜力、培养和增强企业核心竞争能力的战略工具。一些国际企业通过建立企业大学或学院等形式,深层次和前瞻性地提升员工培训工作对组织未来发展的贡献率。从企业管理层到一般员工,给予培训工作以应有的重视,培育和打造全员培训的良好氛围,对国际竞争环境下打造企业核心竞争能力、增强企业发展后劲等具有重要意义。

评价企业培训管理组织的科学性、完整性和有效性,主要应审视以下几个要素。

1. 培训组织的独立性

企业在人力资源管理系统中应设立专门的培训管理部门或培训管理岗

位,配备专职培训管理专业人员,确立其与人力资源管理系统其他模块相互独立的完整性,赋予培训组织相应的权责,保证其在企业总体人力资源管理框架下相对独立履行培训计划、管理、组织、实施、监督和考核等职能。

2. 培训层级的互补性

企业应结合管理体制和组织架构特点,采取适宜的培训组织管理层级,明确不同培训管理层级的责权利关系。

(1)对于总分结构管理模式,应明确总部对于培训业务的领导、计划、组织、指导、协调、监督和考核等相应职能,明确海外项目对应培训执行组织对具体培训业务和各项培训管理规定的执行、组织、实施、控制和反馈等相应职能,形成总部培训管理部门与海外项目培训执行组织间的互补和互动机制。

(2)对于非总分结构管理模式,在培训总体目标与企业发展战略保持一致的前提下,总部与海外项目在各自权责范围内独立组织开展培训的计划、组织、管理、协调、监督和考核等活动,总部对海外项目培训工作进行一定程度的检查、督促和指导,使总部与海外项目培训管理工作相对独立运行,使培训管理工作更加契合总部和海外项目实际。

3. 培训资源的充裕性

企业培训工作效果,取决于管理层的培训意识、企业全员培训氛围、组织机构保证和资金、人员、设施等多种有形和无形培训资源的支持和保障。各类培训资源的充裕程度,直接影响企业各级组织和部门的培训工作效果,因此要从有形资源和无形资源两个层面为企业培训工作提供资源保障。

4. 培训活动的连续性

企业存续的前提是各项经营活动的连续性,对培训管理组织功能和作用发挥情况进行评价的另一个指标就是培训活动的连续性。企业培训活动能否得到持续的资源支持、培训管理工作能否在创新中实现持续发展、培训需求能否得到长期激发等,对评价培训组织管理的有效性和成长性具有重要参考价值。

(二)培训管理人员

培训管理人员是企业有效履行培训职能、实施各项培训活动的基础,评价培训体系的完整性,培训管理人员或培训管理队伍是重要的考察要素。

1. 培训队伍的稳定性

培训组织独立性、职能完整性、培训活动的持续性均需要以培训队伍的稳定性为前提。培训队伍的稳定性主要体现在人员配置的充足性、岗位分工的精细化以及企业对于培训管理队伍职业发展的关注和重视程度等,只有培训队伍的稳定,才是企业培训工作有效组织实施的基础保证。

2. 培训队伍的职业化

在保持培训队伍稳定性的前提下,应通过提高培训队伍的职业敏感性、管理意识、创新精神、专业化程度等方面增强培训队伍的职业化程度,培训队伍的职业化素质直接体现和代表了企业培训管理工作的整体形象和水平,直接影响培训管理工作的质量和效果,应以此为目标着力打造培训队伍的职业化。

(三)培训管理制度

培训管理制度是企业培训管理工作的主旨和灵魂,是反映企业培训管理工作思路、特点、风格和水平的重要载体,是培训管理体制和机制继承和传递的有效手段。评价培训管理制度的有效性,主要从以下几方面着眼。

1. 培训制度的系统化

培训制度体系建设是一项系统工程,是伴随企业管理体制、运行机制、组织机构、业务发展、管理变革等进程持续补充、修订和完善的长期过程。培训制度的系统化主要体现在组织培训工作指导思想、工作思路、发展目标的表述上的明确性,培训组织、业务职能、管理流程、资源保障、评价体系等方面的完整性。

2. 培训制度的有形化

培训制度的有形化是将企业培训组织和管理的战略、思路、职能、权责、机制、办法等内容以电子文档、书面文档等为介质,记录培训管理制度的各项内容。培训制度的有形化是培训管理思想、体制和机制等得以继承和发展的载体,是培训管理历史可追溯性的保证,也是企业管理有形化的有机组成部分。培训制度的有形化,对于统一企业内部各层级培训管理思想、贯彻一致的培训管理战略、形成一致的培训管理风格、塑造统一、高效、有序和一体化的企业培训管理体系具有现实意义。

3. 培训制度的科学化

培训制度的科学化主要体现在培训管理制度结构布局的合理性、内容的完备性、流程的可操作性、对例外事项的预见性等,培训制度的科学化还要通过制度体现以人为本的人性化管理理念。

二、培训项目评价

对培训项目本身的评价,从整体到一般主要应集中在以下几个方面。

(一)对培训计划的评价

主要包括:

(1)培训计划的主导思想与企业发展战略的匹配性;

(2)培训计划的主题内容与员工个人、团队和组织能力提升的适应性;

(3)培训计划与培训经费预算的协调性;

(4)培训计划时间和次序安排的科学性;

(5)培训计划的可执行性。

(二)对培训内容的评估

主要包括:

(1)培训内容与培训需求的匹配性;

(2)培训内容与培训目标的一致性;

(3)培训内容详略安排的合理性;

(4)培训方法和手段的有效性;

(5)培训效果评估的及时性和参考性。

(三)对培训机构的评估

主要从服务、信用、实力、经验、师资、成本和效果等多个维度进行评价。

(四)对培训讲师的评估

主要包括:

(1)培训讲师职业化程度;

(2)培训讲师知识结构、广度和深度;

(3)培训内容的针对性和实效性;

(4)培训过程沟通的有效性;

(5)授课技巧的灵活性和多样性。

三、培训效果评估

培训效果评估是培训组织实施的重要组成部分,是企业通过内部审计回顾、检验、考核和评价培训实施质量和结果进行的一系列测试和评价。培训效果评估有狭义和广义之分。广义的培训效果评估涉及培训管理各环节的全过程评估。狭义的培训效果评估针对某一具体培训项目实施效果进行评估。鉴于国际工程建设项目培训管理和组织活动的发展阶段和管理现状,现仅就狭义培训效果评估进行探讨。

(一)培训效果评估要素

主要包括如下一些评估维度:

(1)培训组织。对培训项目的主办方或承办方在培训项目的计划、组织、协调、管理和控制等方面的满意程度。

(2)培训内容。培训项目自身的框架设计、内容安排、案例引用等方面能否体现培训意图、实现培训目标。

(3)培训方法。培训项目实施选用的形式、手段、方式、方法能否有效反映培训意识、实现培训预期。

(4)培训氛围。培训项目组织和实施过程,主办方或承办方、培训实施者和培训对象之间沟通是否畅通、是否保持良性互动。

(5)过程控制。培训项目内容安排的主次次序、培训时间和节奏的把控程度、对培训对象要求的响应和反馈速度等。

(6)服务保障。培训项目主办方或承办方在培训场所和场地舒适度、培训设施和设备完好性、食宿及会务服务的满意度等。

(7)影响程度。培训内容、方式、方法等对培训对象在培训目标、心理预期以及对现实工作和未来发展的指导与借鉴价值等方面的主观和客观评价。

以上一些主要维度在评价量表中的权重以及每个维度不同的程度划分,构成培训效果评估的专用格式,作为狭义培训效果评估的主要载体和输出结果。

(二)培训效果评估方法

培训效果评估方法会因企业对于培训效果评估的广度和深度差异有较

大不同。企业在培训管理实践中,可以在满足企业现阶段培训管理所需或最优管理成本状态下,选择单一或复合的评估方法。通常存在以下一些评估方法:

(1)问卷调查法。是指在培训项目结束前或结束后,以包含一定维度和要素在内的标准化或主观题目,通过培训对象打分的方法测试培训效果。

(2)测试法。是指在培训中、培训结束时或培训结束后一段时间,通过理论考试或实践测试等方法对培训前后效果进行对比并评估培训效果。

(3)观察法。培训对象所在部门或单位主管、培训主管部门专业人员等通过现场观察法,对比并记录培训前后培训对象在技能和效率等方面的变化,以验证培训效果。

(4)报告法。培训对象结合培训获得的收获、体会以及为提升工作能力、改进工作绩效带来的影响以报告或汇报的方式加以描述,并据此评价培训效果。

(三)培训效果评估工具

对于培训效果评估采用的工具,国内外有很多的理论和方法,目前得到普遍认可并广泛使用的是由美国学者柯克帕里特里克提出的培训效果四级评价模型,参见表6-1所示。

表6-1 培训效果四级评价模型

层次	标准	释义
1	反应	学员的满意程度
2	学习	知识、技能、态度等方面的收获
3	行为	工作中的行为改善
4	结果	培训对象绩效提升

(1)第一层。反应层,即培训对象在培训结束后对培训项目相关环节的总体印象和感受,一般采用问卷调查方式进行。

(2)第二层。学习层,即培训对象对于培训内容的理解和掌握程度,一般采用考试或测试方式进行。

(3)第三层。行为层,即培训对象在实际工作行为的前后对比,一般采用观察法和访谈法进行。

(4)第四层。结果层,即培训对象实际工作能力及工作绩效的前后对比,一般采用指标考核方式进行。

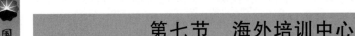

第七节 海外培训中心

一、组建海外培训中心的现实意义

(一)适应员工本地化要求的重要举措

海外市场蓬勃发展的同时也伴随着高风险的地区政治和严峻的安全形势。不断发生的安全事件使我们深刻地认识到员工本地化工作对保障中方员工安全、促进当地就业、融洽驻地社区关系等方面的重要作用。与此同时,海外一些地区民族主义的抬头以及所在国法律对本国劳动力就业机会和合法权益保护的壁垒,都要求企业在获得市场份额、效益增长和自身发展同时,更多地履行对所在国及其国民的社会责任。

(二)企业实现持续发展的内在需要

中国公司在海外工程建设市场明显的竞争优势,得益于中方员工队伍善打硬仗、能打胜仗的优良传统和优秀作风。中外方员工文化、意识、能力等方面的巨大差距,决定了当地员工无法自行适应 EPC 项目短平快的施工组织特点和高强度的施工作业要求。处理好员工本地化与项目高效执行的关系,必须要从根本上解决当地员工的技能、素质和能力问题,迫使我们必须加快建立和完善有效的员工培训领导、组织和管理体系。

(三)实现管理国际化的必然途径

要想实现企业在海外市场的持续、稳定、快速和健康发展,在海外高端市场有所作为,必须突破管理瓶颈、克服管理软肋。提高管理水平,必须从人的意识、素质、能力入手,使之逐步与国际惯例接轨,按国际标准办事,已成为当前及未来公司发展所强调的第一要务,必须依靠有效的员工培训加以保障和推动。

二、海外培训中心组建模式

根据地区和国家的不同以及项目类型的差异,海外培训中心可采取下列不同的组建模式。

（一）寻求本系统统筹资源的支持

例如，在石油、石化、建筑等不同领域，母公司或上级单位在所在国或邻国已有当地员工培训中心，即可采取寻求上级或系统内支持，通过培训中心直接培训合格当地技工的方法。

（二）寻求所在国政府或教育机构的支持和配合

（1）通过与当地政府或教育机构沟通，寻求其支持，并本着"互利互惠、福祉当地、促进就业"的原则，与当地现有培训机构展开合作，并在此基础上组建海外（当地）培训中心。

（2）在无法取得强有力支持或当地政府控制能力有限的情况下，可以自行组建海外（当地）培训中心，请当地培训机构提供"订单式"培训。

（3）在当地社会依托条件极差或者培训资源十分匮乏的情况下，只能通过讲练结合的方式组建海外（当地）培训中心，直接通过"师傅带徒弟"的方式由中方员工自行开展培训中心的工作。

三、培训中心组织职能

培训中心的组织职能主要包括：

（1）对海外项目培训工作的领导职能；（2）对海外项目培训工作的规划职能；（3）对海外项目培训工作的组织职能；（4）对海外项目培训工作的实施职能；（5）对海外项目培训的预算与执行职能；（6）对海外项目培训师资的招聘、培训、管理和考核职能；（7）对海外项目培训教材编写、选择和实施的评价职能；（8）对海外项目培训计划的编制与执行职能；（9）对海外项目培训人员的组织、沟通与评价职能；（10）对内外培训机构、师资的选择、合作和评价职能；（11）对院校、政府机构、社区和关联单位的沟通联络职能；（12）对当地培训人员进入海外项目工作的推荐建议职能；（13）对当地培训人员跨地区流动的动态跟踪和参与职能；（14）对公司培训计划的执行和落实职能；（15）对员工培训、当地雇员招聘与绩效考核的参与职能。

四、海外培训中心的运作模式

海外员工培训中心作为当地员工培训、发展以及员工本土化工作的总体管理和工作推进部门，具体负责员工本土化进程的规划与推进、与相关政府部门和职业培训中心的沟通与协调、各分包商当地员工培训和本土化工作的帮助及支持、分包商员工培训计划审批、质量控制和考核监督、培训效果的跟踪反馈、当地员工入职培训、岗位培训等工作。具体可以采取以下几种运作模式：

（一）与当地教育机构合资运作

这种情况下，一般采取利用当地教育机构现有场地、设备、师资，由中方提供高级技术讲师、更新培训设备、开发实用教程等方式运作，采取利益分成的方式独立核算。一方面，当地教育机构能够因就业形势好而找到高素质生源，另一方面，项目也可以依托培训中心获取足够的合格劳动力。

（二）独资运作

在对当地劳动力市场进行充分调研的基础上，可以独资创建培训中心，自负盈亏，培训中心的毕业生择优聘用到项目上工作。这种情况适用于当地劳动力教育市场比较落后，当地技工十分匮乏的地区或国家。在这种情况下，培训中心一般会取得较好的收益，甚至在项目结束后，培训中心还将作为利润来源和增长点继续独立运营下去。

（三）纳入项目培训工作

如果不准备把培训中心做大，也不准备将其作为利润来源，可以采取这种方式。成立培训中心后，在每年的项目培训预算中，单独为培训中心确定一块预算，培训中心的成本纳入项目培训费用统一管理。

第七章　绩效与考核

第一节　员工绩效管理

一、员工绩效管理定义

员工绩效管理是为了达到组织的预期目标并检验目标的实现程度,通过持续开放的沟通过程,形成组织所期望的行为和产出,即通过持续的沟通和规范化的管理不断提高员工和组织绩效、提高员工能力和素质的一个完整的管理过程。

员工绩效管理是企业人力资源管理的核心环节,是企业实现战略目标和赢得竞争优势的关键管理步骤。科学有效的绩效管理能使具备一定个人工作能力和素质的员工在工作中采取有效的工作行为,完成个人工作目标,从而实现整个企业的战略目标,并最终推动员工个人工作能力和素质的提高。绩效管理具有以下特征:

(1)绩效管理是防止员工绩效不佳和提高工作绩效的有力工具,这是绩效管理的核心目的。绩效管理的各个环节都是围绕这个目的来进行的。因此,绩效管理不仅要针对工作中存在问题的员工,而且更重要的是着眼于提高现有的绩效水平,从而促使组织的目标得以顺利实现。

(2)绩效管理还特别强调沟通辅导及员工能力的提高。绩效管理强调通过沟通辅导的过程以实现开发目的。绩效管理不是迫使员工工作的工具,也不是权力的炫耀。事实上,各种方式的沟通辅导贯穿于整个绩效管理系统中。因此,绩效管理非常强调各级管理者的人力资源管理责任。为了实现有效的绩效管理,人力资源管理部门必须使企业的绩效管理系统得到从各级管理者到普通员工所有人的认同和支持。

(3)绩效管理是一个系统的管理过程,绩效管理不仅强调绩效的结果,而且要重视达成绩效目标的过程。在这个过程当中企业的人力资源管理部门只是一个组织者和指导者,单靠人力资源管理部门是无法做好企业的整个绩效管理工作的,需要企业的各级管理人员和员工各司其职、相互配合、通力合作(表7-1)。

表7-1　在员工绩效管理中的职责

	主要职责
高层	确立并不断沟通公司的使命、愿景和目标;倡导并不断沟通公司的文化及核心价值观;确定绩效管理系统的总体原则和目标;宣贯绩效管理对企业和个人的意义;在绩效管理过程中率先垂范
中层	向员工解释组织的绩效目标,与员工共同制定具体可衡量的员工绩效目标;帮助员工认识和发展员工的能力;提供员工完成工作任务所必需的有关资源;积极与员工沟通,进行适当的指导;评估考核员工的绩效,提出改善建议
员工	了解组织对自己的绩效期望和自己的工作能力;不断提高自己的工作能力;制定与绩效目标相对应的工作目标和工作计划;主动从主管、同事处寻求绩效反馈
人力资源部门	开发建立绩效管理系统;提供系统实施的技术培训;帮助解决绩效管理中的操作问题;监督和评估绩效管理系统的有效性,改进系统;负责绩效管理系统与其他人力资源管理系统的衔接

二、员工绩效管理意义

员工绩效管理是企业为实现其战略目标、经营管理目标和员工开发目标而建立的一个完整体系,一切绩效管理工作都是围绕以上目标展开的,偏离了以上目标,绩效管理就失去了存在的价值。通过员工绩效管理整个过程的实施可以看出,提高绩效、管理绩效与绩效考核不仅是人力资源部门人员应当关心的问题,同时也是企业、管理者、员工共同关心的问题。

(一)对企业的意义

绩效管理的核心目的是通过提高员工的绩效水平来提高企业或者团队的绩效。绩效管理系统将员工的工作活动与组织的战略目标联系在一起,通过提高员工的个人绩效来提高组织的整体绩效,从而实现组织的战略目标。

随着经济的全球化以及信息时代的到来,企业间的竞争日趋激烈。为了提高自己的竞争力和适应能力,许多企业都在探索提高生产力和改善组织绩效的有效途径,组织结构调整、组织流程再造、组织扁平化、组织分散化已经成为当代组织变革的主流趋势。但是上述的手段只能减少企业成本,并不一定能提高组织绩效。改善组织绩效的有效途径是改善员工个体的行为。通过有效地管理员工绩效,即制订支持组织战略目标的绩效计划、监督辅导绩效计划的实施、对绩效结果的客观考核、通过反馈面谈制订绩效改进计划以及为员工设计职业生涯发展规划,充分调动员工积极性、鼓励创新、创造进行团队合作的组织文化和工作氛围,从而提高组织的绩效,增强竞争力。

(二)对管理者的意义

对管理者来说,绩效管理为经营管理决策提供了有力的信息支持。管理者根据企业战略目标和员工的绩效水平,拟定企业发展规划,提出业务整合调整方向。绩效管理为管理者的人力资源管理与开发决策提供了必要的依据。通过绩效管理,实施绩效考核,为企业员工的管理决策,如辞退、晋升、转岗、降职等提供了必要的依据,同时也解决了员工的培训、薪酬、职业规划等问题,使之行之有据。

绩效管理改变了以往纯粹的自上而下发布命令和检查成果的做法,要求管理者与被管理者双方定期就其工作行为与结果进行沟通、评判、反馈、辅导,管理者要对被管理者的职业能力进行培训、开发,对其职业发展进行辅导与激励,客观上为管理者与被管理者之间提供了一个十分实用的平台。

通过绩效管理而非简单的绩效考核,能够使管理者重视绩效沟通,给予员工更多的关注,而不只是在绩效考核阶段充当一个裁判员的角色。在充分参与绩效计划和绩效沟通的基础上,员工们能亲身感受和体验到绩效管理不是和他们作对,从而减少员工对管理者的抵触情绪,树立管理者的威信。而且通过有效的沟通,使员工能够向管理者提供真实的信息,坦然面对考核结果,使管理者充分掌握下属情况,为进一步开展工作奠定基础。

(三)对员工的意义

绩效管理的过程能够发现员工存在的不足之处,便于企业对员工进行有针对性的培训,提高员工的工作能力,使员工能够更加有效地完成工作。绩效管理中的不断激励和反馈,以及提供学习新技能的机会,可以使员工以平和的心态正视个人长短,正确看待物质利益,避免员工过分看重物质结果,而忽视了更为重要的绩效改善目标。同时,员工可以亲自参与绩效管理的各个过程,充分体会到绩效管理对自己的近期和长远发展的作用,从而增加了参与的主动性、积极性。绩效管理过程中员工自我绩效计划和工作目标的制定，使员工对自身能力水平和岗位职责有了全面的认识，进一步提高了员工的自我管理能力。

三、员工绩效管理内容

员工绩效管理的主要内容是影响绩效的主要因素，影响企业中员工绩效的因素是多方面的，包括影响员工绩效的各种主、客观因素，主要因素有以下四类。

（一）技能

技能是指员工的工作能力和工作技巧。一般来说，影响员工技能的因素有：天赋、智力、教育、经验、培训等。由此可以看出，员工的技能并不是一成不变的，企业可以通过提供各种类型的培训、各种岗位工作锻炼以及员工的自我学习来提高员工的技能水平。

（二）激励因素

各种激励手段作为影响员工工作绩效的因素，是通过改变员工的工作积极性来发挥作用的。为了提高员工的工作积极性，企业应针对员工的个人需要、个性特点等，选择适当的激励手段和方式。

（三）工作环境

影响工作绩效的工作环境因素可以分为企业内部环境因素和企业外部环境因素。企业内部环境因素一般包括劳动场所的客观条件、工作的性质、工作的工具和设备、管理者的管理方式和管理风格、公司的组织机构设置和战略政策、工资福利的水平、企业文化和培训机会等。

企业外部环境因素包括政治状况、经济状况、社会状况、自然条件和企业所在市场的竞争强度等。特别是在境外从事国际工程建设项目，员工处在恶劣的自然环境、艰苦的生活环境和动荡的社会政治环境下，工作方式和工作绩效将会受到很大影响。

（四）机会

机会是指一种偶然性，俗称"运气"。只有在具备一定的条件时员工才能发挥出自己的工作潜能，在一种偶然的情况下具备了这种条件，比如工作

国际工程建设项目人力资源管理

轮岗,员工就能创造他在原来的工作岗位上无法创造的工作绩效。管理者应该善于为员工创造这种机会。

四、员工绩效管理方法

(一)目标管理

目标管理(Management By Objective,MBO)是由美国著名的管理学家彼得·德鲁克在《管理的实践》一书中提出来的。德鲁克认为,并不是有了工作才有目标,而是相反,有了目标才能确定每个人的工作。所以"企业的使命和任务,必须转化为目标",如果一个领域没有目标,这个领域的工作必然被忽视。因此管理者应该通过目标对下级进行管理,当组织最高层管理者确定了组织的目标后,必须对其进行有效分解,转变成各个部门以及每个员工的分目标,管理者根据分目标的完成情况对下级进行考核、评价和奖惩。

目标管理就是通过组织中的上下级一起协商,根据组织的使命确定一定时期内组织的总目标,由此决定上下级的责任和分目标,并把这些目标作为组织经营、评估和奖励的标准。目标管理的实施一般包括目标设定、目标分解、目标实施和结果反馈四个步骤。目标设定是目标管理的关键步骤,符合企业客观实际的目标才能发挥目标管理的作用,同时目标必须具有层次性、多样性、可衡量性、可实现性、富有挑战性等特点。

目标管理克服了传统管理的弊端,使个人的能力得到了激励和提高,改善了人际关系,提高了工作效率。目标管理综合了对工作的兴趣和人的价值,从工作中满足其社会需求,企业的目标也同时实现,把工作和人的需要两者有机统一起来。

(二)标杆管理

标杆管理(Benchmarking)又称基准管理,起源于20世纪70年代末80年代初,在美国学习日本的运动中,首先开辟标杆管理先河的是施乐公司,后经美国生产力与质量中心系统化和规范化。标杆管理是一个不断寻找和研究一流公司的最佳实践,并以此为基准与自身企业进行比较、分析、判断,从而使自己的企业不断得到改进,创造优秀业绩的良性循环过程。其核心是向业内或业外的最优秀的企业学习。通过学习,企业重新思考、改进经营实践,创造自己的最佳实践,这实际上是模仿创新的过程。

实际上标杆就是榜样,这些榜样在业务流程、制造流程、设备、产品和服务方面所取得的成就,就是后进者瞄准和赶超的标杆。中国有句古话,"以铜为鉴,可以正衣冠;以史为鉴,可以知兴替;以人为鉴,可以明得失"。标杆管理是一种有目的、有目标的学习过程。标杆管理的实施可以分为五步:计划、内部数据收集与分析、外部数据收集与分析、实施与调整、持续改进。

通过标杆管理,企业可以选择标杆,确定企业中、长期发展战略,并与竞争对手对比分析,制订战略实施计划,并选择相应的策略与措施。标杆管理可以作为企业绩效评估和绩效改进的一种有效工具,通过辨识行业内外最佳企业的绩效及其实践途径,企业可以制定绩效评估标准,然后对其绩效进行评估,同时制订相应的改善措施。

(三)关键绩效指标

关键绩效指标(Key Performance Indicator, KPI)是通过对组织内部流程的输入端、输出端的关键参数进行设置、取样、计算、分析,衡量流程绩效的一种目标式量化管理指标;是用于评估和管理被评估者绩效的定量化或者行为化的标准体系。关键绩效指标是衡量企业战略实施效果的关键指标,是企业战略目标经过层层分解产生的可操作性的指标体系。企业的关键绩效指标要能够反映企业当前的战略要求、近期绩效目标、公司和部门的工作重点以及企业急需解决的问题。关键绩效指标体系的建立,将企业战略转化为内部过程和活动,不断增强企业的核心竞争力,使企业能够得到持续的发展。

建立关键绩效指标体系首先要分解企业战略目标,分析并建立各子目标与主要业务流程的联系,同时进一步确认各业务流程在支持战略子目标达成的前提下流程本身的总目标;在各职能部门层面确认各业务流程与部门职能之间的关联,为企业总体战略目标和部门绩效指标建立联系;从通过上述环节建立起来的流程重点、部门职责之间的联系中提取部门级的 KPI 指标,根据部门 KPI、业务流程以及确定的各职位职责,促进企业目标、流程、职能与职位的统一。

关键绩效指标是预先确定能反映员工绩效的本职特征和行为的指标,考核指标体系设置要有重点,要真正体现 KPI 中的 K(关键),在选取指标时,应当遵循 20/80 原则,抓住体现企业 80% 绩效目标的 20% 重点指标。要避免事无巨细、面面俱到、"眉毛胡子一把抓",分散管理人员和员工的注意力,加大企业的管理成本,使实际绩效结果和企业的绩效目标相背离,更无法识别和判断员工的发展潜能。

（四）360 度绩效评估

360 度绩效评估，又称"360 度绩效反馈"，最早由被誉为"美国力量象征"的典范企业英特尔提出并加以实施的。360 度绩效评估又称全方位绩效考核法或多源绩效考核法，是指从与被评估者发生工作关系的多方主体那里获得被评估者的信息，以此对被评估者进行全方位、多维度的绩效评估的过程。这些信息的来源包括：来自上级监督者的自上而下的反馈（上级）；来自下属的自下而上的反馈（下属）；来自平级同事的反馈（同事）；来自企业内部的支持部门和供应部门的反馈（支持者）；来自公司内部和外部客户的反馈（服务对象）；以及来自本人的反馈。这种绩效考核过程与传统的绩效考核和评价方法最大的不同是它不仅仅把上级的评价作为员工绩效信息的唯一来源，而是将在组织内部和外部与员工有关的多方主体作为提供反馈的信息来源，避免了考评人并不是被考评人工作绩效信息的最有效的观察和记录者的弊端。

360 度绩效评估在企业的实施一般包括准备阶段、评估阶段、反馈和辅导阶段。360 度绩效评估是从员工自己、上司、直接部属、同仁同事甚至顾客等全方位的各个角度来了解个人的绩效，通过这种理想的绩效评估，被评估者不仅可以从自己、上司、部属、同事甚至顾客处获得多种角度的反馈，也可从这些不同的反馈中清楚地认识到自己的不足、长处与发展需求，使以后的职业发展更为顺畅。

（五）平衡计分卡

平衡计分卡（Balanced Score Card，BSC）源自哈佛大学教授 Robert Kaplan 与诺朗诺顿研究院（Nolan Norton Institute）的执行长 David Norton 于 20 世纪 90 年代所研究的一种绩效评价体系，经过多年的发展，平衡计分卡已经发展为一种合理有效的绩效测评工具。平衡计分卡方法认为，组织应从四个角度审视自身业绩：学习与成长、业务流程、顾客、财务。平衡计分卡既包含了财务测评指标，用来揭示已采取的行动所产生的结果，同时，它又涉及顾客满意度、内部运营及组织的学习和提高能力的三套绩效测评指标作为财务测评指标的补充，从而使高级管理层可以快速而全面地考查企业的业绩与表现。

平衡计分卡反映了财务、非财务衡量方法之间的平衡，长期目标与短期目标之间的平衡，外部和内部的平衡，结果和过程的平衡，管理业绩和经营业绩的平衡等多个方面。所以能够反映组织综合经营状况，使业绩评价趋于平衡和完善,利于组织长期发展。平衡计分卡适应了管理实践的要求,弥补了传统财务评价系统的不足,它有效地反映了无形资产如何转化为企业的价值,迫使组织思考其战略并描述无形资产将如何影响内部业务流程和客户,从而最终为财务目标做出贡献。它关注客户,强调通过创新或改进少数关键流程为客户创造价值,注重团队工作和知识共享,突出了知识管理和学习型组织的重要性。平衡计分卡的建立和实施过程可以使企业建立持续的竞争优势。

五、员工绩效管理流程

完整、科学的员工绩效管理包括绩效计划、绩效监控、绩效评价、绩效持续改进四个环节,如图 7 - 1 所示。

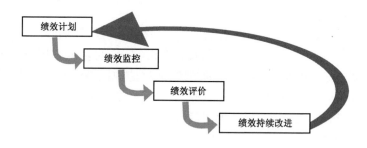

图 7 - 1   绩效管理的流程

(一)绩效计划

绩效计划主要是指企业内部各层级绩效目标的设定和绩效目标的沟通确认。在新的绩效周期开始时,为了实现企业的战略目标,各级管理者和员工就企业期望员工具有哪些个人特征、员工在该绩效周期内要做什么、做到什么程度、为什么做、何时做完、员工的决策权限等问题进行讨论,促进相互理解并达成协议。绩效计划就是将企业的战略目标清晰、明确地转化为部门直至每个员工个人的绩效目标,使每个员工的工作行为、方式和结果都能够有效地促进组织绩效的改进。根据以上要求,企业需要设计出相应的绩效衡量和反馈系统,确保员工能最大限度地达到预期绩效目标。

绩效计划主要包括制定绩效目标、设定绩效评价指标、确定评价周期。根据 SMART 原则,绩效目标必须是明确具体的(Specific)、可衡量的(Measurable)、可达到的(Attainable)、切实可行的(Realistic)、有时限的(Time bound）。绩效评价指标一般包括指标名称、指标定义、标志、标度四个要素，同时绩效指标要内涵明确、清晰，具有独立性和针对性，这样才能保证绩效评价工作的可操作性。评价周期的确定必须与企业的特征、绩效评价的内容和评价指标相结合，合理的设置，不宜过长，也不能过短。评价周期过长，容易造成评价结果近期效应，不能及时反映员工的真实绩效；评价周期过短，长期、复杂的工作短期内无法表现出明显的绩效。

　　绩效计划是关于工作目标和标准的契约，需要企业的员工全员参与来共同制定，在制定过程中管理者和员工要不断地沟通，最终在制定评价周期内的绩效目标及如何实现预期绩效的问题上达成共识。绩效计划是绩效管理过程的起点，作为绩效管理系统的一个环节，绩效计划的过程更加强调通过互动式的沟通手段，使管理者与员工在如何实现预期绩效的问题上达成共识。

　　（二）绩效监控

　　绩效监控主要是指绩效管理者对员工工作过程的监控、指导和帮助，以确保工作过程没有偏离既定的绩效目标。在这一过程中，管理者采取适当的领导风格，积极指导下属工作，与下属进行持续的绩效沟通，预防或解决绩效周期内可能发生的各种问题，保证更好地完成绩效目标。绩效监控始终关注员工绩效，通过提高个体绩效水平来改进部门和组织绩效。

　　绩效监控过程包括绩效辅导、绩效沟通、绩效信息收集。绩效辅导是在绩效监控过程中，管理者根据绩效计划，对下属进行持续的指导，确保员工工作不偏离组织战略目标，并提高其绩效周期内的绩效水平以及员工能力素质的过程。管理者的领导风格和指导方式是绩效辅导效果的重要影响因素。绩效沟通是指管理者与员工一起讨论有关工作进展情况、潜在的障碍和问题、解决问题的可能措施以及管理者帮助员工的方式等信息的过程。绩效沟通的目的就是保证在任何时候，每个人都能够获得改善工作绩效所需要的各类信息。绩效沟通的方式有正式沟通和非正式沟通两种方式。绩效信息收集是为了诊断员工的绩效和保证绩效评价的客观实际，管理者持续不断地收集、记录有关员工绩效目标完成情况、绩效水平的具体表现及对解决绩效问题有帮助的数据、关键事件等方面的信息。管理者可以通过自己的亲自观察和体验来获得绩效信息，也可以通过员工的同事、下级及其他外部人员来获得。

　　绩效监控是决定绩效管理是否成功实施的重要阶段，也是绩效管理各个环节中耗时最长的阶段。通过有效地实施绩效监控,并收集必要的绩效信息,为下一阶段的绩效评价做好准备。

(三)绩效评价

绩效评价主要是指在企业人力资源管理部门的组织下,对一定时期内的员工工作效果与绩效目标进行对比。绩效评价过程是一个收集信息、整合信息、分析信息、做出判断的过程。绩效评价是绩效管理系统中最重要的一个环节,为了实现绩效管理的目的,绩效管理系统应能够从企业经营目标和战略出发,对员工的绩效情况进行评价,通过引导员工的行为,使之有助于实现组织的发展目标。绩效评价是人力资源管理职能的核心,绩效评价的结果可以运用于多个人力资源管理职能。

绩效评价过程包括评价主体的选择、评价方法的选择、评价内容的确定。

绩效评价主体是指对被评价者做出评价的人,评价主体应该对评价内容、被评价的岗位有详细的了解和掌握,并与被评价员工的工作有关联。根据评价的内容和指标不同,被评价者的上级、下属、同事、被评价者本人、客户或供应商都可以作为评价主体,这样更能全面地反映被评价者的工作绩效。为了避免评价主体在绩效评价过程中因主观原因而导致评价误差,有必要在评价前对评价主体进行培训。

绩效评价方法是指评价员工工作绩效的工具和手段。绩效评价方法主要有绝对评价法、相对评价法和描述法三种。根据工作岗位的程序化、工作的独立性和工作环境的不同,选择恰当的绩效评价方法。在实际操作中,企业通常综合运用多种评价方法来评价员工的绩效。

绩效评价的内容主要包括工作业绩评价、工作能力评价、工作态度评价和工作潜力评价。这四个评价内容相互联系,根据不同的评价目的,在每个绩效评价体系中各有不同侧重。

(四)绩效持续改进

绩效持续改进主要是指对员工绩效考核结果进行反馈,肯定员工的工作成绩和贡献,讨论员工的不足,帮助员工制订绩效改善计划。绩效持续改进主要是通过绩效反馈面谈和绩效评价结果的运用来实现的。

绩效反馈面谈是指管理者就上一绩效周期中员工的表现和绩效评价结果与员工进行正式的面谈,双方对绩效评价结果达成共识,使员工认识到自己在工作中取得的进步和存在的缺点,并分析原因,制订绩效改进计划,确定下一个绩效管理周期的绩效目标,为员工的职业规划和发展提供有效信息。管理者在绩效反馈面谈前要做好充分的准备,计划好面谈的方式和策略,收集、整理面谈中所需要的绩效信息资料,确定合适的面谈时间和地点,注意听取员工的意见和想法,避免与员工的冲突和对抗。绩效反馈面谈的主要目标是制订绩效改进计划,在管理者和员工充分沟通的基础上制订提高目前绩效的详细方案,确定未来绩效应达到的目标。

　　绩效管理是人力资源管理职能中的核心环节,绩效评价结果可以作为人力资源管理职能中的招募与甄选、培训与开发、职位变动与解雇、薪酬福利等管理活动的依据。在绩效持续改进过程中,可以采取正反两种人力资源管理职能对绩效考核结果进行强化,在奖励先进、处罚落后的同时,可以将绩效考核结果与培训、晋升等激励行为有效链接起来,达到员工绩效持续改进的目的。

第二节　员工考核管理

一、员工考核定义

　　员工考核是依据既定的标准,通过一套正式的结构化制度和系统的方法来评定和测量员工在工作岗位上的工作行为和工作产出,以确定其工作成绩的一种管理方法。员工考核将企业的战略目标和绩效期望具体落实到了每一名员工,本质上就是界定员工对企业的价值和贡献。员工考核是企业管理者与员工之间的一项管理沟通活动。员工考核的结果可以直接影响到薪酬调整、奖金发放及职务升降等诸多员工的切身利益。

二、员工考核内容

　　企业进行员工考核前,首先要确定考核什么,即考核的内容。一般来说,影响员工绩效的因素是员工考核的重点,为了使员工考核更具有可靠性和可操作性,应该在对岗位的工作内容进行分析的基础上,根据企业的管理特点和实际情况,对考核内容进行分类。通常我们将考核内容分为工作业绩、工作能力、工作态度、工作潜力四个方面。

（一）工作业绩考核

所谓业绩，就是员工职务行为的直接结果，工作业绩考核就是对员工的工作产出进行评价。工作业绩考核的过程不仅要说明各级员工的工作完成情况，更重要的是，通过这些考核指导员工有计划地改进工作，达到组织发展的要求。

工作业绩的考核要点一般以员工岗位职责的内容为准，如果岗位职责内容过于复杂，则需要只选取重要的工作内容进行考评。一般来说，可以从工作数量、工作质量和工作效率三个方面对员工的工作业绩进行考核。工作业绩考核是相对于员工所担当的工作而言的，也就是说，是对员工担当工作的结果或履行职务的结果进行评价。员工对组织的贡献程度并不单纯取决于工作业绩考核结果，同时还要取决于工作本身对于组织的贡献程度。工作岗位对组织的贡献程度，一般是通过职位分析和职位评估来确定的。所以我们必须正确区分对工作本身的评价与对工作者工作情况的评价，避免混淆，从而影响对工作业绩考核的准确性。

对于管理者和员工个人来说，工作业绩的考核都是非常必要的。管理者希望员工能够通过职务行为促进组织完成既定的经营目标，对员工工作业绩的考核能够直接反映实现组织经营目标的过程，并对这一过程进行控制。员工希望自己的工作业绩能得到认可，就需要通过业绩考核的结果来客观反映自己对组织经营目标的贡献。

（二）工作能力考核

人的能力包括本能、潜能、才能、技能，它直接影响着一个人做事的质量和效率。工作能力是指对一个人担任一个职位的一组标准化的要求，用以判断是否称职。这包括其知识、技能及行为是否能够配合其工作。一般来说，工作能力包括常识、专业知识、相关专业知识、技能、技术或技巧、工作经验和体力。简单来说，工作能力就是一个人是否有适合的能力担任一个职位。

我们一般从理解能力、沟通能力、执行能力、专业技术能力等方面来考核员工的工作能力。与工作业绩考核相比，工作能力考核比较困难，因为工作业绩是外在表象的、可以把握的，而能力是内在的，难以衡量和比较。与能力测评不同，考核工作能力，是考核员工在工作中发挥出来的能力。企业根据标准或要求，确定他能力发挥得如何，对应于所担任的工作、职务，能力是大还是小，是强还是弱等，做出一定的评定。同时，考核能力不是考核能力的绝对值,根本点在于考核能力提高速度和幅度的相对值。通过考核要求员工在本来岗位上,在原有的基础上快速、大幅度地提高工作能力。

员工的工作能力与工作业绩具有一定的关联性,具有较高工作业绩的员工,在一般情况下,其工作能力也比较高,而工作能力较强的员工通常也表现出较高的工作业绩。但二者并不是正相关性,这就涉及另一个员工考核内容,即员工的工作态度。

（三）工作态度考核

态度是个体对某一对象所持有的评价和行为倾向。态度的对象是多方面的,其中有客观事物、人、事件、团体、制度及代表具体事物的观念等。态度是管理心理学的重要研究内容。人们的态度在很大程度上受到价值取向的影响,不过,态度针对具体的人或事物,是指个体在一定环境中对一类人或事物做出积极或消极反应的心理倾向,而价值取向则更为广泛。工作态度是一个人对所从事工作的认知、情感和意志,包括工作满意度,即对自己的工作所抱有的一般性的满足与否的态度,是对自己的工作喜欢或不喜欢的情感或情绪体验,一般而言工作满意度高的员工对工作持积极的态度;工作投入度,即在工作中深入的程度,是指在工作中员工是否充分发挥了潜能,是否不遗余力地为实现企业的目标而努力;组织忠诚度,即认同组织,并愿意继续积极参与其中的程度。

工作态度的考核可选取对工作能够产生影响的个人态度,如协作精神、工作责任心、工作积极性、遵章守纪等方面。对于不同岗位的考核应该有不同的侧重,比如,"工作热情"是行政人员的一个重要指标,而"工作细致"可能更适合财务人员。另外,要注意一些纯粹的个人生活习惯等与工作无关的内容不应该列入"工作态度"的考核内容。

工作态度是影响工作能力向工作业绩转化的重要中间变量,通过对工作态度的考核来引导员工改善工作态度,促使员工达成绩效目标。工作态度考核与工作能力考核的内容不同,态度考核不论员工的职务高低,也不管员工的能力大小,只是评价员工是否努力、认真地工作,工作中是否有干劲、有热情,是否遵守各种规章制度等。对工作态度的考核往往采用过程评价的方式进行,而工作能力考核一般可以是过程评价,也可以是结果评价。但好的工作态度并不能确保发挥员工全部的工作能力,还受到其他方面的人为因素和外部环境的影响,比如组织内部管理流程的合理性、工作场所的环境和组织外部的竞争压力等。

（四）工作潜力考核

潜力就是指潜在的能力。工作潜力是相对于在工作中发挥出来的能力而言，是指没有在工作中发挥出来的能力。在企业中，人力资源部门除了要了解员工在现任职务上具有何种能力外，还要关注员工未来的发展空间。也就是说，员工是否具有担任高一级职位或其他类型职位的潜质。员工没能将自己的能力充分发挥出来，主要有四个方面的原因：一是没有获得相应的工作机会，从而失去了发挥能力的舞台；二是工作设计或工作任务分配中出现了问题，承担的工作任务不合理，不能发挥出全部能力；三是上级管理者的指导或指令有误，影响其能力的发挥；四是组织没有提供科学、必要的能力开发计划。

工作潜力考核就是通过各种手段了解员工的潜力，找出阻碍员工发挥潜力的原因，更好地将员工的工作潜力发挥出来，将工作潜力转化为工作能力。工作能力考核是对员工通过职位行为反映出来的能力进行评价，而工作潜力考核针对的是评价员工在现职位工作中没有机会发挥出来的能力。所以，工作潜力考核面临的主要问题是员工在现有职位上没有发挥出的能力该如何来评价？他还能从事哪些岗位工作？我们可以通过以下三种办法来考核员工的工作潜力：

（1）根据员工以往工作中表现出来的能力进行推断，即根据上述工作能力考核的结果进行推断，参照工作能力考核结果来考核员工工作潜力；

（2）根据员工的工作经验，通常以连续从事某一工作的具体年限为指标。员工从事岗位工作的年限能体现出该员工的综合性工作经验，其中的意义是我们难以预料的，比如一位具有较长工作年限的专家的直觉，很可能会超越我们依靠各种分析手段方法所得来的判断和结论，这种现象在各个行业都可能出现。当然，也不能过分夸大工作经验、工作年限的意义，因为在新经济条件下，教育和培训手段的多样性，使经验的获得有可能超越时间和空间的限制；

（3）根据员工参加各种考试、测验、学习、培训、研修所获得的证书或结业证明，专业机构的资格认定许可证明以及学历证书等，都可以作为评价员工工作潜力和知识技能水平的依据。当然，文凭、证书、证明只能证明员工有这方面的经历，如同上面所提到的工作年限一样，只能作为考核员工工作潜力的一个方面的依据。因为教育发展越来越快，员工受教育的程度越来越高，高学历低能力的现象也时有发生。

三、员工考核流程

(一)制定考核评价体系

1. 确立员工考核目标

任何一个成功的企业都必须具有以业绩为导向的企业文化和有效考核、奖励优良业绩的员工的考核体系,因此,建立积极向上的绩效文化和公正、有效的员工绩效考核评价体系是企业向具有一流的国际化管理水平的大公司迈进的重要一步。对员工的绩效进行考核,除了可以界定员工的绩效水平外,还可以发挥价值导向作用,引导员工提高工作积极性和工作效率,实现企业的战略目标。

通过职位分析和企业的战略目标分解,具体分析和说明绩效的哪些方面对于组织来说是重要的,对实现组织的战略目标起关键作用,这些方面就是员工考核的主要目标。在新的绩效考核周期开始之前,通过分析企业的战略、企业近期的发展目标、企业的年度经营目标及各部门的业绩目标,企业的高层管理者规划制定出员工绩效考核的目标,并就目标与员工进行充分的沟通。员工通过了解绩效考核目标,制定自己的工作目标,将个人目标与绩效考核的目标联系起来,调整自己的工作行为和努力方向。

绩效考核目标要切实可行,如果目标定得太高,员工可能会放弃努力;而目标定得过低,员工会失去进取的动力,并使企业达不到绩效考核的目的。总之,在实施员工绩效考核时,无论在任何企业、任何条件下,我们都需要明确:员工绩效考核根本和最终目的是促进企业的发展,而不仅仅为了考核而考核。

2. 确定员工考核周期

员工考核周期就是指间隔多长时间对员工进行一次考核评价。通常企业按照日历时间把考核周期分为月度、季度、半年、年度。员工考核一般是对员工一定的工作行为和产出进行评价,因此,考核周期一定要大于或等于被考核者的工作完成周期。而被考核者的工作周期一般与其岗位职能类型相关,比如对企业高层管理者的评价就是对企业经营与管理的状况进行全面、系统评价的过程,而这不是短期内就会表现出成果的,所以对高层管理者采取半年或一年为一个考核周期就比较合适。而对于生产线上的工人,每天都可以对其完成的产品数量和质量进行准确的测定,所以可以采取一周或一个月为一个考核周期。也可以在一项特定的工作完成时对员工进行考核,如员工试用期满、劳动合同到期、转岗工作时,可以对员工这一阶段的工作进行考核,为下一步员工岗位工作的安排提供决策依据。

另一个影响员工考核周期的因素是考核成本,绩效考核作为一项基础性管理工作,考核活动是一个持续坚持、深入分析、不断优化的过程,其间要进行工作记录、工作辅导、工作评价、统计分析、绩效沟通、绩效激励等工作,需要耗费大量的人力和财力,要花费一定的考核成本。因此在被考核者的工作成果易于衡量的前提下,要尽可能节约成本,既要考虑到激励的及时性,也要考虑到考核成本,要二者兼顾。

国际工程建设项目通常具有一定的周期性,一般经过投标报价、实施准备、前期实施、施工高峰、开车中交、投产保运等六个阶段。对参与项目的人员进行绩效考核,主要目的是促进项目实施的进度、保证项目的质量和安全。所以,对项目工作人员的绩效考核周期可以选在项目每个阶段结束后,也可以根据项目各个阶段的特点定期进行考核。

3. 界定考核人和被考核人

员工绩效考核是全员性考核,也就是企业内的所有员工都是被考核人,企业的最高管理者也需要接受董事会或履行出资人义务的人员来进行考核。

企业根据员工的不同层级和岗位工作特征来确定考核其绩效的人员范围。一般来说,员工绩效考核评价的主体是与员工工作有联系的人员,在企业内部,员工的上级、下属和同事都可以作为员工的绩效考核人。同时,为了多方面、多层次了解员工的工作绩效,在企业外部,可以相应地增加与员工工作有联系的客户或供应商作为考核人,尤其在服务行业和生产销售类企业,这样更能全面地反映被考核人的工作绩效。

4. 确定考核内容

员工绩效考核的内容一般包括工作业绩、工作能力、工作态度和工作潜力四个方面。员工的工作业绩是员工岗位工作行为的最终结果,直接影响着企业战略目标和经营目标的实现,也是绝大多数员工考核的主要内容。对工作能力和工作潜力的考核,充分体现了员工绩效考核的开发功能,也是在员工晋升和转岗考核中重点考核的内容。

以上四个方面的员工考核内容并不是孤立存在的,他们之间相互联系、

相互影响,为实现特定的考核评价目标而组合成不同的员工考核评价体系。同时,员工考核内容的确定必须遵循以下原则:

(1)考核内容与企业文化和管理理念相一致。考核内容实际上就是对员工工作行为、态度、业绩等方面的要求和目标,它是员工的行为导向。考评内容是企业组织文化和管理理念的具体化和形象化,在考评内容中必须明确:企业鼓励什么,反对什么,给员工以正确的指引。

(2)考核内容要有侧重。考评内容不可能涵盖岗位上的所有工作内容,为了提高考核的效率,降低考核成本,并且让员工清楚工作的关键点,考评内容应该选择岗位工作的主要内容进行考评,不需要面面俱到。

(3)不考核无关的内容。员工绩效考核是对员工的工作考核,对不影响工作的其他任何内容都没有必要进行考评。比如员工的生活习惯、行为举止等内容不宜作为考核内容,否则会影响到员工考核的信度和效度。

5.建立考核指标体系

企业根据自身的业务特点和发展战略建立员工绩效考核指标库,并根据业务调整和考核工作实际运行情况不断对考核指标库进行更新。在建立考核指标体系时,根据考核的目的和员工岗位工作内容从绩效考核指标库中选取合适的考核指标,同时给每个指标赋予权重。然后划分出指标的不同等级,给每个等级赋予不同的分值进行量化,并针对不同等级提出参照标准,如表7-2所示。考核指标的各个等级之间的分值最好是等距的,以便于员工考核结果的统计和相互比较。

表7-2　考核指标体系示例表

考核指标	权重	考核指标定义	等级	分数
责任心	30%	1. 对工作始终保持高度热情,把工作当做事业来做; 2. 准确理解岗位要求,认真履行职责,不给自己找借口,敢于承担责任; 3. 当组织需要和个人需要发生冲突时,能优先考虑组织需要	1	4
			2	8
			3	12
			4	16
			5	20

绩效考核指标选取的是否合理决定着考核的效果,这种合理性主要体现在三个方面:一是考核指标要全面。保证不遗漏重要的考核指标,各种考核指标要相互补充,共同构成一个完整的考核指标体系;二是指标之间要协调。各种不同指标之间在定义内容上衔接一致,不能相互冲突;三是指标应

尽可能量化,不能量化的要细化。只有科学合理的量度方法,才能让员工相信绩效考核的公正性和可行性。

6.选择考核方法

绩效考核理论发展到今天,管理学家已开发出多种绩效考核方法,但每种方法都各有优缺点,我们要结合企业的实际和各种考核方法的特点,合理选择使用。员工绩效考核不是为了考核而考核,而是要运用科学的方法来检验和评定企业员工工作行为和工作成果,盲目运用新兴的绩效考核方法,反而会适得其反。

目前,在企业员工绩效考核实际工作中,一般综合运用多种绩效考核方法来考核员工。企业通常将目标考核法、行为锚定等级评价法和量表法的特点结合在一起,开发出一套适合于本企业的员工考核量表。在国际工程建设项目中,对所在国或第三国雇员进行考核时,考核方法的公平、合法性显得尤为重要。

(二)组织考核

企业组织员工考核就是通过考核评价体系对员工工作行为进行观察、记录、分析、评价,并最终衡量员工的绩效。主要程序如下。

1.收集数据

企业管理者收集有关员工的绩效数据,为考核评价员工提供客观的证据。绩效数据主要包括客观的、可衡量的工作产出,员工的工作行为所产生的业绩数据;体现员工工作能力与发展潜力的关键事件记录数据;员工个人档案的基本信息数据。管理者主要通过日常对员工的观察、与员工的接触和面谈来获得以上绩效数据。

员工的工作总结也是绩效数据信息的一个重要来源。通常在考核前,企业要求所有员工对本人在考核评价期间内的工作业绩及行为表现进行自我工作总结,对照自己的岗位职责和绩效目标进行自我评价。

2.评价打分

人力资源部门或者相关的主管部门向所有考核人发放考核评价量表,考核人根据被考核人日常工作目标完成程度、管理日志记录、考勤记录、统计资料、个人述职等绩效信息,在充分了解被考核人各方面表现的基础上,进行客观、公正的考核评价打分,并提出对被考核人的期望或工作建议。为了使考核评价更加具有客观性,可以采用360度考评范围,被考核人本人、其上级、下属以及同事都可以作为考核人参与考核评价打分,必要时,还可以外聘专家参与。

3. 统计结果

人力资源部门负责收集考核评价量表,汇总所有考核评价结果,编制考核结果一览表,并对考核结果进行分析,寻找绩效优秀或绩效偏低的原因,形成员工绩效考核总结报告。人力资源部门向企业考核委员会汇报考核情况,并与重点部门进行交流,对考核结果进行讨论和平衡,纠正考核中的偏差,确定最后的考核结果。

4. 决策反馈

管理者与员工进行绩效面谈,向员工反馈考核结果,若员工对自己的考核结果有疑问,有权利向上级主管或人力资源部门反映或申诉。人力资源部门整理最终员工考核结果,根据考核结果采取相应的人力资源决策,分类建立员工绩效考核信息档案。绩效考核的结果必须反馈给员工,如果企业组织实施了员工绩效考核后,不向员工公开考核结果,而只作为企业对员工的奖赏或其他决策的依据,就不能发挥绩效考核的管理和开发目的,从而使得绩效考核工作前功尽弃。

在与项目所在地的当地雇员或国际雇员进行绩效面谈时应着重注意避免以下几点:一是没有指出对方绩效问题的细节,使雇员对管理者提出的要求形成误解;二是谈话不够直率,把存在的问题和责任轻描淡写;三是先是表扬后批评,让对方感觉你有意设圈套、不尊重他。在与国际雇员谈论绩效时,开诚布公、直截了当更能有效地解决问题。

同时,人力资源部门对本次绩效考核进行总结分析,修改完善员工绩效考核体系,提出改进意见和方案,并规划新的一轮员工绩效考核。

四、员工考核方法

考核方法是指评定和评价员工绩效的过程和工具。"工欲善其事、必先利其器",考核方法是绩效管理中的重点和难点,具有很强的技术性,考核方法的选择往往决定着评价结果的质量。根据不同类别的员工考核内容,可以采取不同的考核方式、方法,尤其在考核员工的工作能力和态度时,很多影响绩效的因素都无法直接观察或感受到,这就加大了考核方法选择的难度和复杂程度,因此了解和掌握各种员工考核方法及其优缺点就显得非常重要。

员工考核的方法通常可以分为绝对评价法、相对评价法和描述法三类。绝对评价法是根据统一的标准尺度衡量员工的绩效,也可以称为客观评价法。实施绝对评价法的基础是先要确定一个客观的考核评价标准,这个标准在不同的评价方式中表现为不同的形式,并且是不以考核对象的变化为转移的,是在整个考核评价实施过程中固定不变的。相对评价法是对一定范围内的员工进行相互之间的比较,从而得出每个员工的绩效,也称为比较法。描述法,又称事实记录法、叙述法、鉴定法等,就是考核人用描述性的文字对考核对象的能力、态度、业绩、发展潜力、优缺点等做出评价,由此得到考核对象的综合绩效情况。这种方法通常是作为其他评价方法的辅助方法来使用,主要用于观察记录考核需要的事实依据,以避免考核误差,并为绩效反馈提供必要的事实依据。员工考核方法各有优缺点,我们应该根据实际情况进行选择使用。

（一）绝对评价法

1. 目标考核法

目标考核法是通过将企业的整体目标逐级分解至员工个人目标,最后根据被考核人完成工作目标的情况来进行考核的一种绩效考核方式。目标考核法的重点在于目标的制定和目标完成情况的评价(表7-3)。在新的考核周期开始之前,考核人和被考核人应该对需要完成的工作内容、时间期限、考核的标准达成一致。在考核时间期限结束时,考核人根据被考核人的工作状况对照原先制定的考核标准来进行考核。实施目标考核法一般有以下五个步骤:

（1）确定企业目标。对照企业战略目标,制订企业的绩效考核计划,相应分析确定企业的目标。

（2）确定各部门目标。将企业的总体目标分解,根据企业各部门的职责讨论确定各部门的绩效目标。

（3）确定个人绩效目标。部门内部就部门绩效目标进行充分的讨论分析,要求部门内每个员工对照本岗位的职责和个人的发展方向,制订个人工作计划,明确每个员工为实现部门目标应该做哪些工作,并对每项工作进行细化分解成相应的个人绩效目标。

（4）进行绩效考核。部门管理者对每个员工的实际工作结果与他们制定的绩效目标进行比较,评价员工的绩效目标实现程度。

（5）进行绩效反馈。管理者组织绩效反馈面谈,就绩效评价的结果与员工进行充分的沟通,对绩效目标的完成情况进行分析和解释,找出提高未来绩效的方法,制订绩效改进计划。

表7－3　目标考核法示例表

考核评价日期：　　　年　　月　　　日

员工姓名		员工编号		所在部门		所在岗位	
直接主管				部门领导			
考核类别		试用期考核　□		劳动合同期满考核　　□		年度考核□	
考核内容						完成情况	
1							
2							
3							
……							
考核评价结果		超过预期　□		基本满足工作需要　　□		需要改进　　□	
改进意见：							
员工签字：		直接主管签字：		部门领导签字：			

目标考核法重视与员工的沟通,在员工个人绩效目标制定过程中和绩效完成情况反馈时都需要员工的积极参与,增强了员工参与考核的积极性。在员工实现个人绩效目标的过程中,管理者在给予一定的支持和帮助的同时,也给予了员工一定的自主权,增强了员工完成绩效目标的动力和工作满足感。同时,员工的绩效目标是根据部门绩效目标和客观条件来确定的,目标考核法保证了考核的公平性。

但是,目标考核法对人性的假设过于乐观,认为员工只要有了目标,必定会怀有极大的热情和积极性去实现目标,接受挑战,忽视了员工的个人主义和惰性。其次,目标考核法使员工过于重视绩效目标结果,从而忽视了达成目标所需要的、规范的工作行为,使员工倾向于实现短期利益。再次,由于员工个人绩效目标确定量化比较困难,并且需要上下级多次沟通才能确定目标,造成目标考核法实施起来时间长、成本高。

2. 图尺度评价法

图尺度评价法（Graphic Rating Scale，GRS）是最常用的绩效考核评价方法之一，它是在一张图表中列出所要考核评价的要素指标，还列出了各要素指标的绩效评价等级尺度，如表7-4所示。管理者每次考核一名员工，只要对照绩效评价要素从评价尺度中画出与被考核员工绩效程度最相符合的分数即可。图尺度评价法中的评价尺度既可以是不同的绩效评价等级，也可以是具有连续性的数字，连续性的数字方便计算，使员工绩效考核结果更容易量化。

表7-4　图尺度评价法示例表

绩效评价要素	评价尺度				
	优秀	良好	称职	基本称职	不称职
工作质量：所完成工作的准确性、彻底性和可接受性	5	4	3	2	1
工作效率：在某一特定的时间段中所完成工作的数量	5	4	3	2	1
工作知识：完成工作所显示出的技术能力和知识信息	5	4	3	2	1
工作纪律：出勤率情况，遵守规定的工作、休息时间	5	4	3	2	1

图尺度评价法能够广泛应用于各种类型的企业，主要因为其使用方便、开发容易、成本较小，并且可以适用于企业中的大部分职位，同时能够方便地在员工之间进行横向比较。但是，这种考核评价方法也具有一定的缺陷，由于评价尺度无法与企业和部门的绩效目标建立直接联系，这种考核方法无法对员工的工作行为起直接的指导作用，也不能为绩效反馈提供具体的、详细的绩效信息，尤其是使用抽象的等级概念作为评价尺度的图尺度评价法，不利于员工接受最终的绩效考核结果。

3. 行为锚定等级评价法

行为锚定等级评价法（Behaviorally Anchored Rating Scale，BARS）由美国学者史密斯（P. C. Smith）和肯德尔（L. Kendall）于20世纪60年代研究提出，主要是用一些特定关键事件加以说明的行为来对工作绩效加以定位的绩效考核评价方法，如表7-5所示。设计行为锚定等级评价法的基本目的是通过建立与不同绩效水平相联系的行为锚定来对绩效维度加以具体的界定。这种方法为每一个绩效指标都设计出一个等级评价表，表上每一个等级的绩效均通过对工作中某一关键事件的客观描述性说明来加以界定，即所谓锚定。通过这种等级评价表，将特别优良或特别恶劣的绩效的叙述加以等级性量化，供考核者为被考核者实际绩效评分时作参考依据。

表 7 - 5 行为锚定等级评价法示例表

评价指标:开拓创新能力	
评价等级	行为表现
A 出色	善于跳出现有的思维范式,不断学习,并经常提出有突破性、拓展性的见解和方法。敢于在工作中开拓和创新,做出在行业中与众不同的成绩
B 优良	能在工作中探索新方法并产生一些富有新意的火花,大胆创新,积极应用学到的新知识,具有较好的反思检讨和扬长避短能力
C 需改进	能对事物进行分析,但思维方法单一,不善于从不同角度思考,观念更新较慢,不能提出有创意的看法,创新拓展的能力较弱
D 不合格	不具备创新意识,遇事常常抱着老观念不放,满足于过去的经验和成就,不思变革。对新事物、新变革持怀疑甚至对抗态度

行为锚定等级评价法将特别优良和最差的绩效描述加以等级性量化,从而将描述性关键事件评价法和量化等级评价法的优点结合起来。行为锚定等级评价法通常要求按照以下 5 个步骤来进行:

(1)获取关键事件。要求对工作较为了解的人(通常是工作承担者及其直接主管人员设定为第一组)找出一些代表各个等级绩效水平的关键事件,并对关键事件进行描述。

(2)建立绩效评价要素。第一组人员将关键事件合并为几个考核评价要素(通常 5 到 10 个),并对考核评价要素的内容加以界定。

(3)对关键事件重新加以分配。让另外一组同样对工作比较了解的人员(设定为第二组)来对原始的关键事件进行重新排列,将这些关键事件分别归入他们认为合适的考核评价要素中,并与第一组人员的分类进行分析对比。

(4)对关键事件进行等级确定。第二组人对关键事件中所描述的行为进行等级评定(一般使用 7 点或 9 点的等级尺度),以判断它们是否能有效地代表某一工作业绩要素所要求的绩效水平。

(5)建立最终的绩效考核评价体系。对于每一个工作绩效要素来说,都将会有一组关键事件(通常 6 到 7 个关键事件)作为其"行为锚"。

行为锚定等级评价法是关键事件法的进一步拓展和应用。它将关键事件和等级评价有效地结合在一起,通过一张行为等级评价表可以发现,在同一个绩效维度中存在一系列的行为,每种行为分别表示这一维度中的一种特定绩效水平,将绩效水平按等级量化,可以使考评的结果更有效,更公平。这种考核评价方法具有以下优点:

（1）行为锚定等级评价法设定的工作绩效评价指标简明、扼要，同时又能抓住关键工作要素。这种方法要求对工作较为了解的人员去收集一些有代表性的关键事件，然后将关键事件合并为几个绩效要素，可以向员工提供企业对于他们绩效的期望水平和反馈意见，具有良好的连贯性和较高的信度。

（2）这种方法的工作绩效考核评价标准更为明确。绩效考核评价要素叙述的等级性量化有助于非常明确地界定"优秀"和"称职"等各种绩效等级到底表现为什么行为。比如实验技术人员的工作繁琐、零碎，工作性质多样化，如果没有明确的等级界定，很难客观、准确地判断谁优谁劣。

（3）这种方法具有良好的反馈功能，可以使考核评价人更为有效地向被考核人提供反馈。长期以来，我们往往忽视考核具有推动个人成长的作用，明确的考核指标不仅指明了个人努力的方向，还可以帮助他们认识到自己的潜力，从而知道如何发展自我。因此，关键工作行为可以使考核人更为有效地向被考核人提供反馈，可以帮助被考核人明确自己的工作努力方向，使考核要素逐渐成为他们工作行为的自律标准，促使员工不断提高自己的水平和能力。

（4）各种绩效考核评价要素之间有着较强的相互独立性。将众多的关键工作行为归纳为 5 ~ 10 种绩效考核评价要素，使各个绩效考核要素之间的相对独立性很强。在这种评价考核方法之下，一位考核者很少会仅仅因为某人的一个要素所得到的评价等级高，就将此人的其他所有绩效要素等级都相应地提高。以往的考核评比方式或量化打分评价方式都容易造成某方面的突出而掩盖了其他方面的不足，不利于准确评价一个人的工作绩效，也不利于今后的工作改进，行为锚定等级评价法可以避免这些弊端。

行为锚定等级评价法本身有一个比较大的缺点就是考核方法设计比较困难，在设计和使用行为锚定等级评价法时，企业如果过分强调全面而设置了过多指标，或者企业在考核过程中，需要做非常复杂的记录和填写大量的表格作为考核的依据，就会导致绩效考核结果不能及时反馈，使新的工作计划推后，在实际中出现重考评、轻工作绩效改进的现象，反而降低了工作效率。行为锚定等级评价法虽然避免了居中趋势，但是在企业所有员工的绩效确实都达到了"优良"的情况下，会引起被考核人员的不满。

4. 混合标准量表法

混合标准量表法（Mixed Standard Scales，MSS）又称混合标准尺度法，简称混合量表法，是由美国学者布兰兹（Blanz）和吉塞利（Ghiselli）于 20 世纪

70 年代在传统的评价量表的基础上提出的。混合标准量表法中所有评价要素的各级标准尺度及其描述说明被打乱后随机混合排列在一起,而不是按照评价要素指标的一定顺序排列,要求考核人在表中注明被考核人的实际工作状况是高于(+)、等于(0)、还是低于(-)各级标准尺度所描述的工作行为,然后根据一个特定的评分标准来确定被考核人在每个评价要素上的得分,如表 7 - 6 所示。

表 7 - 6   混合标准量表法示例表

评价要素	绩效等级	行为描述说明	员工绩效
主动性	高	对于额外任务能主动请求并且能高质量完成,从来不需要上级督促	
协作性	中	根据同事的请求能够提供一些协助,能配合其他员工完成工作	
纪律性	低	不能遵守工作规定和标准,经常发生违规现象	
主动性	中	主动承担一般的额外任务,有时需要上级督促其完成工作	
协作性	低	不能积极响应同事的请求,配合其他员工完成的工作质量差	
纪律性	高	能够长期严格遵守工作规定与标准	
主动性	低	很少主动请求承担额外任务,上级领导交代什么工作做什么工作	
协作性	高	主动协助同事出色地完成工作	
纪律性	中	基本能够遵守工作规定和标准,偶尔有违规情况出现	
填写说明:请注明被考核人的工作绩效是高于(+)、等于(0)、还是低于(-)各级标准尺度所描述的工作行为			

(二)相对评价法

1. 排序法

排序法(Ranking Method)是指根据被考核员工的工作绩效进行排名,即从绩效最高员工到绩效最低员工排出一个顺序,从而确定每一名员工的相对等级或名次。员工彼此之间进行排名对照使员工更加努力地工作,以保持自己的高排名,或提升位居低位的名次。等级或名次可从最高至最低或由最低到最高排列。排序比较的参照标准可以是员工绩效考核要素的某一方面,如工作效率、工作质量、出勤率等,也可以是员工总体的工作绩效考核结果。

排序法分为直接排序法和交替排序法。直接排序法是最简单的排序法,是考核人根据自己对一组被考核人工作绩效的考核评价,将这组员工从绩效最高到绩效最低排出顺序。而交替排序法则是根据绩效考评要素将员工从绩效最好到最差进行交替排序,然后根据序列值来计算得分的一种考评方法。这种方法的倡导者认为,在一般情况下,从员工中挑选出最好的和最差的要比对他们绝对的好坏差异进行评分评价要容易得多。因此,这种方法在西方企业员工绩效评价中运用得也很广泛。

排序法设计简单,应用成本低,并能在一定程度上避免宽大化、中心化和严格化倾向。但缺点是考核的人数不能过多,以 5 ~ 15 人为宜,并且具有一定的主观性和随意性;只适用于考核同类职务的人员,应用范围有限,不适合在跨部门、跨岗位的绩效考核工作中应用。

2. 强制分布法

强制分布法(Forced Distribution Method)也称为硬性分配法,该方法是根据正态分布原理,即俗称的"中间大、两头小"的分布规律,预先确定考核评价等级以及各等级人员在总人数中所占的百分比,然后按照被考核者绩效的优劣程度将其列入其中某一等级。例如,要求考核人将 5% 的员工评定为绩效最高那一级;25% 的员工评定为绩效次高那一级;40% 的员工评为绩效居中的那一级;再将 20% 的员工评为绩效次低那一级;最后将 10% 的人评为绩效最低那一级。

美国通用电气公司前首席执行官杰克·韦尔奇以采用人员绩效强制分布排名而闻名。在绩效排名中被评为绩效最差的 10% 的人员,如果工作表现无法进步,可能面临被开除的命运。在韦尔奇的领导下,通用电气的业绩突出,引起许多公司纷纷效法,带起一股对员工进行强制排名的风潮。强制分布法适用于被考核人数较多的情况,操作起来比较简便。由于遵从正态分布规律,可以在一定程度上减少由于考核人的主观性所产生的误差。此外,该方法也有利于管理控制,尤其是在引入员工淘汰机制的企业中,具有强制激励和鞭策功能。但是,这种考核评价方法是建立在所有员工的绩效都会有好、中、差这样几类的假设基础之上的,如果某部门内部员工的绩效都高于平均水平,采取强制分布法来考核员工的绩效就会引起部门员工的不满。所以,一般来说,在员工绩效考核中强制分布法不单独使用,一般是用来排列员工的最终考核评价结果。

3. 配对比较法

配对比较法(Paired Comparison Method)也叫成对比较法,是要求考核人将每一名员工与整个被考核人群体中的所有其他员工进行一对一的比较,如果在两两比较过程中这名员工的绩效优于被用来比较的员工,那么这名员工将得到 1 分,否则这名员工不得分。在所有的员工都配对比较完成后,考核人统计计算每名员工获得的分数即为该员工的考核评价分数,分数越高,员工的绩效考核成绩就越好。如表 7-7 所示,用 A 行的员工和 B 列的员工进行一一比较,最后计算得出 5 名员工的绩效考核结果,钱姓员工绩效最好,赵姓员工绩效最差。

表 7-7　配对比较法例表

B＼A	赵	钱	孙	李	周
赵	—	1	1	1	1
钱	0	—	0	0	0
孙	0	1	—	1	1
李	0	1	0	—	0
周	0	1	0	1	—
绩效结果	0	4	1	3	2

配对比较法要求对所有被考核的员工进行两两比较,任何其中的两位员工都要进行一次比较。如果考核评价的员工过多,就需要耗费大量的时间进行员工之间的绩效比较,所以配对考核法只适用于少量员工群体的绩效考核。

(三)描述法

1. 关键事件法

关键事件法(Critical Incident Method, CIM),是由美国学者福莱诺格(JohnC. Flanagan)和伯恩斯(Baras)在 20 世纪 50 年代共同创立的,是要求考核人平时日常观察和记录员工工作中的关键事件,通过分析关键事件中员工表现出的有效行为和无效行为来界定员工的绩效。关键事件是指对企业整体绩效产生重大影响的事件,关键事件对企业产生的影响一种是积极的,一种是消极的。在预定的时间内,通常是半年或一年之后,利用积累的关键事件纪录,由考核人与被考核人讨论相关关键事件,为考核评价提供依据。

关键事件法的主要优点是绩效考核的焦点集中在员工的实际工作行为上,而不是抽象的行为特征概念,所以考核评价结果容易得到员工的认可。其次,在考核后的绩效反馈中,考核人的日常记录为管理者向下属员工解释绩效考核结果提供了确切的事实证据,也为员工提供了工作行为改进的依据。再次,考核人所记录的是在一个考核周期内(通常为一年)员工在所有关键事件中的工作行为表现,保证了考核人对员工进行绩效考核时所依据的是员工长期的工作行为表现,而不是员工在最近一段时间的表现,避免了近因效应。

但关键事件法也有两个主要的缺点,一是费时,需要花费大量的时间去搜集关键事件,并加以概括和分类;二是关键事件法无法在员工之间进行绩效的横向比较,无法为员工的奖金分配提供依据。

2. 评语法

评语法是最常见的以一篇简短的书面鉴定报告来进行考核评价的方法。评语的内容包括被考核人的工作业绩、工作表现、优缺点和需努力的方向。考核的内容、格式、篇幅、重点等均不受约束,完全由考核人自由掌握,不存在标准的规范文本。被考核人按照企业的要求提交一份自我工作总结,考核人以此为基础材料,对被考核人作出绩效考核。

考评的内容通常会涉及被考核人的优点与缺点、成绩与不足、潜在能力、改进的建议及培养方法等。所以,运用此种考核方法作出的评语,(1)缺少特定的绩效维度(即使划分维度也很粗略);(2)评语很随意,缺乏明晰的定义和行为对照标准;(3)几乎全部使用定性式描述语言,缺乏量化数据,因此难以相互比较和据此作出准确的人力资源管理决策。但因为它明确而灵活,反馈简捷,所以颇受欢迎,在我国,此法更是一种传统的考核方式。但由于该考核方法主观性强,一般不单独使用。

目前,在企业员工绩效考核实际工作中,一般综合运用多种绩效考核方法来考核员工。企业通常将目标考核法、行为锚定等级评价法和量表法的特点结合在一起,开发出一套适合于本企业的员工考核量表。在国际工程建设项目中,对所在国或第三国雇员进行考核时,考核方法的公平、合法性显得尤为重要。

第八章　薪酬与福利

一、薪酬定义

(一)薪酬含义

薪酬是指员工向所在组织提供劳务而获得的各种形式的劳动报酬。它可以分为狭义薪酬和广义薪酬。狭义薪酬指货币和可以转化为货币的报酬。广义薪酬除了包括狭义薪酬以外,还包括获得的各种非货币形式的满足。薪酬概念清楚的界定了薪酬的主客体之间的关系以及薪酬支付的内容和形式,并体现了薪酬的基本内涵。

美国的薪酬管理专家约瑟夫．J．马尔托奇奥把薪酬定义为:员工通过劳动所获得的内在和外在的奖励。内在薪酬(Intrinsic Compensation)是员工由于完成工作而形成的心理形式,外在薪酬(Extrinsic Compensation)则包括货币奖励和非货币奖励。这个定义更多的是将薪酬作为企业吸引、保留和激励员工的一种手段和工具来看待。

企业向员工提供的薪酬,既包括经济性的,也包括非经济性的。经济性薪酬能够用金钱数量多少来衡量其大小,属于物质性因素,包括直接的和间接的。直接薪酬主要包括:基础工资,绩效工资,奖金,年金,佣金,股权,红利和各种津贴等。间接薪酬包括企业向员工提供的各种福利,例如:保险,免费工作餐,带薪休假,娱乐设施等。

非经济性薪酬无法用确切的数量概念衡量其大小,属于非物质性因素。它也可以分为两种:成果型和过程型。前者包括职务、成就感、胜任感、表彰、荣誉、信任、发展机会、影响力等;后者包括工作环境、工作性质,工作条件、有挑战性的工作机会、获得相应授权、参与机会等。

(二)薪酬构成

虽然非经济性的报酬是薪酬的重要组成部分,而且随着经济社会的发展,在企业薪酬体系中发挥的作用会越来越大。但是为了更好地面向企业实践,本书在薪酬体系的设计与管理过程中,仍将注意力集中于企业的经济性报酬的安排上。在经济性报酬中,主要包括以下组成部分。

1. 基本薪酬

基本薪酬也称标准薪酬或基础薪酬,它是一个组织根据员工所承担或完成的工作本身,或者员工所具备完成工作的技能或能力而向员工支付的稳定性报酬。

与其他薪酬构成相比,基本薪酬具有以下特点:

(1)常规性。基本薪酬是雇员在法定工作时间内和正常条件下所完成定额劳动的报酬。在一般情况下,雇员应该完成定额劳动,并得到基本薪酬收入。

(2)固定性。雇员的基本薪酬数额以组织所确定的基本薪酬等级标准为依据,等级标准在一定时期内相对稳定,雇员的基本薪酬数额也相对固定。

(3)基准性。所谓基准性带有两层含义:一是基本薪酬是辅助薪酬的计算基准,辅助薪酬的数额、比例及其变动以基本薪酬为基础;二是为保证雇员的基本生活需要,政府一般对企业基本薪酬的下限做出强制性的规定。因此,基本薪酬也称为标准薪酬。

(4)综合性。与辅助薪酬形式相比,基本薪酬能较全面地反映薪酬的各项职能,其他薪酬形式一般只反映单项薪酬职能。

按照国际工程建设项目所在国当地法律规定和人们获得薪酬的习惯,尤其是一些失业率高、工作稳定性低的国家,当地员工更习惯于稳定的工资收入。因此,在这种社会背景条件下,基本工资应占更大比重,甚至作为唯一的工资形式,有利于稳定当地员工队伍。

2. 可变薪酬

可变薪酬也称为浮动薪酬,是薪酬系统中与绩效直接挂钩的部分。可变薪酬的目的是在薪酬和绩效之间建立起一种直接的联系,这种绩效既可以是员工个人的绩效,也可以是组织中某一个业务单位、群体、团队甚至整个组织的业绩。由于在绩效和薪酬之间建立起了这种直接的联系,可变薪酬对员工起到了很强的激励作用,对组织绩效目标的实现也具有积极的作用,由此,也有人称之为激励薪酬。

与基本薪酬相比,可变薪酬具有两个主要特征:

（1）补充性。基本薪酬具有相对稳定和固定的特点，不能及时反映员工实际工作绩效和组织需要的变化，而可变薪酬可以作为其补充形式。

（2）激励性。可变薪酬在组织目标的指导下，通过支付方式、支付标准、支付时间的变化，把员工利益和组织的发展联系在一起，进而起到激励员工实现组织目标的作用。

可变薪酬在实践中最主要的形式就是奖金。奖金是为员工超额完成任务或取得优秀工作业绩支付的额外报酬，其目的在于对员工进行激励，促使其继续保持良好的工作状态。奖金的发放可以根据个人的工作业绩评定，也可以根据部门和企业的效益来评定。

可变薪酬的另外一种形式是津补贴。津补贴是指员工在艰苦或特殊劳动条件、工作环境中工作，企业对员工额外的劳动消耗和生活费用支付的补偿。津补贴的特点是它只将艰苦或特殊的环境作为衡量的唯一标准，而与员工的工作能力和工作业绩无关。津补贴具有很强的针对性，当艰苦或特殊的环境消失时，津补贴也随即终止。

通常把与工作相联系的补偿称为津贴，把与生活相联系的补偿称为补贴。

3. 福利薪酬

薪酬管理是建立在一个全面的总薪酬概念基础上的，因此，员工福利是员工薪酬的一个不可或缺的组成部分。福利薪酬也被称为间接薪酬，主要是指组织为员工提供的各种物质补偿和服务形式，包括法定福利和组织提供的各种补充福利，如带薪休假、子女教育津贴、优惠购买本企业股票、保险等。从支付形式上看，传统的员工福利以非货币形式支付，但是随着组织部分福利管理职能的社会化，一些福利也以货币形式支付，即货币化福利。现代企业都比较重视福利制度对员工的吸引作用，福利的设计也出现了一些新变化。

与基本薪酬和可变薪酬不同的是，福利薪酬不是以员工向组织提供的工作时间为单位来计算的薪酬组成部分。作为一种不同于其他薪酬形式的薪酬支付手段，福利薪酬具有独特的优势：第一，由于减少了以现金方式支付给员工的薪酬，并且很多国家对部分福利项目有免税的规定，因此，组织通过这种方式能达到适当避税的目的；第二，福利薪酬为员工将来的退休生活和一些可能发生的不可预测事件提供了保障；第三，福利薪酬具有多种灵活的支付形式，可以满足员工多种工作和生活需求，具有货币薪酬所不能比拟的功能,如提高服务、增强组织凝聚力等功能。

(三)薪酬功能

薪酬作为员工在劳动过程结束后的补偿,它具有以下功能。

1. 补偿功能

员工作为企业的劳动力资源,通过劳动取得薪酬来补偿在劳动过程中的脑力与体力的消耗,以恢复劳动能力,使劳动得以继续。同时,员工还要利用部分薪酬来学习、进修、养育子女,实现劳动力的增值再生产。因此,员工的薪酬收入状况决定着他们的生存、营养和文化教育的条件,是保证企业劳动力生产和再生产的基本因素。

2. 激励功能

一般情况下,劳动是人们主要的谋生手段,物质利益仍然是被人们所追求的。薪酬的高低就决定了人们物质文化生活条件的好坏。同时薪酬的高低也表示一个人的社会地位,是全面满足员工多种需要的经济基础。因此,薪酬公平与否,直接影响着员工的积极性。正常合理的薪酬分配,有助于调动员工的积极性;反之,则会影响员工积极性的发挥,薪酬的激励作用也将丧失。

3. 调节功能

薪酬的差异可以促进人力资源的合理流动和配置。尤其在劳动力流动不充足的状况下,客观上存在着地区之间、企业之间、职业之间在工作环境、劳动强度、劳动难度,以及收入多少上的差别,也存在着劳动力稀缺程度的差别。人们总是在物质利益的驱动下愿意到薪酬高、环境好的地方就业。因此,企业可以通过调节薪酬水平的方法,引导劳动力向合理的方向流动,以较高薪酬水平吸引高素质和急需的人才或人力,以较低薪酬水平抑制一般劳动力的涌入,从而达到劳动力资源的合理配置。

4. 凝聚功能

企业可以通过制定公平合理的薪酬机制激发员工的工作积极性,使员工体会到自身被关心和自我价值被认可,增加对企业的归属感,自觉地与企业同甘共苦,为实现自身的发展与企业目标而努力工作。

(四)薪酬管理原则

薪酬管理的目的是建立科学合理的薪酬制度,为此,必须坚持以下八项原则。

1. 公平性原则

公平性原则即内部公平性原则。行为科学的一个重要理论是公平理论,它指出,人们往往通过与他人所受待遇的对比来评价自己所获得的报酬的公平程度。只有员工认为薪酬是公平的,才会认同薪酬的激励,公平原则是薪酬管理要考虑的最根本的原则,同时要注意它是一个心理原则。

员工的公平感受来自:(1)与外部其他类似企业(或类似岗位)相比较所产生的感受;(2)员工对本企业薪酬系统分配机制和人才价值取向的感受;(3)将个人薪酬与公司其他类似职位的薪酬相比较所产生的感受;(4)对企业薪酬制度执行过程的严格性、公正性和公开性所产生的感受。

2. 竞争性原则

竞争性原则即对外竞争性原则。竞争性原则包含两重意思:第一,工资水平必须高到可以吸引和留住雇员。如果本公司的工资与其他公司中同等情况相比不平等的话,不仅雇不到人,而且会导致本公司职员离职。第二,如果人工成本在公司的总成本中所占比例较大,它们就会直接影响这个公司的产品价格,公司会将成本转嫁到商品或服务上。人工成本必须保持在公司所能容许的提高生产产品和劳务效率的最大限度上。因此,实现富有特色、吸引力且成本可控的有效的薪酬管理才是真正把握了竞争性原则。

3. 激励性原则

激励性原则即对员工贡献的认可原则。一个科学合理的薪酬系统对员工的激励是最持久的也是最根本的。因为薪酬系统解决了人力资源管理中最核心的分配问题。因为薪酬系统应该是努力越多,回报也越多的机制。有些企业重视绩效,例如,阿斯特拉默克公司的薪酬目标是"只为绩效庆功"。有些企业重资历,例如,日本的大企业长久以来实施的"年功序列制"。这些都直接影响到雇员的工作态度和表现,进而也影响了所有的薪酬目标。什么样的薪酬系统才是最具有吸引力的呢? 薪酬制度发展到今天已经表明,单一的工资制度刺激日显乏力,灵活多元化的薪酬系统则越来越受人们的青睐。

4. 合法性原则

薪酬管理要受法律和政策的约束。例如,项目所在国的最低工资标准规定、有关职工加班工资支付的规定,企业必须遵照执行,也就是说企业在制定自己的薪酬政策时必须要以不违背有关国家的法律法规为前提,理解并掌握有关国家劳动法规、有关最低工资标准、薪酬支付行为规范等方面的规定是对薪酬制定者的起码要求。

5. 经济性原则

在贯彻经济性原则时,可采取灵活的报酬给付方法。例如,针对核心岗位,考虑采取长期激励性报酬形式取代短期现金的发放;有些岗位的员工只需给合理的薪酬,而不一定是行业中最高的;有些时候可以适当考虑用精神激励的方式代替物质激励,或通过提高内在报酬来弥补外在报酬的欠缺。这些都可以在一定程度上为企业节约成本。

(五)影响薪酬水平的因素

影响薪酬水平的因素可以归纳为三类。

1. 企业外部因素

企业外部因素对薪酬的影响,主要包括国家政策、法律、地区和行业特点、物价、劳动力市场状况等因素。

(1)国家政策、法律对薪酬水平的影响。许多国家和地区都对薪酬设有下限或保障底线。在市场经济比较发达条件下,政府主要运用宏观经济政策调节劳动力供求关系,引导市场,从而间接地影响企业薪酬水平;否则,一般是通过法规确定最低工资标准和增长幅度,从而直接影响企业的薪酬水平。

(2)地区、行业特点对薪酬水平的影响。一般情况下,在同一国家,经济发展水平较高地区的员工薪酬水平也会相应地提高。热门行业、新兴行业以及人才稀缺行业的员工比传统行业的员工的薪酬要高。

(3)物价对薪酬水平的影响。物价水平,尤其是员工生活费用水平的变动,对员工薪酬水平影响较大。物价上涨幅度较大时,导致员工实际工资的下降,为了保证员工实际生活水平不受或少受物价影响,企业会采取必要措施给予补助。

(4)劳动力市场状况对薪酬水平的影响。一般劳动力的薪酬主要受社会上可供本企业使用劳动力的供求关系来决定,当供大于求时,则薪酬水平可降低;反之则应提高。由于劳动力在市场上的供求状况不断变化,所以企业的薪酬水平亦随之上下起伏。

2. 企业内部因素

企业内部因素对薪酬水平的影响,主要表现为员工之间劳动差别和企业经济效益两个方面：

（1）劳动差别因素主要分为岗位劳动差别和个体劳动差别。岗位劳动差别主要表现为各职位、职务在工作繁简、难易、责任轻重、危险性以及劳动环境等方面的差异。工作繁重、难度大、责任大、危险性大、环境艰苦的，薪酬应高些。反之则应低些。

个体劳动差别主要表现为：个人劳动贡献大，工作质量高、成果多或者劳动时间长，其薪酬水平就高，反之，薪酬水平则低；工作经验丰富者薪酬应适当增加；本人学历高者，智力投资相对多，工作潜力大，薪酬相应高些是合理的。

（2）企业经济效益和支付能力。薪酬增长速度应低于企业效益增长速度。企业还得考虑本企业是否有能力支付，是否因为庞大的薪资支出阻碍了公司正常的业务发展。

3. 员工个人因素

（1）员工在本企业的工作年限。大部分企业都会考虑员工每工作满一年增加工龄工资或者加薪，以鼓励员工在本企业长期工作。

（2）员工个人专业技能。员工从事的不同工作岗位，需要有不同的专业技能，而某些技术可能是企业所紧缺的，或者需要多年积累才能具有的，应考虑给予较高的薪酬待遇。

（3）员工个人工作绩效，对不同工作表现、不同价值贡献的员工，实行差异化的薪资待遇。

（六）战略薪酬管理

战略薪酬管理实际上是一种审视薪酬管理职能的全新理念，它的核心是在企业不同战略下做出的一系列的战略性薪酬决策。在不考虑具体职能战略的情况下，企业战略通常可以分为两个层次，一是企业的发展战略或公司战略，二是企业的经营战略或竞争战略。当企业采取不同战略时，企业的薪酬水平和薪酬结构也必然存在差异。

1. 适用于企业不同发展战略下的薪酬管理

（1）成长战略。成长战略是一种关注市场开发、产品开发、创新等内容的战略，可以分为内部成长战略和外部成长战略。对于追求成长战略的企业来说，其薪酬管理的指导思想就应是企业与员工共担风险，共享利益。企业的薪酬方案在短期内提供相对较低的基本薪酬。

（2）稳定战略和集中战略。稳定战略是一种强调市场份额或者运营成本的战略。采用稳定战略的企业一般处于比较稳定的环境，从人力资源管理的角度来讲，就是要稳定现有的掌握相关工作技能的员工。因此在薪酬管理方面，薪酬决策的集中度比较高，薪酬的确定基础主要是员工从事的职位本身，在薪酬结构上基本薪酬和福利所占的比重较大，从薪酬水平来说一般采取市场跟随或者高于市场水平的薪酬，但长期内不会有太大的增长。

（3）收缩战略或精简战略。采取这种战略的企业一般都面临困境，其薪酬管理的指导思想主要是将企业的经营业绩与员工收入挂钩，因此在薪酬结构上基本薪酬所占的比例相对较低。

2. 适用于不同竞争战略下的薪酬管理

（1）创新战略。创新战略是以产品创新及缩短产品生命周期为导向的。采取这种战略的企业强调的是产品市场上的领袖地位及客户满意度。因此，与此相对的薪酬体系非常注重对产品创新、技术创新和对生产方法的创新给予足够的报酬或奖励，其基本薪酬以劳动力市场的通行水平为准且略高于市场水平。

（2）成本领先战略。即成本最低战略，在产品本身的质量大体相同的情况下，以低于竞争对手的价格向客户提供产品。采取这一战略的企业往往追求的是效率最大化、成本最小化。在薪酬水平方面以竞争对手薪酬为准，在薪酬结构方面奖金部分所占的比例相对较大。

（3）客户中心战略。一种以提高客户服务质量、服务效率等来赢得竞争优势的战略。采取这一战略的企业强调的是客户满意度，因此相对应的薪酬体系往往会根据员工向客户所提供服务的数量和质量来支付薪酬，或者根据客户对员工或员工群体所提供服务的评价来支付奖金。

3. 全面薪酬战略

全面薪酬战略是一种以客户满意度为中心，鼓励创新精神和可持续的绩效改进，并对娴熟的专业技能提供奖励，从而在员工和企业之间营造一种双赢的工作环境的薪酬战略。与传统薪酬管理相比全面薪酬战略更强调战略性、激励性、灵活性、创新性和沟通性。

建立全面薪酬战略主要可以分为四个步骤：一是评价薪酬的含义，即在全面了解企业自身所处的内外部环境的基础上确定企业战略；二是制定与企业战略相匹配的薪酬决策，包括薪酬体系、薪酬水平、薪酬结构、薪酬管理过程等方面的决策；三是执行战略性薪酬决策，通过设计薪酬制度将决策转化为行动;四是对薪酬系统的匹配性进行再评价,管理者必须根据企业的经营环境和企业战略不断对薪酬体系进行重新评价并加以适时更新。

二、几种常见的薪酬制度

(一)年薪制

年薪制是以年度为单位,根据岗位人员履职的岗位责任、经营难度、经营业绩等,确定并支付其年度收入的分配制度。实行年薪制适用的对象主要是集团公司直属企事业单位及控股企业的领导班子成员。年薪由岗位基薪、效益年薪两部分构成,岗位基薪为年度固定的基本收入,根据企业分级及个人履职岗位按年度确定;效益年薪为年度综合业绩考核的浮动收入,根据业绩考核情况,按年度确定。

(二)岗位等级工资制

岗位等级工资制是根据工作的复杂程度、繁重程度、责任大小以及劳动条件等客观因素确定岗位和职务之间的相对顺序和岗位等级,然后根据岗位等级确定相应的工资级别和级别差。员工工资与岗位和职务要求挂钩,不考虑超出岗位要求之外的个人能力。岗位等级工资制适用的对象主要是企业领导成员之外的管理人员和专业技术人员。岗位等级工资由岗位工资、津补贴和业绩奖金三部分构成。岗位工资为月度固定的基本收入,按岗位任职年限确定;津补贴按具备的享受条件确定;业绩奖金根据单位效益及员工本人工作业绩考核结果确定。

(三)岗位技能工资制

岗位技能工资制是根据劳动技能、劳动责任、劳动强度、劳动条件等要素评价归级确定岗级,并根据岗位上员工实际技能等级来确定工资标准的分配制度。岗位技能工资适用对象是操作、服务岗位人员。岗位技能工资由岗技工资、津补贴和业绩奖金三部分构成。岗技工资为月度固定的基本收入,按从事岗位的岗级和员工个人技能等级确定;津补贴按具备的享受条件确定;业绩奖金根据单位效益及员工本人工作业绩考核结果确定。

(四)协议工资制

协议工资制是指员工的年度(或月度)工资额由企业根据岗位要求与员

工协商确定的一种分配制度。协议工资标准的高低取决于劳动力市场的供求状况、企业经营状况和员工本人具备的任职条件。当企业所需人员紧缺、企业经营状况较好、员工个人任职条件较好,工资额就会高,反之就会低。企业对所需的专业技术水平高的员工愿意支付较高的报酬,如果企业不需要或者市场劳动力供大于求,企业可以给予较低的报酬。如果员工对所得的工资不满,可以与企业协商调整,在双方都同意的情况下,可以履行新的工资标准。员工可以因工资额不符合本人要求而另谋职业,企业也可以因无法满足员工的愿望而另行录用其他员工。

（五）绩效工资制

绩效工资制是一种根据员工工作业绩来确定员工工资水平的薪酬制度。员工的业绩越好,企业支付给员工的工资就应该更高。该制度一般适用于工作流动性大、难以监控的企业或者部门。

三、薪酬调查

为确保企业薪酬的竞争能力,为企业薪酬理念和薪酬系统的制订提供依据,对外部劳动力市场的薪酬水平、行业薪酬水平、地域薪酬水平以及企业内部员工薪酬满意度进行调查是必要的。一般讲,薪酬调查包括两类:一类是薪酬的市场调查;另一类是薪酬满意度调查。

（一）薪酬的市场调查

薪酬的市场调查一般分为 5 个步骤:确定调查目的、确定调查范围、选择调查方式、收集和分析资料、薪酬调查结果运用。

1. 确定调查目的

建立合理的薪酬制度对企业来说是非常必要的,而建立合理的薪酬制度的前提是准确掌握目前本地市场薪酬"行情"状况,薪酬调查就是获得薪酬情报最直接、最有效的途径。

首先,企业通过薪酬调查可以了解当地其他组织中从事相同或相似工作员工的平均薪酬水平,以此作为参考,可以合理计算出薪酬总额,再在这个总量的基础上,制订出各岗位员工薪酬方案。

除基本薪酬之外,企业员工的薪酬还包括奖金、福利、保险等内容,薪酬调查能帮助企业了解当前市场中同行企业在这方面通行的政策,以及国家和地方在薪资管理方面的一些法律法规。参照此内容,企业就可以在自己的支付能力之内,制定出全方位、多层次地满足员工需求的薪酬福利政策。

企业还可以通过薪酬调查,将自己企业的员工薪酬与行业内一般薪酬水平进行比较,调整企业的薪资水平和薪资结构,保持企业的竞争地位,避免人才流失,特别是保持关键岗位的人员稳定。

因此,在实施薪酬调查时,首先应清楚调查的目的和调查结果的用途,再开展组织薪酬调查。一般而言,调查的结果可以为以下工作提供参考和依据:整体薪酬水平的调整,薪酬差距的调整,薪酬晋升政策的调整,具体岗位薪酬水平的调整等。

2. 确定调查范围

(1)确定调查的企业。

在选择要调查的企业时,应本着与本企业薪酬管理有可比性的原则,选择其雇佣的劳动力与本企业具有可比性的企业。一般来说,可供选择的调查企业有五类:

第一类,同行业中有相似岗位或工作的企业;

第二类,其他行业中有相似岗位或工作的企业;

第三类,与本企业雇佣同一类劳动力,可构成人力资源竞争的企业;

第四类,本地区在同一劳动力市场上招聘员工的企业;

第五类,经营策略、信誉、报酬水平和工作环境均合乎一般标准的企业。

(2)确定调查的岗位。

确定调查的岗位时,要遵循可比性原则,选择其工作责权、重要程度、复杂程度与本企业需调查岗位有可比性的岗位。因为我国还没有建立规范的岗位名称,因此,即使岗位名称相同,在不同的企业有可能工作责权、重要程度、复杂程度不相同。

(3)确定调查的数据。

薪酬调查的数据要全面,要调查薪酬结构的所有项目。既要调查货币性薪酬,如工资、奖金、津贴、补贴、劳动分红等,也要调查非货币性薪酬,如为员工提供住房、培训、社会保险和商业保险等。

(4)确定调查的时间段。

要明确收集薪酬数据的开始和截止时间。

3. 选择薪酬调查方式

（1）企业之间的相互调查。

由于中国石油海外项目所在的国家，绝大部分薪酬调查系统和服务不完善，一些国家甚至没有这方面的服务机构，所以，在海外最可靠和最经济的薪酬调查渠道是企业之间的相互调查。相关企业的人力资源部门可以采取联合调查的形式，共享相互之间的薪酬信息。这种相互调查是一种正式的调查，也是双方受益的调查。调查可以采取座谈会、问卷调查等多种形式。

（2）委托专业机构进行调查。

目前，韬睿咨询公司（Towers Perrin）、美世人力资源咨询公司（William Mercer）、翰威特咨询有限公司（Hewitt）和华信惠悦咨询公司（Watson Wyatt）四家杰出的国际专业薪酬咨询顾问公司，分别在北京、上海、天津、深圳等一些城市设立了分公司。另外，国内的太和顾问公司在国内薪酬调查方面也颇具影响力，也是对石油石化企业开展薪酬调查最早的一家国内咨询顾问公司。通过这些专业机构调查会减少人力资源部门的工作量，省去了企业之间的协调费用，只需向专业机构付费购买或者定做薪酬调查数据即可。

（3）从公开的信息中了解。

有些企业在发布招聘广告时会写上薪酬待遇，调查人员稍加留意就可以了解到这些信息。此外，在国外招聘时，也可以通过以下两种方式了解有关信息。一种方式是通过当地人才中介机构或劳动部门提供一些所需求职位的薪酬参考信息；另一种方式是对面试应聘人员从业经历和对应薪酬待遇的了解获得一些参考信息。

这种调查渠道所得到的信息，或者是覆盖面广、范围大，或者是过于具体，不具代表性，对企业薪酬调查收集信息，只能起到参考作用。但是在市场经济不发达和人力资源市场不完善的国家（地区）却很有实际意义。

（4）问卷调查。

前三种简单的薪酬调查方法对于少数的、规范的岗位是切实可行的，但是对于大量、复杂的岗位则是不可行的。事实上，20%～25%的企业是通过正式的问卷调查来实现薪酬调查的目标的。采用问卷法要提前准备好调查表。薪酬调查问卷参见表8-1。

表8-1　薪酬问卷调查

(1)基本情况							
您的姓名		年龄		性别		工作年限	
您所在部门		职务		学历		来企业的时间	

(2)您现在的年总薪酬收入为( )元。在您的年总薪酬收入中,由哪几部分组成? 它们占薪酬收入的比例各是多少?

总薪酬组成	占总薪酬的比例(%)

(3)目前的薪酬水平和您的付出成正比吗?
□ 差不多　　　　□ 付出更多　　　　□ 薪酬更多

(4)非货币收入占您年总收入的比例约为多少?
□ 60%　□ 0%　□ 40%　□ 30%　□ 20%　□ 10%　□ 其他

(5)您享受企业提供的那些福利? (多选,知道具体数额的请在最后一列填写大约的数额)
社会养老保险　　每月( )元　　　　车辆补贴　　　每月( )元
社会医疗保险　　每月( )元　　　　在职培训　　　每月( )元
失业保险　　　　每月( )元　　　　劳动保护用品　每月( )元
补充医疗保险　　每月( )元　　　　加班补贴　　　每月( )元
其他商业性保险　每月( )元　　　　企业组织活动　每月( )元
住房公积金　　　每月( )元　　　　其他(情况说明)＿＿＿＿＿＿
报销通信费　　　每月( )元

(6)您上次提薪是什么时候?
□ 2年前　□ 1年前　□ 半年前　□ 3个月前　□ 1个月前　□ 其他

(7)您认为贵企业的薪酬在同行业中属于何种水平?
□ 高收入　　　　　　　□ 中等　　　　　　　□ 低收入

4. 薪酬调查结果分析

(1)频度分析。

频度分析是指在薪酬调查结果分析中记录在各工资额度内各类企业岗位平均工资水平出现的频率,从而了解某类岗位人员工资的一般水平的分析方法。可以利用此方法确定薪酬的浮动范围(表8-2)。

表8-2 薪酬频度分析:行政主管

薪酬浮动范围(元/月)	企业数量(家)
4000~4500	1
4501~5000	6
5001~5500	11
5501~6000	9
6001~6500	2

该职位的主要薪酬浮动范围介于4501元和6000元之间,这是绝大部分企业为该职位支付的薪酬范围。其中,24.1%的企业支付薪酬水平较低(4000~5000元),37.9%的企业支付薪酬水平趋中(5001~5500元),37.9%的企业支付薪酬水平较高(5501~6500元)。

(2)集中趋势分析。

集中趋势分析是指一组数据向某一中心值靠拢的程度,它反映了一组数据中心点的位置所在,是统计数据处理分析的重要方法之一。具体包括以下几种方法:

① 简单平均数或非加权平均数。这种方法比较简单,但是极端值有可能会破坏结果的准确性,所以有些公司会首先用频率分布将极端值剔除掉。

② 加权平均数。规模不同的企业实际支付的薪酬状况会对最终的调查结果产生不同的影响,因此加权平均数比简单的算术平均更为科学一些。比较接近劳动力市场的真实状况。

③ 中值。将搜集到的薪酬数据进行降幂或升幂排列,位于中间职位上的薪酬水平数值即为中值。可以排除极高或极低的薪酬值数据对于平均数据的影响。

(3)离散分析。

离散分析是统计数据处理分析的重要方法之一,具体包括标准差分析、四分位分析和百分位分析等几种方法。利用标准差分析可以检验各种分布值与平均值之间的差距大小,但是在薪酬调查分析中并不常用。在薪酬调查中,我们还是经常采用百分位分析和四分位分析的方法,分析衡量统计数据的离散程度。

① 百分位分析。代表的是有百分之多少的公司的薪酬水平是低于位于

该百分位上的公司的薪酬水平。如果某企业在薪酬水平方面处于市场的第75百分位上,这就意味着有75%的企业的薪酬水平都比其低,只有25%的企业比其高。

② 四分位分析。四分位分析与百分位分析的方法类似,只不过在进行四分位分析时,是首先将某种职位的所有薪酬调查数据从低到高排列,划分为四组(百分位中是划分为10组),每组中所包括的数量分别为企业调查总数的1/4。

5. 薪酬调查结果运用

准确的薪酬调查所收集的资料,可作如下用途:

① 公平地反映市场现行的薪酬水平;

② 可以为本企业所有的职位订立起薪点;

③ 显示出不同职级之间的薪酬差异;

④ 比较企业现行的薪酬与市场的差异;

⑤ 薪酬调查结果可作为确定企业薪酬水平的依据,增加对外的竞争力;

⑥ 可以清楚地将调查结果向员工及工会解释,说明企业的薪酬政策是否公平合理。

案例:

经过薪酬调查,某公司目前薪酬水平与同区域同行业企业的薪酬对比如图8-1所示。

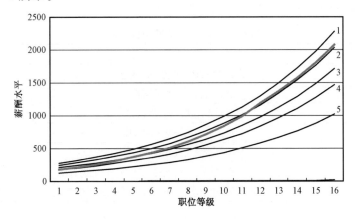

图8-1　薪酬水平与同区域同行业企业的薪酬对比图

利用四分位分析,1-3岗级不需劳动技能或仅需低技能的服务人员的薪酬水平低于市场价位的50分位;4-6岗级一般技能要求的技工和辅助办公人员的薪酬水平处于市场价位的 50 分位水平;7－11 岗级专业技能要求较高的高级技工、专业工程师和管理人员的薪酬水平介于市场价位的 50 分位和 75 分位之间;12 岗级以上中高层管理者的薪酬水平高于市场价位的 75 分位。

公司决策层认为,公司所处该国的失业率高,一般劳动力富余,高级专业技能人才短缺,且员工流动性大,同行业对高级管理人才的竞争较激烈,从成本战略角度考虑,公司目前薪酬水平较为合理,适合企业的战略需求,薪酬策略不需调整。

案例分析:

该企业薪酬策略没有一味地追求领先策略或追随策略,而是充分考虑该国家人力资源的实际状况,采取了混合策略,将企业内部不同类型人员根据市场竞争力,分别采取了拖后策略、跟随策略和领先策略。一般劳动力在该企业用工量较大,且有季节性需求的特点,也符合当地劳动力流动性大的特点,薪酬采取了低成本的拖后策略;而高级人才在同行业中的竞争力较大,薪酬采取了能够吸引人才和留住人才的领先策略,也有效避免了人才的流失。该企业的薪酬策略,保证了企业内部核心人员的相对稳定,同时促进了一般员工的合理流动。

(二) 薪酬满意度调查

1. 薪酬满意度调查的内容

薪酬满意度调查的内容参见表 8－3 所示。

表 8－3　薪酬满意度调查的内容

员工对薪酬水平的满意度
员工对薪酬结构、比例的满意度
员工对薪酬差距的满意度
员工对薪酬决定因素的满意度
员工对薪酬调整的满意度
员工对薪酬发放方式的满意度
员工对工作本身(自主权、成就感、工作机会)的满意度
员工对工作环境(管理制度、工作时间、办公设施)的满意度

2. 薪酬满意度调查表的设计

一般满意度调查表和薪酬市场调查表在形式上大概一致,参见表 8－4所示。

表 8 - 4　薪酬满意度调查表设计示例　　　　　　NO:

项目	很满意	较满意	一般	不满意	很不满
	10	8	6	4	2
1. 对自己目前的总收入					
2. 您的收入与本地区同行业其他企业相比					
3. 对薪酬分配公平性					
4. 对企业福利待遇					
5. 自己收入反映了自己的业绩与贡献					
6. 岗位薪酬反映了岗位的责任和价值					
7. 薪酬能够反映自己的工作能力					
8. 对薪酬构成单元及比例					
9. 对工作环境的看法：_____					
10. 对总收入中固定工资与浮动工资比例的看法：_____					

3. 提升薪酬满意度的技巧

(1) 设计具有竞争力的薪酬；

(2) 针对薪酬政策进行沟通；

(3) 让员工参与工资制度设计；

(4) 注重经济薪酬与非经济薪酬的平衡；

(5) 重视内在薪酬。

四、岗位测评

岗位测评就是通过对某个岗位(非个人)多方面的分析,评定其对企业价值的大小和重要性的高低。它以工作分析为基础,一份描述准确的岗位说明书通常可以为岗位测评提供所需要的信息。所以,若想得到准确而公平的岗位测评结果,必须先做好工作分析。本节部分主要介绍岗位测评方法。

(一)职位分级法

职位分级法是根据职位所承担的责任、复杂程度和困难程度等因素,确定职位序列的一种方法,其核心是建立企业内各项工作的相对价值。在任何情况下,都可以在一个企业选出一个对该企业价值最大的岗位,接下来选出一个价值排在其次的,依此类推,直到选出对该企业价值最小的岗位为止。目前中国石油企业管理人员职位序列就是按这种方法分级的。职位分级法是最简单、最快捷、操作成本低、最容易被员工理解的职位评价方法。这种方法也存在一些缺点:一是没有详细的、具体的评价标准,主观成分大;二是对于职位数量较多、各岗位不能明确划分等级的职位进行评估时,使用该方法误差较大。

(二)职位分类法

职位分类法是在收集必要工作信息的基础上,依据确定的标准将工作归为若干类别。例如,研发、技术服务、管理等类别,然后再将各类别进一步划分为若干职位等级,等级数的多少取决于职务的复杂性。职位分类法的优点是简单易行,不需要过多的技术,因此应用广泛。该方法的主要缺点是仅使用一个或两个因素进行分类,分类的标准不是非常明确,难以进行精确评估,具有很强的主观性。

(三)因素比较法

因素指的是报酬因素,报酬因素是反映不同职位在工资报酬上出现差别的原因,报酬因素构成了职位评价的指标体系。因素比较法是运用可比较的因素打乱工作岗位间的界线,并根据这些因素确定各岗位的价值。

1. 确定基准职位

基准职位指其他岗位能与之比较而确定相对价值的岗位。基准职位是岗位评价的参照点,所以要慎重选择。基准职位应具有以下特点:比较稳重、人们熟悉、在外部劳动力市场上工资有可比性、可参照的范围广。一般来说,在运用因素比较法进行岗位评价时,通常要确定 15~25 个基准职位,尽量涵盖组织内部各个薪酬水平层级。

2. 选择比较要素

严格来讲,任何因素都可以作为比较要素,但采用因素比较法通常需要选择 3~5 个比较要素,有的学者认为如果使用七个以上的比较要素,就难以对职位进行合理的评价。因素比较法通用的五个要素是:智力要求、体力要求、技能要求、职责要求和工作环境要求。

3. 根据要素的重要性对职位进行排序

要素比较包含纵横两个维度,横向维度是比较要素,纵向维度是基准岗位。根据要素比较,对企业的职位进行比价排序,示例见表 8-5。

表 8 – 5　对基准岗位的报酬要素进行排序示例

要素 岗位名称	智力要求	体力要求	技能要求	职责要求	工作环境要求	总分
焊工	1	4	1	1	2	9
起重工	3	1	3	4	4	15
管工	2	3	2	2	3	12
保安	4	2	4	3	1	14

因素比较法是一种比较计量性的职位评价方法,与职位分级法比较相似,两者的主要区别表现在两个方面:一是职位分级法仅从一个综合角度比较职位之间的差异,而因素比较法是选择多种报酬因素进行比较排序;二是因素比较法是根据各种报酬因素得到的评价结果设置一个具体的报酬金额,汇总得到职位的报酬总额,进而确定职位的价值。

因素比较法是一种精确、系统、量化的岗位测评方法,每一步操作都有详细可靠的说明,所以因素比较法被广泛使用。因素比较法的不足是开发复杂、难度较大,需要专家指导,因此成本高。

（四）要素计点法

要素计点法把各种报酬因素以点数来数量化,然后根据每个工作岗位上获得的点数来确定其职位价值。要素计点法与因素比较法比较相似,都是建立在对报酬因素评价的基础上,不同之处在于因素比较法是参照基准岗位相对打分,而要素计点法则是对照标准绝对打分。要素计点法的实施过程如下。

1. 确定总点数

总点数可根据企业情况自行设定,没有统一的标准,比如确定 500 点或 1000 点并不影响职位评价结果。

2. 确定报酬要素

报酬要素的选择是职位评价的关键环节之一,企业可根据企业实际需要,选择最关键的要素。常见的要素包括责任,岗位要求的技能,所需的努力,工作条件等。

选择报酬要素时,应注意:

（1）报酬要素应当与总体上的职位价值具有某种逻辑上的关系;

（2）报酬要素必须能够得到清晰界定和衡量;

（3）报酬要素必须对进行评价的所有职位具有共通性；

（4）报酬要素必须能够涵盖组织愿意为之支付报酬的与职位要求有关的所有主要内容；

（5）报酬要素必须是与被评价职位相关的，例如"工作环境"等；

（6）报酬要素之间不能出现交叉和重叠；

（7）报酬要素的数量应当便于管理。

3. 确定各报酬要素的权重

不同报酬要素对于职位的重要程度是不同的，因此要对每一报酬要素设置权重。

4. 确定报酬要素的等级

为每个报酬要素划分等级，实际等级数取决于评价者的评价需要（参见表8-5）。

该公司选择了九个评价要素，总点数为1000，根据九个要素的重要性，把1000点分配到各要素上。例如，工作经验要求最高分配80点，按工作年限要求分为六个等级，第一等为工作经验不做要求，第二等为工作经验要求3年以上，第三等为工作经验要求5年以上等，每一等由低到高分配不同点数。给企业采取不均匀的点数分配方式，根据企业需要也可采取均匀分配方式，参见表8-6所示。

表8-6 某公司外籍雇员岗位测评计点打分表

测评要素	权重(%)	最高分数	要素等级及分值							
			1	2	3	4	5	6	7	8
责任	20	200	20	32	50	80	126	200	—	—
权限	15	150	15	21	29	40	56	78	108	150
专业难度	15	150	15	22	32	47	70	102	150	
管理幅度	10	100	10	16	25	40	63	100	—	
工作经验	8	80	8	13	20	32	50	80		
执业资格	5	50	5	11	23	50				
协调沟通能力	10	100	10	16	25	40	63	100	—	
教育背景	7	70	7	15	32	70				
资源稀缺度	10	100	10	16	25	40	63	100		
总点数	100	1000								

5. 评价各职位,得出各职位的总点数

根据企业实际情况,可选择20～30个标杆岗位进行评价,也可进行全员岗位评价。由评价小组根据岗位说明书,将拟评价的职位按各要素分别进行评价打分并最终确定总点值。

要素计点法是一种易于解释的量化评价技术。由于每项工作的价值都能很容易地转换为点值,很少出现混乱与曲解,因此要素计点法的评价结果较为客观一致。但要建立要素评价系统相对困难,其可行性在一定程度上也存在问题。

第二节　薪酬设计与管理

一、薪酬设计

(一)薪酬设计原则

1. 战略导向原则

战略导向原则强调企业设计薪酬时必须从企业战略的角度进行分析,制定的薪酬政策和制度必须体现企业发展战略的要求。企业的薪酬不仅仅只是一种制度,它更是一种机制,合理的薪酬制度驱动和鞭策那些有利于企业发展战略的因素的形成和提高,同时使那些不利于企业发展战略的因素得到有效的遏制和淘汰。因此,企业薪酬设计时,必须从战略的角度分析哪些因素重要,哪些因素不重要,并通过一定的价值标准,给予这些因素一定的权重,同时确定它们的价值分配即薪酬标准。

2. 安定性原则

安定性是薪酬设计的一个主要原则,一般要做到以下四点,即:保障生活、对应职务、反应能力、考虑资历。即薪酬的给付首先要能够满足员工的基本生活要求,如果员工的薪酬不能维持自身生活和养家糊口,不能使员工至少保持社会最低生活水平,那么这个薪酬方案肯定是有问题的。它势必造成社会的不安定。没有社会安定,就没有企业的安定。其次与职务、能力、资历相对应也是薪酬方案安定性原则的要求之一。

3. 经济性原则

薪酬设计经济性原则强调企业设计薪酬时必须充分考虑企业自身发展的特点和支付能力。它包含两方面的含义:从短期来看,企业的销售收入扣除各项非人工费用和成本后,要能够支付起企业所有员工的薪酬;从长期来看,企业在支付所有员工薪酬,及补偿所用非人工费用和成本后要有盈余,这样才能支撑企业追加和扩大投资,使企业可持续发展。

4. 竞争性原则

竞争性原则是指在社会上和人才市场中,企业的薪酬标准要有吸引力,这样才能战胜竞争企业,招到所需人才。究竟应将本企业摆在市场价格范围的哪一段,要视本企业的财力及所需人才的获得性的高低等具体条件而定。要有竞争力,薪酬水平至少不应低于市场平均水平。

(二)薪酬设计过程

薪酬设计必须建立一套完整而规范的设计流程,参见图8-2所示。

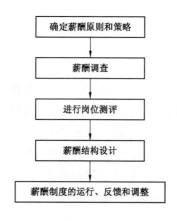

图8-2 薪酬设计的基本流程

1. 确定薪酬原则和策略

制定企业的薪酬原则和策略要在企业的各项战略的指导下进行,要集中反映各项战略的需求。因为企业薪酬策略是企业人力资源策略的重要组成部分,是企业基本经营战略、发展战略和文化战略的落实。薪酬策略包括对本组织员工素质的认识和总体价值的评价、对管理骨干和高级专业人才的价值估价、对薪酬差距分寸的把握,以及差距标准的确立、薪酬与福利的分配比例等。

2. 薪酬结构设计

薪酬结构是指组织工作结构中各职务的相对价值及其对应的实付薪酬间的关系。通过薪酬结构设计,将组织内所有职务的薪酬按统一原则定薪后的理论值转换为实际薪酬值。薪酬结构设计通常用"薪酬结构线"(图8-3)表示。薪酬结构线是员工薪酬结构的直观形式,它清晰地显示出员工的相对价值及与其对应的实际薪酬之间的关系。

结合岗位测评结果,根据薪酬结构线,将各类岗位或职务归级,形成若

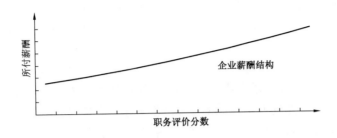

图 8 - 3　薪酬结构线

干等级,例如,每一等级薪酬增幅设定 10% 或 20% 。具体设定多少等级,要考虑企业的组织结构和企业文化,即组织结构是扁平型的,还是多层级的;企业文化是注重执行力的,还是鼓励创新和改革的。除此之外还要将员工的职业生涯纳入考虑的范围之内。设定完薪酬等级后将公司的所有职位安置在相应的等级上,形成一个薪酬等级系列。通过这一步骤,可以确定出组织内每个职位具体的薪酬范围。

一般情况下,企业在确定员工工资时,往往要综合考虑三方面的因素:一是职位等级,二是员工的技能和资历,三是员工个人绩效。在工资结构上与其相对应的,分别是职位工资、技能工资、绩效工资。也可将前两者合并考虑,作为员工的基本工资。

职位工资由职位等级确定,它是员工工资高低的主要决定因素。职位工资是一个区间,而不是一个点。企业可以从薪酬调查中选择一些数据作为这个区间的中点,然后根据这个中点确定每个职位等级的上限和下限。

技能工资的使用是因为相同职位上的不同任职者由于在技能、经验、资源占有、工作效率、历史贡献等方面存在差异,导致他们对企业的贡献并不相同,因此技能工资有差异。所以,同一职位等级内的任职者,基本工资未必相同。如上所述,在同一职位等级内,根据职位工资的中点设置一个工资变化的上下区间,就是用来体现技能工资的差异。这就增进了工资变动的灵活性,使员工在不变动职位的情况下,随着技能的提升、经验的增加而在同一职位等级内逐步提升工资标准。

对于国际工程建设类企业来说,以职位为基础的基本薪酬决定方式在现阶段是比较适用的。

绩效工资是对员工完成业务目标的奖励,即薪酬必须与员工为企业所创造的经济价值联系。绩效工资可以是短期性的,也可以是长期性的。此部分薪酬的确定与公司的绩效评估制度密切相关。为了对每一个员工的绩效进行合理的评价,以此确定其工资,企业有必要有意识地提高自身的绩效考核水平。

值得注意的是,各国家、民族习惯对绩效管理的理解、认知和接受程度存在很大差异,不宜将适合中方员工的绩效管理方式直接移植到外方员工的管理中。对外方员工实行绩效工资,必须尊重国情、民情等客观情况,有限度的探索有效的管理方式。否则,简单的移植,不但起不到应有的效果,反而会大大增加管理成本。

3. 薪酬等级制度的运行、反馈和调整

薪酬等级标准设计好之后就要将其投入运作,并根据运作的情况分析该制度发挥功能所需要的环境和所存在的问题,从而对有关方面进行调整。需要建立薪酬管理的动态机制,根据企业经营环境的变化和企业战略的调整对薪酬方案的实施进行调整,使其更好地发挥薪酬管理的功能。

及时沟通、必要的宣传或培训是保证薪酬调整成功的因素之一。有的企业实行薪酬保密制度,这种情况下,人力资源部门更需要加强沟通,及时分析各方的反馈信息。员工对薪酬向来是既患寡又患不均,尽管有些企业的薪酬水平较高,但是如果缺少合理的分配制度,同样会适得其反。

4. 宽带薪酬设计

根据美国薪酬管理学会的定义,宽带型薪酬结构是指对多个薪酬等级以及薪酬变动范围进行重新组合,形成只有少数薪酬等级以及较宽的薪酬变动范围。每个薪酬等级的最高值与最低值之间的区间变动比率要达到100%或100%以上。在这种薪酬体系中,员工不是沿着传统薪酬等级层次垂直向上走。相反,他们在自己职业生涯的大部分甚至所有时间里可能都只处于同一薪酬宽带之中,他们在企业中的流动是横向的,随着能力的提高,他们将承担新的责任,只要在原有的岗位上不断改善自己的绩效,就能获得更高薪酬。即使是被安排到低层次的岗位上工作,也一样有机会获得较高的报酬。薪酬宽带更适用于技能薪酬体系。

薪酬宽带可以应用于岗位等级(职位)薪酬体系,将传统的多等级薪酬结构加以适当合并来形成宽带薪酬(图8-4)。

(1)宽带薪酬的优点。

① 以业绩为导向。宽带薪酬以业绩为导向,解决了传统薪酬制度的弊端,加强了对员工的激励作用。传统上,岗位级别越高则工资越高,但职位

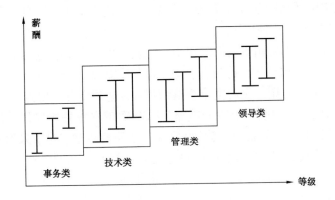

图 8-4　宽带薪酬示意图

越有限,提升难度越大,从而使员工感到在固定的工作岗位上干得再好也不可能得到大幅度的加薪。

② 避开了彼得原理的陷阱。美国管理学家劳伦斯·彼得在其 1969 年出版的《彼得原理》一书中,提出在企业和其他组织中都普遍存在一种将员工晋升到他所不能胜任的职位上去的总体倾向。即一旦员工在低一级职位上干得很好,企业就将其提升到职位较高一级的职位上来,一直到将员工提升到一个他所不能胜任的职位上来之后,企业才会停止对一位员工的晋升。结果,本来这个人在下一个职位等级可能是一个非常优秀的员工,但是他现在却不得不待在一个自己不能胜任的但是级别却较高职位上。这种情况,对员工和企业都没有好处。对员工来说,因为不能胜任工作,找不到工作的乐趣,在较大业绩压力的情况下往往会表现失常;而对企业来说,一方面他们得到了一个蹩脚的新的管理者,另一方面,却失去了一个在低一级职位上具有较强胜任力的优秀员工。宽带薪酬在很大程度上能够解决这一问题。

(2)宽带薪酬的缺点。

① 使员工晋升困难。传统薪酬制度中由于岗位职级多,所以员工要提升一个职级相对来说比较容易,而宽带薪酬则可能出现这样的现象:员工一生只在一个职级里面移动,而不是被晋升到另一个职级。这样会打击很多重视职级升迁的员工的积极性。

② 若业绩考核不到位会使员工的稳定感差。由于宽带薪酬的评估主要来源于员工的业绩,业绩考核就成为企业管理的重要方面。如果业绩考核不到位,采取宽带薪酬,员工薪酬浮动可能会大起大落。这会给员工造成极

大的不稳定感,使员工对企业缺少归属感,从而造成企业凝聚力下降。

（3）实施宽带薪酬结构的几个要点。

薪酬宽带并不适用于所有的组织。在新型的"无边界"组织以及强调低专业化程度、多职能工作、跨部门流程、更多技能以及个人或团队权威的团队型组织中非常有用。实施宽带薪酬结构要注意以下几个要点：

① 确认公司文化、价值观和战略。薪酬宽带本身并非仅仅是削减薪酬层级,实际上涉及了企业的文化,价值观以及经营战略。对于采取传统经营战略的企业来说,传统的薪酬结构设计对企业战略目标的实现会更为有利。宽带薪酬要求企业必须形成一种绩效文化、团队文化、沟通文化和参与文化。例如,通用电气公司在采用薪酬宽带设计的时候就遵循了以下几个操作步骤：第一,界定新价值观;第二,创立新的培训和开发计划;第三,重新界定领导者和管理层的角色;第四,真正授予员工以简化流程的权利;第五,改革薪酬。

② 注重加强非人力资源部门的人力资源管理能力。如果没有一支成熟的管理人员队伍,在实施宽带型薪酬结构的过程中会困难重重。例如,部门经理不能对员工进行客观的能力和绩效评价,破坏内部公平性;部门经理不重视员工的能力提升和个人发展等等。

③ 引发员工的参与,加强沟通。引入宽带型薪酬结构,必须与管理层和员工进行及时、全面的沟通,让全体员工都能清晰地理解这种新的薪酬结构设计方式的用意,让员工看到自己的未来发展方向,鼓励员工的工作行为和结果与企业的目标保持一致。

④ 要有配套的员工培训和开发计划。宽带薪酬结构为员工的成长以及个人职业生涯的发展提供了更大的弹性,鼓励员工提高能力,掌握更多技能,以增强企业的竞争力和适应外部环境的灵活性。为达到这一目的,企业必须就各职位或各职级需要具备的能力以及配套的培训制定完善的培训开发体系,并积极推行。

（三）合理的薪酬模式

薪酬的各个组成部分如图8-5所示,横坐标代表刚性,即不可变性;纵坐标代表差异性,即薪酬各部分在不同员工之间的差别程度。整个坐标平面分为五个部分,形成五个区域。

基本薪资。处于第一象限,属于高差异性和高刚性。也就是说,在企业内部,员工之间的基本薪资差异是明显的,而且一般能升不能降,表现出较强的刚性。

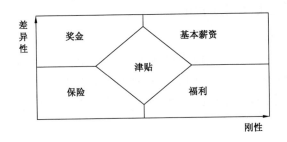

图 8 - 5　薪酬四分图

　　奖金。处于第二象限,属于高差异性和低刚性。即由于员工的绩效、为企业做出的贡献相差较大,所以奖金表现出高差异性。而且随着企业的经济效益和战略目标的变化,奖金也要不断调整,表现出低刚性。

　　保险。处于第三象限,其成分较复杂。例如,医疗保险是低差异、高刚性的;而养老保险是高差异、高刚性的。

　　福利。处于第四象限,是人人均可享受的利益,而且不能轻易取消,是低差异、高刚性的。

　　津贴。处于中心,种类繁多,有的是低差异、高刚性的,有的则是高差异、低刚性的。

　　薪酬模式的设计,就是将上述几个组成部分合理地组合起来。

　　1. 高弹性模式

　　这种模式,薪酬主要是根据员工近期的绩效决定。如果某段时期员工的工作绩效较高,那么所支付给他们的薪酬也相应地提高;如果在某段时期内,由于员工的积极性降低,或者是其他个人因素而影响了工作绩效,那么就支付较低的薪酬。因此,不同时期,员工薪酬起伏可能较大。在高弹性模式下,奖金和津贴的比重较大,而福利、保险的比重较小。而其在基本薪资部分,常常实行绩效工资(如计件工资)。这种模式具有较强的激励功能,但是,会使员工缺乏安全感。

　　2. 高稳定模式

　　这种模式,员工的薪酬主要取决于工龄与公司的经营状况,与个人的绩效关系不大。因此,员工的个人收入相对稳定。薪酬的主要部分是基本薪资,而奖金则比重很小,而且主要依据公司经营状况及个人薪资的一定比例发放或平均发放。这种模式员工有较强的安全感,但缺乏激励功能,而且公

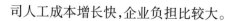

司人工成本增长快,企业负担比较大。

3. 折中模式

折中模式既有弹性,能够不断地激励员工提高绩效,而且还具有稳定性,给员工一种安全感,使他们关注长远目标。这是一种比较理想的模式,他需要根据企业的生产经营目标和工作特点以及经济效益状况,进行合理搭配。

(四)薪酬计划与企业发展阶段

1. 成长阶段

在那些处于迅速成长阶段的企业中,经营战略是以投资促进企业成长。为了与此发展阶段相适应,薪酬策略应该具有较强的激励性,形成一个有魅力的、企业型的领导班子。要做到这一点,企业应该着重将高额报酬与中、高等人才的激励结合起来。虽然这种做法风险较大,但是,企业可以迅速成长,回报率也高。

2. 成熟阶段

处于成熟阶段的企业,其经营战略基本上应以保持利润和维护市场份额为目标。因此,与此相适应,薪酬策略要鼓励技术开发和市场开拓,使基本薪资处于平均水平,奖金所占比例应较高,福利水平保持中等。这样,可以保证在留住优秀人才的同时,不断激励他们努力开拓市场,为企业的持续发展创造贡献。

有些企业,已经达到了相当的规模,占领了一部分市场。但是,要想使企业的经营业绩重上一个新的台阶却比较困难,尤其是当竞争对手的实力与自己相当时更是如此。这时就要采取成熟阶段的薪酬计划,争取做到稳中求变,稳中求胜,稳中求发展。

3. 衰退阶段

当企业处于衰退阶段时,最恰当的战略是争取利润并转移目标,转向新的投资点。与这一战略目标相适应,薪酬策略应实行低于中等水平的基本薪资、标准的福利水平,同时加以适当的激励措施。其中心是"收缩阵地,转移战场"。在设计薪酬制度时,要注重成本的控制,以保存实力,"伺机待发"。

不同的成长阶段,推行不同的企业经营战略,同时,也应该设计与各成长阶段相适应的薪酬计划。

表8-7更清楚地表述了薪酬计划与企业发展阶段的关系。

表8-7　薪酬计划与企业发展阶段的关系

企业发展阶段	薪酬计划	薪酬组合	经营战略
成长阶段	刺激创业	高额基本薪资,中、高等奖金与津贴,中等福利	以投资促发展
成熟阶段	奖励管理技巧	平均的基本薪资,较高比例的奖金,较高比例的津贴,中等的福利水平	保持利润与保护市场
衰退阶段	着重成本控制	较低的基本薪资,与成本控制相结合的奖金,标准的福利水平	收获利润并向别处投资

案例:三年前,A公司和B公司同时注册。三年后,A公司发展迅速,跻身同行业的前列;B公司负债累累、生意惨淡,濒于破产的边缘。

何以有相同的开始,而结果却有如此大的差异?

是因为产品的销路不同、质量不同,还是经营管理的方法不同?

经调查,A公司总经理这样分析:

"企业经营战略的选择要结合本企业的实际情况。我们成立的时间较晚,企业的发展尚处于初期,奖金实力也并不雄厚,从这一点上讲,根本无法与那些已经发展了十几年的企业抗衡。但是,我们的优势是人才,我们拥有高素质的员工,他们精力充沛,工作热情高,只要付给他们合理的薪酬,必然会激发他们的积极性,为企业的成长做出贡献。"

对于B公司的情况,他说:"我对他们的情况略有了解,弄到这种地步,主要是过于着重成本控制,以至于吸引不到优秀的人才,行事过于谨慎,放不开步子。当市场份额逐渐丧失的时候,也已经没有资金发展自己了"

案例分析:

企业在制订薪酬计划时,要结合自己的发展阶段。当企业处于成长阶段时,应当充分利用一切有利于发展的因素,争取迅速地增强企业实力。A公司正是认清了这一点,招揽了大量优秀的人才;B公司则裹足不前,失去了发展的有利时机。

(五)国际薪酬设计策略

国际薪酬方案的设计和实施给企业带来三个方面的独特挑战。第一,成功的国际薪酬计划应该增加企业在国外的利益,鼓励中方员工到国外工作。第二,设计完善的薪酬计划最大限度地降低员工的经济风险,尽量改善员工及其家人的境遇。第三,完善的国际薪酬计划可以促进中方企业在国外市场的最低成本和区别战略的实现。

1. 所在国员工和第三国员工的薪酬问题

制定所在国员工和第三国员工的薪酬薪酬方案时,各国家文化起着至关重要的作用。具体来说,就是国家文化创造了标准的期望。各企业的薪酬管理人员可能会发现,如果套用适用于中方员工的薪酬管理制度,文化的差异会降低薪酬措施的有效性。

中国与各企业所在国普遍存在明显的文化差异,文化价值观在薪酬制度中也有很明显的体现。在中国,目前占主导地位的是基本工资加绩效奖金分配制度,绩效奖金的比例一般所占的比例都较大,多劳多得在中国是公平的做法。而在一些中亚和非洲国家,员工一般认为固定工资占决定比重,稳定性高,收入差距不高,这才是公平的做法。一些企业在进行薪酬设计时注重高福利,另一些企业认为企业的经济效益与个人绩效没有什么联系等,这些都是不同文化观念的具体体现。薪酬管理人员要想开发有效的国际薪酬方案,就必须先了解不同的文化背景。

2. 国际人才薪酬构成

相对于当地员工,国际人才薪酬体现着其对公司的价值。只要能够培养当地出色的员工,他们会比当地员工带给企业更大的价值,实现人才本土化来代替他们的位置。他们要开拓本土员工的视野,传授经验、目标和工作技能,并完成自己的任务。工作结束后如果国际人才决定留在当地,他们对企业的价值会降低,因为通常他们的工资高于本土员工,这种情况下他们的薪酬应降至与本土员工一致的水平。

国际人才薪酬需考虑如下几个因素:国际人才在工作中的独特价值、新的工作中所面临的特殊环境、本土员工的工资方式、这个职位的市场价值和与前一工作地点相比新地点的生活方式。鉴于员工的长期利益,企业必须根据员工的自身价值和相应的市场价格来确定薪酬。

(1)基本工资。这反映员工个人的现有价值,如个人所拥有的全球经营的技能和能力、稳定的绩效以及相对于劳动力市场的个人价值。劳动力市场是指当地和国际市场的一个综合。随着国际人才技能和能力的成长,他们变得更有价值,则需要考虑给他们加薪。此时看重的是个人,而非针对其担当的工作或职位。

(2)短期可变工资。这是针对本土工作目标向国际人才和当地员工提供共同的愿景。用于奖励任何与工作任务有关的成果,例如,业务增长、增加利润、经营调整以及使用或升级制造设备。当地员工和国际人才可以分享这些成绩。

(3)长期可变工资。这是对与企业经营目标有关的长期在本土经营的绩效的奖励。这种绩效通常是基于长远发展目标之上,而不是针对某一项具体任务。

(4)福利。通常会给员工在当地上医疗保险或意外伤害险等。

3. 文化差异对企业薪酬影响

文化差异是影响企业薪酬变化的因素之一。但它不是关键因素,因为薪酬战略已经反映了当地劳动力市场的动态。

(1)主张。文化差异的标准(即主张)侧重于更为物质化的或以关系为导向的价值。提倡以关系为导向价值的国家通常会提供更多的福利,并且缩小了组织中最高层和最底层人员的薪酬差别。如果某国家是以关系为导向的,那么该国家的公司认为,薪酬更像是交流工具,而不是一个驱动因素。

(2)权利距离。公司的组织设计和人员任用考虑了基于权力距离的文化差异(对等或不对等的社会结构),负担额外津贴和强调等级层次往往反映出这一层面的文化差异。若雇佣员工时,在给予补助和彰显地位方面比较收敛并且低调宣扬工作的头衔,那么将成为薪酬要素的一个补充。

(3)避免不确定性。避免文化差异中的不确定因素也表现出处理其他问题时按章办事的能力。与当地文化越是格格不入,薪酬变化所需的商业环境和绩效工资计划就越难制订和实施。同样,个人的发展价值和可变工资可能已经有了明确的界定,在这方面经理只有很小的调整控制权。可变工资不同于固定工资,他通常用于工作中很多不确定因素,因而缺乏连贯性。但在那些比较缺乏灵活性的国家往往会采用可变工资。

(4)长期定位。长期定位的文化标准反映了这一文化对未来情况的注重程度。当一个企业根据自己的状况改造来自其他国家的人员时,常常会出现紧张关系。

(5)渐变。如果一个国际化企业基于对当地劳动力市场的理解来设计工资,那么这就说明他们很重视文化差异所带来的影响。国际化企业不仅应该注意这些文化差异,还应该根据企业经营进程对工资计划做相应的调整并保持连续性。这个过程是渐进的,不可能一蹴而就。举个例子来说,如果员工从未尝试过可变工资,那么企业一开始就不大可能大幅度削减基本工资而设定很高的可变工资，而应该是在整个过程中循序渐进。这样做的目的是既承认和尊重当地文化，同时又要提高经营效率。

（6）文化差异的争辩的合理性。我们建议既要考虑文化差异的重要性，又不能排斥经营目标的一致性。站在全球的角度，不能因为文化差异而不通过考核个人能力和绩效就支付薪酬。从沟通的角度看，冲突和机遇对国际人才和员工同样是可调和的。只要企业带给员工一个有发展前景并使每个人肩负责任感，那么使大家围绕全球经营联合起来是可能的。文化与高水准绩效之间的平衡是重要的。必须找到一个方法来调和全球各种文化以实现高效经营。不能让企业员工原有的文化阻碍了具有沟通功能且与公司目标相一致的薪酬方案的实施。在不同的文化环境下取得良好的成效是一种需要培养的能力，值得投资。

二、薪酬预算与控制

（一）薪酬预算方法

在整个运营成本中，薪酬占有一个重要的比例，建立一个系统薪酬制度的目的之一便是理性地控制人工成本，而薪酬控制是从薪酬预算开始的。

准确的预算可以有助于确保在未来一段时间内的支出收到一定程度的协调与控制。预算计划将成为一个既定的标准或目标，用来衡量该期间的实际开支情况。

一般来说，薪酬预算的方法有两种，一种是从下而上法，一种是从上而下法。

1. 从下而上法

"下"指员工，"上"指各级部门，以致企业整体。从下而上法是指从企业的每一位员工在未来一年薪酬的预算估计数字，计算出整个部门所需要的薪酬支出，然后汇集所有部门的预算数字，编制公司整体薪酬预算。

通常，从下而上的方法比较实际，且可行性较高。部门主管只需按公司的既定加薪准则，如按绩效加薪，按年资或消费品物价指数的变化情况等调整薪酬，分别计算出每个员工的增薪幅度及应得的薪金额。然后计算出每一部门的薪酬方面的预算支出，再呈交给高层的管理人员审核和批准，一经通过，便可以着手编制预算报告。

2. 从上而下法

与从下而上法相对应,从上而下法是指,先由公司的高层主管决定公司整体的薪酬预算额和增薪的数额,然后再将整个预算数目分配到每一个部门。各部门按照所分配的预算数,根据本部门内部的实际情况,将数额分配到每一位员工。

由此可见,从上而下法中的预算额是每一个部门所分配的薪酬总额,也是该部门所有员工薪酬数额的极限。部门经理将这笔薪酬总额如何分派给每一个员工,取决于部门经理自己的决定。

一般来说,从下而上法不易控制总体的人工成本;而从上而下法虽然可以控制总体的薪酬水平,却使预算缺乏灵活性,而且确定薪酬总额时主观因素过多,降低了预算的准确性,不利于调动员工的积极性。

两种方法各有优劣,无论采取哪一种方法,一个正式的预算程序是薪酬制度中的重要部分,也是薪酬管理的重要环节。

(二)薪酬总额确定

薪酬总额确定的最根本方法就是根据企业的实际情况确定一个合理的薪酬总额,然后以此总额为标准,实行薪酬调控。一般来说,主要依据企业的支付能力和一般的市场行情等因素来计算薪酬总额。

1. 企业支付能力衡量

衡量企业支付能力的指标有:

(1)销售额与人工费用比率基准法。

$$人工费用 \div 销售额 = 人工费用比率 \qquad (8-1)$$

由式(8-1)可见,如果企业的销售额较大,销售业绩较好,那么人工费用也可以相对增加,因为企业的支付能力较大;如果公司的销售额降低,那么不应该盲目地增加人工费用的支出。这里,人工费用不仅包括员工的薪酬,而且包括录用、培训员工所发生的一切费用。

在实践中,可以根据过去数年的经营业绩,求出人工费用与销售额的合理比率。再根据比率,求出合理的适合企业承受能力的人工费用。

例如,假设人工费用比率为14%,某公司现有134名员工,人均薪酬为300美元,计划人均薪酬增幅为10%,则其人工费用总额变化如下:

现人工费 = 134 × 300 × 12 = 482400美元;

目标人工费 = 482400 × 1.1 = 530640美元;

所以,该公司的目标销售额 = 530640 ÷ 14% = 379 万美元;

目前的销售额按 14% 推算 = 482400 ÷ 14% = 345 万美元;

如果该公司决定加薪 10%,那么它的销售额也应提高 10%,这样才能吸收因调整薪酬而增加的人工成本。

(2)劳动分配率基准法。

$$人工费用 ÷ 附加价值 = 劳动分配率 \qquad (8-2)$$

$$附加价值 = 销售额 - 外部购入价值(材料 + 外托加工费) \quad (8-3)$$

根据劳动分配率,可以计算出合理的人工费率,公式如下:

$$合理人工费率 = 目标附加价值率 × 目标劳动分配率 \qquad (8-4)$$

例如,假设某公司上年度人工费 119 万美元,附加价值为 436 万美元,至本年第一季度人工费为 32 万美元,附加价值为 121 万美元,若四月份开始调薪,则合理的调整幅度如下:

上年度劳动分配率 = 119 ÷ 436 = 27.3%;

本年度劳动分配率 = 32 ÷ 121 = 26.4%;

假定一个年度内月平均附加值与一季度相同,则:

目标人工费 = (121 × 4) × 27.3% = 132 万美元;

合理的薪酬调整幅度 = (132 - 119) ÷ 119 = 11%。

2. 一般市场行情

通过薪酬调查,了解当地通行的薪酬水平,将本企业的薪酬与之对比,决定企业总体的薪酬额。

当然,企业薪酬总额的高低还与企业的薪酬政策有关。如果在生产成本中,薪酬部分所占比例很少,管理或生产效率很高,从而可以使单位人工成本很低,那么可以实行高薪政策。如果企业的员工收入稳定、工作稳定、不愿离职;除基本薪资外,还有各种客观的津贴和福利;且企业的人事管理健全、员工相处融洽、精神愉快,那么可以实行低薪政策。

总之,为实行有效的薪酬控制,应该确定一个合理的薪酬总额,通过调整这个总额达到控制整个薪酬体系的目的。

(三)成本抑制

有效控制人工成本,可以使企业的竞争实力增强,增加市场占有份额,战胜竞争对手,取得更好的经济效益。

如果发现企业人工成本过高,一般不宜采取直接降低薪酬的措施,而应巧妙处理,不致影响员工的积极性。一般情况下可以采取以下办法。

1. 薪酬冻结

当人工成本过高时,不是直接降低薪酬,而是使员工的薪酬水平保持不变。薪酬冻结与降低薪酬有很大的不同。因为,实行冻结薪酬的措施一般不会引起员工的反感,相反,员工会认为应该继续努力工作,争取做出更好的成绩。这样,反而激励员工为公司做出更大的贡献,增加变量,从而降低单位产品的人工成本。

2. 延缓提薪

对于应该提薪的员工,暂时推迟一至两个月,或者更长一些时间,待企业摆脱困境,经济效益好转时再予以提薪。也不妨向员工说明公司所面临的现状,争取造成"同仇敌忾的气氛",团结一心,共渡难关。

3. 延长工作时间

如果在调整薪酬方面确实存在困难的话,不妨走另外一条途径——适当延长工作时间,增加工作量,提高工作效率。这样做,不仅有利于控制企业的人工成本,而且可以使员工增加紧迫感,如果不努力工作将有可能失去工作的机会。

4. 控制其他费用支出

除了上述三种措施之外,还可以适当压缩企业在一些福利、津贴方面的开支,从而达到控制成本的目的。具体措施主要有:要求员工少请假、缩短假期;调整、控制差旅费支出;严格控制网络、通讯费用等。适当压缩部分福利项目的开支,可以避免强行降薪带来的不利影响。

第三节　员工福利与保险

一、员工福利含义

福利是组织薪酬体系的一个主要组成部分,是指企业为了保留和激励员工,采用的非现金形式的报酬;是企业对员工劳动贡献的一种间接补偿的分配形式。

福利和工资所依据的分配原则是不同的:工资分配所依据的是"按劳分配"的原则,其水平根据员工劳动的数量、质量确定;而福利则是根据整个社会的生活和消费水平,有条件、有限制地解决和满足员工的物质文化需要。两者享受的对象也不同:享受工资的对象是为企业提供自身劳动能力的员工;享受福利的对象则是企业全体员工及其他们的家属。两者分配特征也不同:工资分配具有等量性、差别性;福利分配则具有均等性、共享性、补充性、保证性。

福利作为培育员工对企业的归属感和忠诚度的独特手段,历来为管理者所重视。

一般来说,在任何国家福利都有三个层次:第一,是由国家主管,以国民为对象的福利;第二,是由工会等劳动组织主管,以会员为对象的部分劳动者福利;第三,是由企业主管,以企业全体员工为对象的企业福利。在企业福利上,由社会经济条件差异而产生不同特点的情形非常突出。在社会工种保障不完备和低工资率的国家,福利是以援助生活措施为中心的。

二、员工福利种类

员工福利主要分为法定福利和企业福利。

(一)法定福利

法定福利是国家通过立法,设法改善员工的安全和健康状况、维持家庭收入和帮助处于危机中的家庭的保障计划。企业根据所在国家的法律和法规,必须为员工提供的福利项目,例如社会保险。人力资源工作人员在开发和实施各种福利计划时应特别注意,必须了解、遵守所在国的各种法律规定。法定福利适用于在所在国注册的任何企业,其维护的主要对象是所在国国民。

虽然各国家的法定福利各不相同,归纳起来,常见的项目有失业、养老和医疗等社会保险,意外伤害险,休假,劳动保护,女工保护等。

(二)企业福利

企业福利主要包括以下几个方面:

1. 改善员工生活的项目

目的是为减轻员工生活负担,提供生活上各种便利条件。它具体包括:

（1）健康服务项目。例如设立卫生保健室，进行各种免费定期体检及防疫注射等。

（2）建立各种集体服务设施。例如浴室、理发室、休息室、单身集体宿舍、食堂、洗衣房等。

2. 员工文化娱乐项目

主要是为了活跃员工文化娱乐生活提供设施，组织活动。它具体包括：

（1）举办各类文体活动并提供各种文体设备。例如，设立阅览室、图书室；建立各类文体活动室、各类球场；组织各种业余比赛等。

（2）开展各种社交活动。例如，组织郊游、旅游；举办各种联谊会、联欢会等。

（3）根据自愿原则成立各种民间业余爱好团体。例如文学、摄影、棋牌类、绘画、乐队、合唱团等方面的团体。

3. 提供各种经济性的福利服务项目

主要为帮助和解决员工一时的经济困难和提供一些经济上的服务。它具体包括：

（1）建立各种补贴，包括临时和长期补贴。例如结婚、生育、疾病、伤残、死亡、住房、交通、生活困难等方面的补贴。

（2）法定之外的带薪疗养和休假。

（3）发放员工制服（非劳保），提供上下班交通工具等。

4. 教育培训福利项目

主要包括企业给予员工在职短期脱产免费培训、公费进修等。

企业福利绝不仅限于以上所列，各企业可以根据自己的实际情况，以及所在国国民的文化、习惯，分轻重缓急地开展各项目，并随着企业规模的扩大、财力的增加，企业福利的内容在数量和质量上可不断扩充和提高。

三、员工福利作用

企业花费金钱来支持福利项目，其原因在于福利项目具有以下的作用。

（一）吸引优秀员工

优秀员工是企业发展的顶梁柱，以前一直认为，企业主要靠高工资来吸引优秀员工，现在许多管理者认识到，良好的福利有时比高工资更能吸引优秀员工。

（二）提高员工的士气

良好的福利使员工无后顾之忧,使员工有与企业共荣辱之感,士气必然会高涨。

（三）降低流动率

流动率过高必然会使企业的工作受到一定损失,而良好的福利会使许多可能流动的员工打消流动的念头。

（四）激励员工

良好的福利会使员工产生由衷的工作满意感,进而激发员工自觉为企业目标奋斗。

（五）凝聚员工

企业的凝聚力由许多因素组成,但良好的福利无疑是一个重要的方面,因为良好的福利体现了企业的高层管理者以人为本的经营思想。

良好的福利一方面可以使员工得到更多的实惠,另一方面用在员工身上的投资会产生更多的回报。

四、员工福利计划设计

（一）员工福利计划影响因素

影响员工福利计划的因素有很多,常常是一系列因素的综合作用。众多因素可以归纳为企业外部因素和企业内部因素。企业外部因素包括经济发展水平、工会策略、薪酬制度、保险政策、税收政策、通货膨胀、法律、竞争对手的薪酬策略等。除企业外部因素外,企业在制订员工福利计划时,还要结合自身相关因素。下面重点分析一下企业内部因素。

1. 员工的福利需求

经济组织都是要追求利润的,资源的稀缺性决定了只有高效率才有可能带来高额利润。对用人单位而言,员工福利的高效率就是指"所付有所值",即在员工福利上花费的每一分钱都是有价值的,起到了预期效果。而有价值的福利计划必定是符合员工需求的计划。对于企业来讲,"好钢用在刀刃上",从员工真实、客观的福利需求出发,以满足员工福利的需求为目的,应是企业制订员工福利计划的根本出发点和最终目标。

2. 企业的经济实力

由于个体差异性的存在,我们可以想象一个组织中关于福利的需求肯定是千差万别的。员工福利的公平性、平等性和无差异性决定了企业必须以全体员工为对象,企业要思考的就是满足哪些需求。这也是员工福利计划的核心和本质。员工的需求总是无限的、个性的、不断变化的,企业应该去满足哪些需求? 而且应该多大程度上去满足? 最重要的是要看企业的经济实力。

3. 企业的发展战略

企业除了考虑员工福利的需求、自身的经济实力外,还应该从企业发展战略的层面进行思考。既要考虑企业长期和短期的发展目标,又要分析企业所处的特定的发展阶段。这样就能使员工福利计划与企业的整体发展规划相融合,形成一体化的制度安排。而且考虑企业的发展战略还可以保持员工福利计划的动态性。员工福利计划是每年或几年都要制订一次的,应将员工福利培育成一个动态的机制,这个动态的机制不仅要和动态的员工福利需求相适应,还要和动态的企业发展战略相适应。这样才能不断地激发员工的工作热情和创造力,提高员工对企业的忠诚度。另外,员工福利计划本身就是员工发展规划、企业人力资源规划的重要组成部分,从而也是企业发展战略的一个有机组成部分,制订一份合适的员工福利计划也有助于制定科学合理的企业发展战略。

4. 企业文化

企业文化一般体现为企业独特的管理方式和运作特点或员工的行为方式和价值观。企业文化因其在培养员工忠诚度和增强企业凝聚力方面的重要作用,而日益受到企业的重视和推崇。但企业文化的同化作用并不是一朝一夕就可以实现的,它是需要在管理的各个环节慢慢渗透每个管理环节和管理项目都是企业传播自己文化的好时机。因此员工福利计划应该和企业自身的文化相匹配。也就是说,员工福利计划应该体现企业文化。一般来说,一个与自身文化高度融合的福利计划更容易被员工接受。

5. 员工福利现状

企业的员工福利现状是制订员工福利计划依托的基石,计划必须在此基础上进行。员工福利现状包括现有的福利项目、福利水平、福利成本和福利的管理体系、员工的满意度等有关现有福利体系的一系列内容。之所以要关注福利的现状，其一是因为福利的刚性特征是不能违背的，或者说，违背它的代价是很大的，不要轻易地逆向而为；其二是因为现有员工福利的管理架构很大程度上决定了员工福利的实施能力，也在很大程度上决定了员工福利的发展前景和空间，是评估福利计划是否具有可行性的一个重要标准；其三是只有充分了解企业现有福利计划的优劣和缺陷，才有可能更好地改进它，制订出的员工福利计划才能有的放矢，对企业的发展才真正具有意义。

（二）设计员工福利计划实用步骤

员工福利计划的设计、修订过程中，按照先后的逻辑顺序可以分为以下几个步骤：

（1）员工需求调研。对员工的福利需求和期望进行合理分类；

（2）分析现状，提出建议。评价现有福利计划的缺陷或者不足，提出修改和新计划的建议，包括使用自选计划；

（3）提出筹资方法与成本控制措施。对各种建议性福利的成本、资金筹集和保障措施进行评估，考虑控制成本的策略；

（4）形成方案。在以上分析结果的基础上，对福利项目、筹资方式及资金来源做出选择和制订或修改方案；

（5）信息沟通。与全体员工和参加计划的员工进行必要的信息交流，包括定期与非定期、见面与不见面等多种形式；

（6）定期评估。周期性对员工福利计划进行再评估。

（三）员工福利计划制订

1. 明确福利计划要实现的目标

企业是一个经济组织，其每个环节都应该有特定的目的。制订员工福利计划一样也应该是为实现一定的目标服务的。确定员工福利的目标时，不仅要考虑企业的规模、企业的支付能力、竞争对手的情况、与企业的经营战略是否一致、是否符合企业整个的薪酬战略等因素，还要考虑员工的当期需要和远期需要，以及是否能调动员工的积极性、是否有助于吸引人才等。

2. 规定筹资方式、福利范围、待遇水平和提供形式

规定企业和员工的筹资义务和方法。（1）企业单方供款或与员工共同

国际工程建设项目人力资源管理

220

供款;(2)供款方法,企业供款与员工缴费是否需要配比;(3)企业供款如何归属和进入员工个人账户,如何携带和转移等。

在需求调查的基础上,确定福利范围、待遇水平和提供形式。

(1)要确定福利的项目范围,可以采用归类汇总或统计分析的方法来确定。确定的一定要是一个范围,我们应该在基于福利的需求程度为福利项目做的一个排序基础上,选择多种福利项目的组合,而不是单一的种类。因为福利项目种类是否丰富本身就是福利计划是否具有吸引力的一个重要因素,福利项目的范围越大,员工对福利计划的满意度也就越有可能高。

(2)福利的水平需要结合企业自身的经济实力和发展阶段来确定。根据企业所提供的不同的福利水平,可以将员工福利计划分为市场领先型、市场追随型和市场拖后型三种模式。但在实际运作中,往往还有第四种模式,即混合型,就是企业提供的多种福利项目中,有的项目的水平比较高,有的项目的水平一般。这种模式的出现和普及主要是由于不同行业、不同地区的企业特点是不同的,表现为员工的年龄结构、性别构成和需求偏好是不同的。因此,对于各种福利项目不能采取"一刀切"的态度,应该有所侧重。因此,福利水平的限定不仅要确定所有福利项目汇总后的整体水平,还要确定每一种具体福利项目的实际水平。

(3)员工福利的提供形式就是企业以什么样的方式提供给员工。同种福利项目、同样的福利水平,但不同的形式达到的效果是不同的。企业应该分别根据中国和所在国的文化传统、风俗习惯,采用最具人性化、亲和力和最能反映企业自身特点的方式向员工提供福利。根据企业给员工提供福利的形式不同,可将员工福利分为实物型、货币型、服务型和信息型。

3. 员工福利计划的主要内容

员工福利的内容种类繁多,较为普遍的福利项目内容参见表8-8所示。

表8-8　员工福利

带薪和不带薪休假	免费服务	家庭援助计划
失业补偿	家属护理和资助	法律服务
再教育补助和支持	抚养补助和假期	交通补助和工具
人员动迁补助和提供工具	健康计划	就餐和住宿

五、员工福利管理

为提高资源的使用效益,更好地为人力资源管理目标服务,对员工福利的管理应重视以下原则。

(一)合理和必要原则

企业实施员工福利的资金主要来源是按规定提取福利费用或从管理费用中开支,员工福利的建立只能在有限的福利费用范围内来解决,因此,福利费用的管理应力求以最小的费用达到最大效果。所以,在企业支付能力范围内,员工福利的建立、修订既要考虑合理性也要考虑必要性。

(二)统筹规划原则

福利设施和大型福利性活动常常需要大量资金,因福利的刚性特点,有的形式和内容一旦形成并为员工所接受,就难以简单的缩小和废除,所以,要考虑各种条件,建立长远的观点,有计划地组织活动和开发设施,特别要认真做好费用的预算和决算工作,做到量力而行和讲究效益。

(三)公平的群众性原则

福利应以全体员工为对象。应体现公平精神,只要符合条件,都可以"自由利用"。如果缺乏这种公平性,就不能得到员工对福利的理解、信任和支持,就会影响其对企业的合作和忠诚。因此,在福利管理上也要吸收员工参与管理,体现群众性原则。

六、员工保险

员工保险分为强制性社会保险和选择性商业保险。

强制性社会保险是指在既定社会政策的指导下,由国家通过立法手段对公民强制征收保险费,形成社会保险基金,用来对其中因年老、疾病、生育、伤残、死亡和失业而导致丧失劳动能力或失去工作机会的成员提供基本生活保障的一种社会保障制度。各国因社会体制、经济发达情况、传统等,对强制性社会保险的规定有较大差异,概括起来,强制性社会保险包括的内容主要是养老、医疗、失业等几个方面。此外,有些国家还规定企业要为员工购买例如意外伤害险等商业性保险。无论法律如何规定,任何在外国注册经营的公司或项目,必须遵守所在国的法律规定,依法为所在国员工建立各种强制性的社会保险和购买商业保险,并按时足额缴纳保险费用。

选择性商业保险主要是结合国际工程建设项目特点,一般为外派员工、所在国员工和第三国员工购买雇主责任险或人身意外伤害险。此类商业性保险,是为了防止本单位内的员工因遭受意外伤害致残或致死而受到巨大的损失,以单位为投保人,以本单位全体成员为被保险人,以被保险人因意外事故造成的人身重大伤害、残废、死亡为保险事故的保险。

第四节　工作时间与休假

虽然各个国家劳动法关于工作时间、工作时间制度、加班加点、休假制度等的具体规定有较大差异,但通过对部分国家的劳动法对比分析,可以看出各国的立法宗旨基本相同。本节以《中华人民共和国劳动法》为主,结合相关国家的有关规定做一些介绍。

一、工作时间

工作时间是指劳动者根据法律和法规的规定,基于劳动关系在用人单位从事生产或工作的时间。包括每日应工作的时数和每周应工作的天数(或时数),分别成为工作日或工作周。据对中国石油海外各工程项目所在国劳动法了解,绝大部分国家的法律规定,劳动者每日工作时间不超过 8 小时,平均每周工作时间不超过 40 小时。

工作时间作为法律范畴,不仅包括劳动者实际完成一定工作的时间,也包括劳动者在生产或工作前从事必要的准备和收尾的时间;连续性有害健康工作的间歇以及女工的哺乳时间(虽然劳动者没有进行工作,但是也要计为劳动时间);劳动者在本单位范围以外,根据单位命令从事其他活动,如出差或外出开会等情况也属于工作时间的范畴。

二、工作时间制度

1. 标准工作时间制度

标准工作时间制度,简称标准工时制,是指用人单位按照法律规定的标准日工作时间和周工作时间组织生产和工作的一种工作时间制度。国内企业一般为每周五天工作制,按法律规定,用人单位也可根据生产经营的需要对日工作时间和周工作天数临时进行调整,但每周至少保证员工有一天的休息时间。根据我国法律规定,计件工时制实质是属于标准工时制的范畴。为保证实行计件工作的劳动者实行标准工时制度,用人单位应根据标准工时制度合理确定其劳动定额和计件报酬标准。

2. 不定时工作时间制度

不定时工作时间制度,简称不定时工作制,是指因生产特点、工作特性的需要,无法按法定工作标准确定工时制,需要机动作业的行业或员工所实行的一种工作时间制度。目前可以实行不定时工作制的员工主要有以下三类人员:

(1)企业中的高级管理人员、外勤人员、推销人员、部分值班人员和其他因工作无法按标准工作时间衡量的人员。

(2)企业中的长途运输人员、出租汽车司机和铁路、港口、仓库的部分装卸人员以及因工作性质特殊,需要机动作业的人员。

(3)其他因生产特点、工作特殊需要或职责范围的关系,适合实行不定时工作制的人员。

实行不定时工作制的企业,由于无法确定员工延长的工作时间,所以不实行加班加点制度。对于实行不定时工作制的员工,企业应根据标准工时制度合理确定员工的劳动定额或其他考核标准,以保证员工休息。

3. 综合计算工作时间制度

综合计算工作时间制度,简称综合计算工时制,是指因工作性质特殊,需连续作业或受季节及自然条件限制的企业或部分员工,实行的以周、月、季、年为周期的综合计算工作时间的一种制度。综合计算的标准仍为平均每日不超过 8 小时,平均每周不超过 40 小时。可以实行综合计算工时制的人员有以下三类:

(1)交通、铁路、邮电、水运、航空、渔业等行业中因工作性质特殊,需连续作业的员工。

(2)地质及资源勘察、建筑、旅游等受季节和自然条件限制的行业的部分员工。

(3)其他适合实行综合计算工时制的职工。

由于实行综合计算工时制是从部分企业生产实际出发,允许实行相对集中工作、集中休息的工作制度,以保证生产的正常运行和员工的合法权益,所以在综合计算周期内,某一具体工作日或工作周的实际工作时间可以超过 8 小时或 40 小时,但综合计算周期内的总体工作时间不应超过总体法定标准工作时间,超过部分应视为延长工作时间并按法律有关规定支付加班工资报酬,而且,延长工作时间的小时数平均每月不得超过 36 小时。同时,企业还应做到,实行综合计算工时制以及在实行综合计算工时工作中采取何种工作方式,要与工会和员工协商。

4. 制度工时天数

制度工时天数是指每月的标准工作日数。计算公式如下:

制度工时天数 =(全年日历天数 - 节假日天数 - 休息日天数)÷ 12 个月

$$(8-5)$$

从这个公式依据我国的法律可以得出:

年工作日 = 365 天/年 - 11 天/年 - 104 天/年 = 250 天/年;

季度工作日 = 250 天 ÷ 4 季 = 62.5 天/季;

月工作日(制度工时天数)= 250 天 ÷ 12 月 = 20.83 天/月。

如果以每周、月、季、年的工作日乘以每天的工作小时数,则可得出每周、月、季的工作小时数。

5. 延长工作时间制度

延长工作时间制度,又称加班加点制度,是指企业依法履行一定的程序,命令和要求员工在法定工作时间以外从事工作的一种制度。安排员工延长工作时间的,称为加点;安排在休息日和法定节日工作的,称为加班。加点每日一般不超过 1 小时,特殊情况下不超过 3 小时。每月加班加点时间不能超过 36 小时。有的国家对加班有非常严格的限制,例如,中亚一些国家法律明确规定加班加点时间一年不得超过 120 小时。

企业实行加班加点制度时应遵循以下原则:

(1)企业要限制加班加点,保证员工休息、休假的权利。

(2)员工要在法定工作时间内完成劳动任务,因未完成定额和任务而延长工作时间的,不视为加班、加点。

(3)企业确因生产经营需要加班加点的,应与工会和员工协商。协商一致,按照协商意见执行。协商不一致,企业有权在法定的延长工作时数内决定加班加点,但企业违反法律规定的加班加点决定,员工有权拒绝。

(4)遇有发生自然灾害等特殊情况,企业决定加班加点不受法律规定的限制。

实行标准工时制的企业，可依法正常实行加班加点制度。休息日安排员工加班的，应首先安排补休，补休时间应与加班时间相等。实在不能安排补休的，则应支付员工不低于工资的200%的加班工资。法定休假日安排员工加班的，不须安排补休，而应支付员工不低于工资的300%的加班工资。实行不定时工作制的员工，由于其工作时间不确定，所以无法实行加班加点制度。实行综合计算工时制的员工，按特别规定实行加班加点制度，即当轮休、倒休尚弥补不了延长工作时间的部分时，员工工作日正好是周休息日的，属于正常工作，计发加班工资的标准按150%执行，工作日正好是法定节假日的，则按300%计发加班工资。按照合情合理的原则，实行计件工资的员工，只有在完成定额任务且实际工作时间达到标准日工作时间之后，根据企业的命令和要求从事劳动的，才视为加点；在休息日或节假日，根据企业的命令和要求从事劳动的，即视为加班。加班加点工资的计算方法，是将加班加点期间完成的产品件数乘以单位产品的工资金额，再按法律规定乘以150%、200%、300%。员工在标准日工作时间内未完成定额任务而延长工作时间的，不视为加班加点；在标准日工作时间内超额完成定额任务而未延长工作时间的，也不是加班加点，而在标准日工作时间内超额完成的定额任务，由于不是加班加点干的，所以不能按加班加点工资支付，可支付超额奖金。

三、节假日

法定节假日是指根据各国、各民族的风俗习惯或纪念要求，由国家法律统一规定的用以进行庆祝及度假的休息时间。法定节假日制度是国家政治、经济、文化制度的重要反映，涉及经济社会的多个方面，涉及广大人民群众的切身利益。

各国对法定节假日的规定不太一样。中华人民共和国《全国年节及纪念日放假办法》(不包括香港、澳门和台湾地区)规定：元旦、春节、国际劳动节、国庆节、清明节、端午节、中秋节为法定节日，企业应当依法安排员工休假。

四、休假管理

休假是指经过批准的非工作时间。休假属于员工福利范畴，休假包括带薪或其他待遇的休假。

1. 带薪休假

带薪休假具有两个特征：一是经过批准的非工作时间；二是工资和协议规定的薪酬待遇继续支付。带薪休假的主要形式有：

（1）节假日。国家法律规定的法定节假日，在节假日期间，员工可依法得到休息，且企业要照付工资。

（2）年休假。各国对员工年休假均有不同的规定。我国从 2008 年 8 月 1 日起实施了《职工带薪年休假条例》。条例规定员工工作 1 年以上的，即享受带薪年休假，员工在年休假期间享受与正常工作期间相同的工资收入。员工累计工作已满 1 年不满 10 年的，年休假 5 天；已满 10 年不满 20 年的，年休假 10 天；已满 20 年的，年休假 15 天。

（3）个人事务带薪假。员工因个人原因请假，依法或依据企业规定，企业在其休假期间支付全额工资或部分工资。例如婚假、丧假、孕产假、探亲假等。这些假期不仅为员工提供了休息、健身、处理家务及其他个人事务的时间和方便，还保证了员工的基本收入。

（4）奖励假。例如组织旅游和疗养、带薪脱产学习和培训等。

（5）集中工作、集中休息。

2. 无薪假期

无薪假期即经过批准的非工作时间，且不支付薪酬，而保留劳动关系的安全性。许多国家立法，开始允许员工在不影响工作的情况下延长个人假期。有的企业为了解决富余人员，也开始允许员工休无薪假期或组织放假、停薪保留岗位。

休无薪假，原因可以来自企业一方，如短期生产任务不足；也可来自员工，如个人私事必须脱岗亲自处理、继续教育、抚养和赡养、家人生病护理等等。

第九章 项目团队建设

第一节 项目主要人员的岗位职责

一、管理层(项目发起人)岗位职责

项目发起人通常是企业的高层管理人员或者某项目群的带头人,他们为项目的存在提供在企业商业目的上的依据,也是项目结束与否的最终决定人。一般来说,项目发起人控制整个项目融资。

项目获得项目发起人的支持对项目的成功具有极为重要的作用。在资源有限、组织可能同时进行着多个项目的情况下,项目发起人有权决定某个项目能够获得的支持程度。如果项目发起人不认同某个项目的重要性,他们就会把资源分配到他们认为更有"价值"的项目中去,反之,他们就会为该项目提供强有力的支持。

项目若想有效地获得项目发起人的参与和支持,必须将项目发起人落实到人,明确某个人的角色、责任并促使他们采用正确的参与及支持方式。一般来说,项目发起人不过多干涉项目日常管理运营工作,而是从更高层次上为项目提供良好的运行环境、资源支持、制度支持等。项目发起人通过对项目组的授权,为项目经理和项目组员提供发挥其能力的空间;项目经理向发起人报告项目的进度和状态,使得发起人适时采取相应的举措调整项目。

在项目的启动、计划、实施、控制、结尾等不同阶段,项目发起人的责任主要包括:定义组织对项目的需求;选择项目经理以及在人员配备方面提供协助;为项目获取资金支持;任命项目发起人的联络人;审批项目计划、预算及建立管理准备金;参与项目计划编制过程的工作;保证项目人员的可获得性;定期对项目实施管理的审查;协助解决项目需求方面的问题;书面批准各种项目要求及资格标准;审批项目计划及执行中的变更;必要时参加项目状况审查会议;参加或派员参加项目经验/教训交流会议;签署并批准项目结束。

二、项目相关人(干系人)岗位职责

项目干系人是积极参与项目实施或者项目的完成对其利益具有积极或消极影响的个人或组织。干系人也能对项目、项目可交付成果、项目团队成员等施加影响。为了确保项目成功,项目管理团队必须能识别内部和外部干系人;项目经理必须管理各种干系人,使其对项目成功发挥积极的作用。例如,某国际工程建设项目主要干系人如图9-1所示。

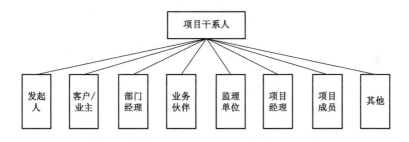

图9-1 某国际工程建设项目主要干系人示意图

识别及评估干系人对项目影响力是一项非常重要的工作。该工作做得不到位可能导致项目工期延长或者成本显著提高。项目的完成可能对一些干系人具有积极影响(这种情况下,项目干系人是项目的受益者),而对另外一些干系人具有消极影响(这种情况下,干系人是项目的风险承担者,甚至有可能是项目的受害者)。对项目抱有积极期望的干系人,可通过帮助项目取得成功,来最好地实现自己的利益;而消极干系人则会通过阻碍项目的进展,来保护自己的利益。忽视消极干系人,会提高项目失败的可能性。对项目经理来说,管理千差万别的干系人的期望并且平衡干系人的不同利益是一项重要且具有难度的工作。以下是一些干系人及其职责的例子。注意,项目发起人也是重要的项目干系人之一。

(一)项目客户

客户是指使用项目产品、服务或成果的个人或组织,来自于项目执行组织的内部或者外部。对工程建设项目来说,项目客户是将使用工程建设成果的投资单位,即通常所说的业主。

客户满意是项目成功的重要判断标准之一,人们在项目管理中过多地强调了客户的权利,而容易忽视客户也必须承担相应的责任。为了更有效

地完成项目,客户也必须积极参与到项目中来并尽到自己的责任。客户主要职责如下:

(1)清楚定义客户的需求,以及对项目团队和项目经理的要求;

(2)提出产品或者服务的功能、质量和各项产品标准的要求;

(3)审批项目计划;

(4)审查项目进展报告;

(5)任命与项目团队联系的客户联系人;

(6)书面批准各种项目需求及资格标准;

(7)识别需要培训的人员并参加必要的培训;

(8)批准产品及服务交付程序;

(9)审查当前商业实践并分析项目产品及服务对此的影响;

(10)参加需求变更审查,协助解决需求变更问题;

(11)主持项目的审查验收。

(二)业务伙伴

业务伙伴是根据合同协议为项目提供合格原材料、设备、工具或者工程技术服务的外部公司。业务伙伴供应的产品质量、供应是否及时灵活、工程施工质量、合作程序等对实现项目及客户满意具有重要影响。业务伙伴的职责一般在使用合同中明确规定,在项目进行中应与业务伙伴保持沟通,确保项目具有相对稳定的合作伙伴。业务伙伴主要职责如下:

(1)按照合同要求提供原材料、设备、工具以及工程技术服务等;

(2)必要时按照项目的实际需求调整原材料、设备、工具等的供应量和供应时间以及工程技术服务的内容;

(3)参与变更审查,按照项目变更需求提供相应的产品/工程技术服务;

(4)参与项目验收。

(三)监理单位

他们也是很重要的外部干系人,甚至比业务伙伴更为重要,因为他们代表着业主,行使业主的权利,直接对业主负责。在项目施工进行中,负责监督项目运行的 HSE 状况、质量状况、进度进展情况等。

(四)部门经理

部门经理是在项目组织内部行政或者某职能部门承担管理角色的重要人物。他们配有固定员工以开展持续性工作,并能全权管理所辖部门中的所有任务,为项目提供相关领域的专业技术或者服务。

在部门职能的总体框架下部门经理的职责是:

(1)制订部门工作计划并组织完成;

(2)按照工作计划分配所属员工工作,并给予考核,并指导其完成工作;

(3)建立高绩效的部门团队,并起到团队核心作用;

(4)制订部门预算,控制作业成本;

(5)制定部门战略,并服从公司总体发展规划,贯彻落实。

国际工程建设项目具有技术复杂性高、工程量大、客户要求高等特点,干系人的积极参与,能有效发挥各自特长,使项目高质量完成。

三、项目经理岗位职责

项目经理是执行组织委派其实现项目目标的个人,这是一个富有挑战且备受瞩目的角色,具有重要的职责和权力。项目经理从整体上说,担负有制订项目管理计划和所有相关的子计划;使项目始终符合进度和预算要求;识别、检测和应对风险;准确、及时地报告项目指标;与项目发起人、项目团队和其他关键干系人沟通,促进干系人与项目之间的良性互动;建立高效团队的人力资源管理等职责。项目经理的具体职责如下。

(一)创建团队

项目经理可以采取以下措施组建项目团队。

1. 招募

如果执行组织内缺乏完成项目所需人员,就可以从外部获得所需服务,这可能包括雇佣个人咨询师,或者相关工作分包给其他组织。

2. 预分配

如果项目团队成员是事先选定的,他们就是被预分配的。预分配可在下列情况下发生:在竞标过程中承诺分配特定人员进行项目工作;项目需要特定人员的专有技能;工作章程中指定了某些人的工作分配。

3. 谈判

在许多项目中,人员的分配是通过谈判完成的,例如,项目管理团队需要与职能经理谈判,确保项目能够在需要时获得具备适当能力的人,项目团队人员能够、愿意并且有权在项目上工作,直到完成其职责。与外部组织、供应商、承包商等谈判，获取合适的、稀缺的、特殊的、合格的、经认证的及其他诸如此类的特殊人力资源。

4. 虚拟团队

虚拟团队的使用为招募项目团队成员提供了新的可能性。虚拟团队可定义为具有共同目标、在完成角色任务的过程中很少或没有时间面对面工作的一群人。电子通信工具（如电子邮件、电话会议、网络会议或视频会议等）使虚拟团队成为可行。在虚拟团队的环境中，沟通变得更为重要。可能需要多花时间，来设定明确的期望，促进沟通，制订冲突解决办法，召集人员参与决策，以及共享成功的喜悦。

（二）责任分配

项目经理要为团队成员分配责任，团队中的成员责任指为完成项目活动，项目团队成员应该履行的工作职责，可以使用层次图、责任分配矩阵、文本等形式描述项目中的成员责任分配。责任分配确保每个工作包都由一名明确界定的责任人负责，项目组所有成员都对其角色和职责有明确的了解，有效确保项目利益相关方承担其对项目的责任。

1. 层次图

常用的层次图有工作分解结构（WBS）、组织分解结构（OBS）、资源分解结构等。工作分解是指将项目可交付成果分解成较小的、便于管理的组成部分，直到项目可交付成果定义到工作包水平，工作包是为完成某一特定工作所需要的具体活动集合，如完成某个施工图、采购某设备等。工作分解结构用来显示如何把项目可交付成果分解为工作包，有助于明确高层次的职责。工作分界结构显示项目可交付成果分解，而组织分解结构则按照组织现有的部门、单元或团队排列，并在每个部门下列出项目活动或工作包。执行部门（如采购部）只需找到层次图中其所在的 OBS 位置，就能看到自己的全部项目职责。资源分解结构是另一种层级图，按照资源类别对项目进行分解。例如，资源分解结构可以列出某工程建设项目各部位所需的全部焊接工人数和焊接设备，即使他们分散在 OBS 和 WBS 的不同分支中。资源分解结构对追踪项目成本很有用，并可与组织的会计系统对接。它可包含人力资源以外的其他各类资源。

2. 责任分配矩阵

责任分配矩阵（RAM）显示工作包或活动与项目团队成员之间的联

系,反映与每个人相关的所有活动及与每项活动相关的所有人员,进而确保任何一项任务都由某个人负责。在大型项目中,RAM 的制定可在不同层次上进行。高层次的 RAM 定义项目团队中的各小组分别负责 WBS 中的哪部分工作,而低层次的 RAM 则可在各小组内为具体活动分配角色、职责和职权。某国际工程建设项目人力资源团队责任分配矩阵如图 9 - 2 所示。

	热米利亚	乌伦古丽	德维奇	莎莎	嘎拉让
配置流动	A	I	I	R	I
培训开发	I	A	R	C	C
薪酬福利	I	R	A	C	C
绩效考核	C	R	I	A	C
员工招聘	C	I	R	C	A

图 9 - 2　某国际工程项目人力资源团队责任分配矩阵图

A—负责;R—执行;C—咨询;I—知情

3. 文本

当需要详细描述团队成员的责任分配时,需要使用文本。文本型文件通常以概述的形式,描述团队成员的责任、权利、技能等各方面的综合信息。

(三)人员管理计划

人员管理计划说明项目对人力资源的需求,人员管理计划在项目执行期间是不断更新以指导持续进行的团队成员招募和发展活动,一般包括以下内容:

1. 人员招募

在规划项目成员招募工作时,需要考虑一系列问题。例如,从组织内部招募,还是从组织外部的签约机构招募?团队成员必须集中在一起工作,还是可以远距离分散办公?项目所需各级管理技术人员的成本分别是多少?组织的人力资源部门和职能经理们能为项目管理团队提供多少帮助?

2. 工作日历

人员管理计划需要按个人或小组来描述项目团队成员的工作日历,并说明招募活动何时开始。可以使用资源直方图制订人力资源工作日历。资源直方图表示在整个项目期间某个时间段内需要某人、某部门或整个项目团队的工作小时数。可在资源直方图中画一条水平线,代表某特定资源最多可用的小时数。如果柱形超过该水平线,就表明需要采用资源平衡策略,如增加资源或修改进度计划。

3. 成员遣散

事先确定遣散团队成员的方法及时间,对项目和团队成员都有好处。把团队成员从项目中遣散出去有利于节约项目成本,也有助于减轻项目结束时可能发生的人力资源风险。

4. 培训计划

如果预计到团队成员不具备所要求的能力,则要制订一个培训计划,并将其作为项目的组成部分。培训计划中也可说明应该如何帮助团队成员获得相关证书,以提高他们的工作能力,从而使项目受益。如某公司要求赴海外项目工作人员事先要参加 HSE 培训并考核合格后,才可办理出国派遣手续。

5. 成员考核

项目经理还担负着对项目团队成员的考核职责。考核指标应定量与定性相结合,并以定量为主。若项目成员与项目经理签有个人承诺书的,要以承诺书中的指标为依据,通常包括项目任务及时完成率、成本、优质率、工作态度、团队精神等。

6. 认可与奖励

需要用明确的奖励标准和事先确定的奖励制度,来促进并加强团队成员的优良行为。应该针对团队成员可以控制的活动和绩效进行认可和奖励。

7. 合乎规定

人员管理计划中应制定一些策略,以遵循国际工程建设项目所在国家及地区适用的政府法规、工会合同和其他现行的人力资源政策。

8. 安全

针对安全隐患,为保护团队成员安全制定一些政策和程序。例如,国际工程建设项目所在某些国家恐怖活动频繁,公司为员工进行反恐培训及演习等。

(四)项目管理

1. 明确项目目标

在进行项目计划前必须明确项目目标和客户期望,一方面要保证项目目标与企业经营目标的一致性;另一方面要与客户明确项目范围,并取得一致意见,通常这一点在签订项目合约前就应明确,并在项目启动会议上再次确认。

2. 制订项目计划

国外成功的项目经理都把计划作为项目成功的首要因素。制订项目计划时应由项目经理负责,项目团队成员参与一起制订,设立项目里程碑,分解目标。这里,项目成员(至少是核心的项目成员)参与项目计划的制订是非常必要的,这样制订出的项目计划更切合实际,易于普遍认同,并在执行阶段可以减少阻力,成员为了按计划实现目标能更加投入。通常,项目计划应接受上级及客户的评审,获得认可。

3. 建立项目管理的信息系统

根据企业的 IT 应用水平建立手工或电子信息系统,并确保每一位成员都能正确理解及时交流信息的重要性,并熟练运用这些系统,保证项目实际进程的信息及时获取与交流。信息交流的对象包括:项目组成员、项目经理、资源经理(对于矩阵组织)、上级领导或项目指导委员会,以及客户方的相关领导和成员。

4. 建立及贯彻项目管理制度

项目经理还应负责建立及贯彻项目管理制度,包括项目费用、沟通、文档等的管理,这些制度是项目过程中成员的共同工作准则,必须得到有效的贯彻和落实。

5. 项目资源的组织工作

项目经理为执行项目计划获得适当的资源,并决定资源的分配,保证资源的高效利用。资源主要包括人员、机械设备、设施、场地、资金等,由于项目成本及资源可获得性的限制,资源通常是项目的约束条件,一般在制订项目执行计划时,应同时结合制订相应的资源计划,以保证在资源约束条件下

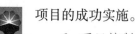

项目的成功实施。

6. 项目控制

在项目执行过程中,变化和冲突是不可避免的,项目经理应借助项目管理信息系统,对照项目计划,对项目的进程进行监控,及时掌握项目最新信息,及早发现问题并迅速采取纠正措施,使项目能够按计划实施。

四、项目成员岗位职责

项目团队是指为了适应项目的有效实施而建立的团队,由项目经理、项目管理团队和其他执行项目工作但无须参与项目管理的项目成员组成。项目团队并不仅仅指被分配到某个项目中工作的一组人员,它更是指一组相互联系的人员同心协力地进行工作,以实现项目目标。要使项目团队成为一个高效协作的团队,需要项目团队中每一个成员的共同努力。国际工程建设项目成员中的个人来自不同的团体,分别掌握某些具体的专业知识或者技能,执行各自的项目工作,承担以下主要职责:

(1)进行完整、清晰的项目需求分析;

(2)制订项目计划并使项目组成员理解项目计划;

(3)协助编制成本估算以及进度安排;

(4)协助编制 Q - HSE 体系计划;

(5)识别项目人员的培训需求;

(6)编制各部门管理流程方案;

(7)跟踪项目实施情况以及递交项目进展报告;

(8)进行项目内部审查以及协助进行外部审查;

(9)实施分配给自己的各项项目任务;

(10)协调 Q - HSE 体系保证活动、审查体系保证结果以及纠正各种偏差;

(11)识别风险并对出现的各种风险采取应对措施;

(12)识别并且管理项目变更;

(13)按工程进度向项目经理交付阶段性成果及各种归档文件;

(14)加强与其他项目成员之间的沟通、协调,保证项目工作顺畅、及时、有效地完成;

(15)遵守国际工程建设项目所在属地的法律、法规及各种规范。

第二节　国际工程建设项目从业人员的基本素质要求

工程承包市场日趋走向国际化的新形势对国际工程建设项目从业人员的素质提出了新的要求。选拔和培养合适的人员参与到国际项目竞争,是国际工程建设类企业人力资源管理的重要工作,也是关系到项目乃至企业兴衰成败的大事。

一般而言,国际企业在为其海外工程项目选择人员时,其通用标准包括如下几个方面:

(1)文化敏感性与适应性。

文化敏感性与适应性是选择外派人员的最重要的标准之一,也是招聘国内管理者与国外管理者的最大区别之一。外派管理者必须能够适应与自己国家不同的文化环境,了解为什么外国同事会有与自己不同的行为方式。因此,外派管理者必须具有较强的文化敏感性。当然,对一个外国人来说,要想完全达到对另一种文化的适应性,常常是非常困难的,也是需要一定的时间过程的。因此,许多美国和欧洲的跨国公司通常采用招聘在他们国家留学的外国学生的方式,去弥补本国管理者在文化适应性方面的不足。例如,当美国的一些公司决定到中国开展业务时,他们首先将人员招聘的重点放在在美国留学的中国学生身上。

(2)独立性和稳定性。

独立性和稳定性是一种从事外派任务时所必需的心理素质。在许多海外的工作中,管理者所从事的工作比他们在国内要复杂得多。在国外环境中,没有多少人可以依赖,而在公司总部,有许多技术顾问可以协助他们工作。所以在国外的工作中,管理者需具有对文化冲击的心理承受力,以顺利完成海外派遣任务。

(3)年龄、经历与教育。

一般而言,年轻的管理者更热心于国际性工作,他们比一般年长管理者更欣赏其他文化。但年轻人常常缺乏管理经验和技术技能,缺乏对现实世界的体验与经历。所以,对跨国公司来说,如何求得年龄与经验之间的平衡,是在制定外派人员甄选标准时需要解决的一个重要问题。美国和欧洲的跨国公司在甄选外派人员时,主要考虑的是经验和能力,而不过分强调年龄标准(尽管在实际决策过程中,年龄也是一个考虑的因素)。

学位与学历是所有跨国公司在招聘外派人员时要考虑的重要标准,特别对国际高级管理人员。然而,关于最理想的学位究竟是什么,并不存在普遍的原则。许多跨国公司都自己设计一些培训课程来培训自己的管理者。例如,德国西门子公司就为其国际管理团队提供特殊培训,以便帮助他们更有效地处理在海外工作中遇到的各种问题。

(4)语言能力。

外语的知识与能力,也是国际工程建设项目在招聘与甄选外派管理者的一个关键的标准。熟练的外语不仅可以使外派管理者直接地、无障碍地与当地员工和同事进行自如的沟通与交流,也是外派管理者与当地人建立关系,减少冲突的重要保证。

(5)家庭因素。

当选择外派人员时,家庭是另一项考虑的因素。为了获得成功,外派人员必须有一个支持他的工作委派并能适应新环境的家庭。一些企业如福特、埃克森等,在对职务申请人进行面试时,也对申请人配偶进行面试,并将配偶的态度作为决策的重要参考依据。而摩托罗拉公司还采取直接向配偶支付报酬的方式,鼓励管理者的配偶与管理者一起到国外工作。

(6)技术、管理与领导能力。

技术、管理与领导能力是外派管理人员胜任国外工作的关键能力要求,也是甄选外派管理人员的主要标准。然而,并非所有的在国内成功的管理者都在国外职务中做得出色。在确定职位申请人是否具有所需的领导能力时,还会考虑如成熟性、情绪稳定性、沟通能力、独立性、创造性、首创性和身体健康等因素。如果职位申请人能满足这些要求,并在国内是一个有效的管理者,公司就会认为这个人在海外也将做得同样好。

以上通用标准适应于所有国际工程建设项目从业人员。

但具体到某一个国际工程建设项目中,自身员工又有差异性。在这里,我们将国际工程建设项目的从业人员归为四类:第一,项目经理;第二,项目中层管理人员;第三,项目基层管理人员;第四,操作及服务人员。

以下就结合国际工程建设项目从业人员的分类,对各个群体的独特性进行重点阐述。

第九章 项目团队建设

一、项目经理基本素质要求

与国内工程项目经理相比，国际工程建设项目经理的角色更多，定位更高，因此其选拔和配备的标准更高、要求更严。

(一)项目经理角色定位

1. 企业法人在项目上的代理人和企业国际形象的代言人

从国际工程建设项目管理过程上看，作为企业法人代表的企业负责人，不直接对每个建设方负责，而是由项目经理在授权范围内对建设方直接负责。项目经理是国际工程建设项目全过程所有工作的总负责人，具体组织和领导项目生产要素的合理投入及其优化组合，确保全面实现企业的目标和建设方的成果性目标，即取得一定的经济效益和社会效益。在实现项目目标的过程中，项目经理的管理水平特别是工程质量、工程安全等方面直接体现了企业的内在素质和外在形象，项目经理在管理活动中的特定角色使其成为展示企业国际形象的代言人。

2. 企业经营方针和重大决策的执行者

国际工程建设类企业管理者为实现预期经营目标，必须在生产经营过程中进行有目的性、有科学性、有选择性的决策，而国际工程建设类企业的各类决策最终体现在国际项目上。在决策的操作与执行层面上，企业管理层次(经营决策层)与项目管理层次(项目部)是服务与服从、监督与执行的关系，项目经理在国际工程建设项目管理中通过制订细致全面、符合实际情况的计划，全面监督各项计划的有效执行，保证国际工程建设项目质量、进度、成本、安全等方面目标的全面实现，使企业的各项决策落到实处。

3. 企业利润和效益的承担者

企业是盈利性的经济组织，经营利润是国际工程建设企业生产经营追求的成果。国际工程建设企业以国际工程建设项目为主体，一线经营者既是生产者更是经营者，是企业利润创造的责任承担者，其施工利润是经济效益的主要来源。项目经理对项目管理的有效幅度、深度及实用性是创造项目利润的重要环节，加强对国际工程建设项目的成本控制是保证施工企业盈利的关键。

（二）项目经理作用

1. 合同履行作用

项目经理是代表国际工程建设企业管理国际项目全过程的领导者、组织者和责任者,项目经理以合同当事人的身份,认真执行合同,处理合同变更,并运用合同条件和技术规范,把项目各方统一到项目目标和合同条款上来,保证国际工程建设企业同建设方签订的工程承包合同全面实现。同时,利用合同文件,保护自己的权益,避免在时间、人力、财力、物力等方面造成不必要的损失。

2. 组织协调作用

国际工程建设项目所处的环境是一个国际环境,存在着跨文化的政治、经济、文化、技术等方方面面的复杂社会关系。充分发挥协调作用,保证项目建设质量,提高项目效益,是每一个项目经理都必须解决好的课题。组织协调既包括项目内部的协调,也包括外部的协调,在项目建设的管理过程中,对项目建设存在制约和影响的因素较多。例如,与建设方、设计方、监理方、所在国政府管理部门、社区管理和媒体之间的关系都在协调之列,需要项目经理进行积极有效的沟通和协调。通过营造良好的建设环境,实现内外协调,从而保证项目的顺利运行。

3. 项目控制作用

为实现国际工程建设项目的特定目标,项目经理要对所控制的生产要素采取计划、监督、检查、引导和纠止等方式和手段,对项目进行综合控制,以保证项目的正常运行。

4. 市场开拓作用

随着国际工程建设的市场化,施工项目经理和国际工程建设企业同步进入建设市场,一个优秀的项目经理本身就是一个品牌,就是市场认可的无形资产,个人的无形资产与企业的无形资产相融合,就可以获得项目资源。当前国际工程建设市场竞争异常激烈,国际工程建设企业需要优秀的项目经理在国际工程市场赢得声誉,从而承揽更多的工程,实现"建一处工程,树一个品牌、交一方朋友,拓一方市场"的滚动发展局面。

（三）项目经理基本素质要求

1. 知识要求

（1）本科以上学历为佳;

(2)熟悉知识包括:国际工程项目管理知识;国际工程技术经济知识;国际工程招投标知识;国际工程合同管理知识;国际工程施工组织知识;国际工程质量安全知识;国际工程成本知识;国际工程行为科学知识;国际工程法律法规知识,其他学科知识等。

(3)熟悉国际工程建设项目通用的国际合同标准。目前,国际工程上比较常用的合同标准主要有:国际咨询工程师联合会(FIDIC)制订的《土木工程施工合同条件》;英国土木工程师学会(ICE)制订的 NEC 合同条件;世行和美洲开发银行发布的《工程采购招标文件样本》;亚行发布的《土木工程采购招标文件样本》等。

(4)熟悉劳动保护、能源、环境保护和消防等方面的方针、政策、法规、条例。

2. 能力要求

(1)果断的判断力与决策力。

项目经理必须具有全面把关、宏观调控的能力,同时还应具有果断的判断力与决策力,能善于解决和处理各种问题。在处理重大问题时,头脑冷静,反应敏捷,能迅速做出正确决策,准确无误地沟通信息。

(2)领导能力。

项目经理能对项目有明确的领导和指导,在工作中以身作则,团结同志,尊重对方,发扬民主,讲究用人艺术,善于运用集体的智慧;能正确行使自己的权力,秉公办事,赏罚分明,以理服人,勇于承担责任,并与团队融洽相处。

(3)计划、组织协调能力。

国际工程建设项目受制约因素多,面临的环境复杂多变,这就要求项目经理有很好的计划能力,将未来可能遇到的各种风险尽可能地考虑得更全面,更超前。

在项目实施的过程中,项目经理要善于协调承包商与业主之间、承包商与分包商之间以及与项目有关的各种利害人之间出现的问题和矛盾。善于运用组织协调原理,充分调动项目组织中每个工作人员的积极性,最大限度地挖掘每个人的专业所长,以促进实现项目的总目标。

(4)国际交际意识和能力。

项目经理要与各类拥有不同文化背景的人打交道,营造良好的外部环境、获取情报信息、编织社会人际网络,并利用当地资源为项目所用。这是

项目部立足和发展的基础,也是提高本土化的重要途径。项目经理作为项目的管理者和经营者,应具有较强的国际交往意识和能力。

(5)英语实际应用能力。

项目经理每天要和方方面面的机构或部门进行沟通协调,良好的英语应用能力是项目经理的必备技能。在西方国家的精英阶层中,英文是必不可少的交流工具。作为国际工程建设项目的项目经理,如果精通英文,则很容易被大多由西方人主导的国际咨询公司和监理公司所接受和尊重,从而保证项目的顺利执行。

对英语应用能力应注意以下两点:

第一应以实际应用能力为标准。对项目经理的英语水平评定,必须以实际应用能力为标准。以往获得的英语证书,只表明其非专业的"应试英语能力",仅为次要参考。必要时还应进行相关的测试。

第二坚持"学为战、学为用"。英语培训和学习必须定位明确:不是为应付考试、摆花架子,而是以在工作中使用英语工具为目标。提倡"学中用,用中学",学习要密切结合实际业务,切实为业务服务。只要方向对头、方法得当,加上自身的勤奋努力,项目经理将插上英语的翅膀,在国际竞争中搏击长空。

(6)风险防范与控制能力。

执行一项国际工程建设项目往往要经历一个相当长而复杂的过程。这其中可能存在各种潜在风险因素。任何不确定的风险因素都可能会对整个工程系统造成不同程度的影响或损失。因此,项目经理在项目管理中必须牢固树立抗风险的防范意识,对项目能建立风险的识别、量化和应对机制,具有一定的风险识别能力、分析能力和防范能力。项目经理不但要尽量防范风险的发生,最大限度地减少因风险事件造成的经济损失,而且要善于利用这些风险事件的发生来创造额外的经济效益。

3. 经历要求

良好的工作经历是项目经理执业的必要条件,国际工程建设项目对项目经理更是提出了高标准的要求。通常情况下,项目经理要具有参加过国内大型工程或国际工程建设项目的实践经验。项目经理的能力只有通过大型项目的实践锻炼才能得以不断提升,与此同时,项目经理应具有成功项目管理实践经历。按照国际惯例,国际大中型项目的项目经理要持证上岗,有优良的执业经历和业内口碑。

除项目实践经历外,项目经理要有一定的国外实际工作经验,了解涉外工作礼仪。譬如,在英联邦国家和地区中,地位和等级观念是非常强烈的,特别讲究对等待遇。这就要求项目经理在处理项目执行过程中的大小事项时,该出面的时候必须出面,不必出面的时候一定不要出面,而要派下属处理,以免造成尴尬或被动局面。

4. 资格证书要求

(1)专业英语证书;

(2)具有国际项目管理专业资质认证的职业资格证书。国际上许多项目管理专业组织都推出了各自的项目管理专业资质认证体系,如美国项目管理协会推出的项目管理师(PMP)、英国项目管理协会推出的项目管理认证体系 APMP、国际项目管理协会推出的国际项目经理资质认证(IPMP)等。特别是 IPMP 具有广泛的国际性,目前得到 30 多个会员国家及美国、澳大利亚、日本等国的项目管理学会专业组织的认可。

项目经理理应取得所在国认可的职业资格,否则将无法通过资格审查这一关。

二、项目中层管理人员基本素质要求

项目中层管理人员是介于项目决策层和基层管理人员、操作服务人员之间的管理团体,在上级和下级之间起到承上启下的桥梁连接作用。项目中层管理人员的素质,对项目工作的顺利开展具有至关重要的作用。

(一)项目中层管理人员角色定位

1. 被管理者和被领导者角色

为维护项目组织的正常运转,项目中层管理人员,首先是一个被管理者,接受项目组织的使命、目标与任务。

为保证项目目标的落实,项目中层管理人员同样要接受被领导者的角色位置。

这种角色定位要求在实践中,中层管理者首先应贯彻执行项目经理的决策,把领导交给的任务保质保量地完成,按照领导的方向去努力。在处理与领导的关系时,确保自己的行为在大局利益许可的范围内。只有这样,项目中层管理人员被管理和被领导的角色才会扮演到位。

2. 管理者和领导者角色

中层管理人员应围绕项目工作目标,带领本部门员工不断创新,在不断变革中求发展,充分发挥本部门的领导者和管理者作用。

(二)项目中层管理人员作用

对中层管理人员而言,中层就是项目经理的"替身",也就是支持项目经理这个"大脑"的"脊梁"。

中层管理人员是项目人才的中坚力量,其素质高低、能力大小,直接影响到下属、团队、部门绩效目标乃至项目目标的实现,甚至关系项目运作的成败。

(三)项目中层管理人员基本素质要求

不同的企业对中层管理人员的素质有不同的要求。国际工程建设企业项目中层管理人员的素质要求,归纳起来可从以下几个方面描述。

1. 知识要求

(1)学历一般要求在本科及以上。

(2)专业知识与技能。掌握所需的专业知识与技能是从事管理工作的基本要求。它是发挥中层管理者的素质作用的基础,包括在预测的基础上制定有挑战性的目标、以岗位工作为基础的创新性方法和理念、有效地管理和培养人才等。

(3)熟练的外语水平。

2. 能力要求

(1)计划能力。

项目中层管理人员在工作中善于发现和创造新的机会,提前预计到事情发生的可能性,并有计划地采取行动提高工作绩效、避免问题的发生或创造新的机遇。衡量项目中层管理者工作成效的标准之一就是要看其个人主动发起的行动数量。

(2)执行力。

项目中层管理人员必须具有很强的执行能力。执行力的强弱,是衡量一个团队战斗力强弱的重要依据,也是中层管理者胜出的一个要素。个人执行力是团队执行力的基础,而其中的关键是中层管理人员的执行力。项目中层管理人员作为项目部门决策者、领导者,承上启下,其执行能力非常重要。

（3）影响力。

一个成功的项目中层管理人员能够凭借自身的威望、才智,把其他成员吸引到自己的周围,引导和影响别人来完成部门目标。一个拥有充分影响力的项目中层领导者,可以在领导岗位上指挥自如、得心应手,带领队伍取得良好的成绩。

（4）指挥能力。

管理从来不是一个人的事情,富有发展潜质的项目中层管理人员应有团队取向的工作风格,善于协同作战。在实际管理工作中,充当"领头雁"、"灵魂人物"的角色,能够营造一种团队协作、平等沟通的文化氛围,善于运用头脑风暴放大集体的智慧,能够以开放的心态欢迎批评、面对冲突。一个优秀的中层管理者绝不是个人的勇猛直前、孤军深入,而是带领下属共同前进。

（5）育人的能力。

项目中层管理人员还应具有寻找合适的管理人员并激发他们工作动机的能力。优秀的项目中层管理人员更多的关注员工潜能的开发,鼓励和帮助下属取得成功。安排各种经历以提高员工能力,帮助员工成长。

此外,一个优秀的国际工程建设项目中层管理人员还应具备良好的自我控制能力、组织协调能力、授权能力、判断能力、创新能力和所在国语言应用能力等。

3. 工作经历要求

国际工程建设项目中层管理人员通常要有一定的国外实际工作经验,熟悉国际工程建设项目工作流程及规范;有管理岗位工作经历,懂得如何通过别人并和别人一起工作;专业领域的工作经历和良好的工作背景对国际工程建设项目中层管理人员来说也非常重要。

4. 资格证书要求

（1）专业英语证书;

（2）拥有进入国际市场的专业职业资格证书。

三、项目基层管理人员基本素质要求

随着国际工程建设市场竞争的加剧,项目部对基层管理人员综合素质的要求也在不断提高,基层管理人员的素质与水平高低将直接影响项目运作质量,这就给项目部的基层管理人员带来了巨大的压力和挑战。

（一）项目基层管理人员角色和作用

基层是国际工程建设企业一切工作的出发点和落脚点,企业所有的战略决策和工作部署都需要基层付诸实施和抓好落实,企业发展目标的实现都需要基层做富有成效的工作。

国际工程建设项目基层管理人员是项目部、部门中的基础力量。项目基层管理人员是项目中层管理人员和项目经理的后备人才,对企业未来的发展和现实工作目标的落实都具有非常关键的作用。

所以,国际工程建设企业必须把基层管理工作当做一项重要的基础性工作抓好、抓实、抓出成效,为保证项目目标任务实现打下坚实基础、提供重要保证。

（二）项目基层管理人员基本素质要求

1. 知识要求

（1）具有大专以上学历;

（2）熟练地掌握本专业的理论知识;

（3）扎实的外语功底;

（4）掌握一定管理基础知识。

2. 能力要求

（1）管理能力。

管理能力是一个基层管理人员应首先具备的基本能力。国际工程建设项目各项工作要求都是通过基层管理人员来传达和处理,因此这就要求基层管理人员必须具备一定的管理能力,在管理实践中发挥积极性、主动性和创造性,因地制宜地将管理理论与组织中具体的管理活动相结合,才能进行有效的管理,确保组织各项工作的实施和受控。

（2）内部沟通能力。

基层组织工作性质不同,所承担的职能也大相径庭,经常有因信息流不畅导致各自为政的现象发生,从而使一些工作不能按规定标准完成。这就要求基层管理人员必须具备较强的沟通能力,采取各种措施保证信息畅通,并且要树立全局观念。同时,顾全各组织的利益,促使各个基层组织的工作步调朝着企业的生产经营目标迈进。

（3）学习能力。

学习一方面指基层管理人员要加强自学,提高自己的管理水平和工作能力;另一方面指是要强化对基层组织员工的培训,促进员工综合素质的提高。基层管理人员只有善于学习,才能具备创新的工作思路和工作方法,以适应新形势下的工作要求。

(4)自律能力。

自律是一名基层管理人员必须具备的品格。从个人来说,要自重、自省、慎独、慎思,无论在工作时间,还是在八小时之外,都要时刻检点自己,保持脚踏实地、勤政廉洁的工作作风,自觉接受员工的监督。同时要对组织内的员工进行严格要求、严格管理、严格教育,建立管理人员与员工之间互相监督的氛围,确保整个团队的纯洁性。

(5)解决专业问题能力。

一个成熟的基层管理者之所以能够把各种形式下的管理做的得心应手,一个主要的因素就是要具备本范围内的专业知识和专业技能,并能够应用到工作中,为员工提供指导。基层管理者身在一线管理岗位,只有具有本专业问题解决的能力,才能指导其他员工工作,提高管理效率和效益。基层管理人员要把解决问题的过程当做提高能力的过程,解决问题就是能力素质提高的"磨刀石"。

3. 工作经历要求

(1)具有两年以上现场(一线)工作经验或具有一年以上基层管理人员实习工作经历;

(2)具有一定时间的海外工作经历;

(3)熟练地掌握本专业工作或操作技能。

4. 资格证书要求

(1)必备的英语证书;

(2)具备法定就业资格;

(3)获所在国认可的职业资格证书。

四、操作及服务人员基本素质要求

(一)操作及服务人员角色和作用

操作及服务人员是国际工程建设项目的一线工作人员,是项目工作任务落实的具体操作者和执行者,其工作将直接影响项目进度、项目质量、成本控制的有效度等。操作及服务人员在国际工程建设项目中也扮演着非常重要的角色,有窗口的作用。透过他们的工作,可以看出项目管理人员的水平、项目成果的质量以及其本人的综合素质。

(二)操作及服务人员基本素质要求

操作及服务人员的基本素质将直接影响项目的成果,国际工程建设类企业的竞争力不但体现在管理人员的素质上,还体现在操作及服务人员的素质上。

在工作态度方面:要求操作及服务人员要热爱本职工作,对工作充满信心,在没有明确的规定或领导指示的情况下,能够积极主动承担职责范围各项工作;能够积极的配合其他同事的工作;能够承担艰苦的工作条件;能够乐观地面对各种工作挑战,并勇于承担责任。

在诚实自律方面:要求提供基于事件本质的正确信息,不夸大或缩小事实,不编造、散布未经正式渠道证实的信息,严格自觉地遵守公司的规章制度和所在国国家法律法规,坚持按照相关政策法规和道德准则的要求做事,敢于和违法乱纪的人或事做斗争。

1. 知识要求

(1)必备的专业知识;

(2)必备的外语知识;

(3)日常工作礼仪知识。

2. 技能素质要求

(1)工作任务执行力。

计划并管理自己的日常工作,能对其重要性和时间排序,确保工作效率,按照要求在既定的时间内完成工作,并对工作质量、成本和所带来的风险负责。能够将工作中所遇到的问题分解为简单关联的若干部分,认识到简单直接的因果关系,并对问题进行归纳,及时向上级汇报。

(2)沟通技能。

能够就工作中常见问题,运用简单的形式进行一对一的沟通,认识到合适的手势、眼神和肢体言语等在沟通中的作用,并能在沟通中有意识地运用。在交流过程中能够简明扼要地向对方传递信息,并能通过用自己的话重新表述对方的观点来及时获得确认,保证对方能了解所传递的内容。在完全了解别人的观点之前,能使其不受干扰地表达意见。理解别人当时明显表达出来的意思,并能够总结别人表达出来的但是零散的意思。

(3)质量控制能力。

了解质量标准和操作规程,会使用工作工具或服务手段,对于出现的质量问题,能找出产生质量问题的大致原因,将各种质量及其产生的原因和其他相关信息进行分类统计。

(4)安全环保监察与处理能力。

了解有关安全制度相关的法律、法规及与国际工程建设项目相关的安全环保制度,有效收集与安全生产和环境保护有关的数据和信息,并进行统计。能够发现安全问题并及时上报。在处理安全环境事故时,能够进行简单的事故调查,收集有关的基本信息。

(5)安全操作能力。

了解工程项目建设的基本知识,知晓有关安全管理的法规和制度。能贯彻项目建设的方针、政策,严格执行各项安全生产法规、规定和制度。具有一定的安全意识和安全管理的能动性,能通过观察,发现安全隐患,并积极寻求处理的方法。

(6)团队合作。

努力使自己融入团队之中。在做好自己工作的同时,通过实际行动支持团队的决定,为完成工作和团队成员进行非正式的讨论,在团队决策时提出自己的建议及理由,尊重并认同上级认为是重要的事情和做出的决策,随时告知其他成员有关团队活动、个人行动的事件,共享有关的信息。认识到团队成员的不同特点,并且把它作为可以接触各种知识、信息的机会。

(7)适应环境的生存能力。

项目操作及服务人员应具备健康的体魄、较强的自我调节能力和应变能力,以广阔的眼界和胸怀面对世界、接纳世界,在任何复杂、陌生和困难的环境中生存和发展,以崭新的姿态活跃于国际竞争舞台。

3. 工作经历要求

(1)一年以上项目专业工作经历;

(2)一定时间的国外工作经历。

4. 资格证书要求

(1)具备法定就业资格;

(2)获所在国认可的操作证书。

五、从业人员发展趋势

(一)国际工程市场发展态势及对从业人员需求

1. 国际工程市场发展态势

从第一个专业性国际组织国际项目管理协会(International Project Management Association,简称IPMA)1965年成立至今不过50年的时间。50年来,国际工程承包市场不断扩大,据统计,国际工程承包市场总量平均以8.65%的幅度增长(其中2003年涨幅高达20%),从1997年的1102亿美元增长到2006年的2244亿美元,十年期间翻了一番。国际工程市场中,欧、美、日等发达国家公司垄断市场的程度很高。2005年,全球200家大设计咨询公司中,欧、美、日公司166家,占83%,但却占有国际设计咨询总营业额的89.5%;全球225家国际承包商中,欧、美、日公司131家,占58.2%,但却占有国际工程承包总营业额的88%。

相比于发达国家,我国企业在国外承包的大型或超大型工程项目较少,工程咨询设计的国际竞争力较弱,设计建造、交钥匙总承包、BOT项目比较少,经济效益也不理想。产生上述问题的根本原因之一便是国际工程管理人才匮乏,操作及服务人员国际化素质不高。

由于历史的原因,我国工程人才总体技术素质比较高,理论基础好,实践经验丰富,但最缺乏的是工程管理人才,特别是高水平的国际工程管理人才。中国公司在开拓国际工程市场过程中培养了一批人才。但数量和质量均有较大差距,远远跟不上市场快速发展的需要。

2. 国际工程建设项目的发展特点

分析当前国际工程建设项目的发展过程,我们不难发现国际工程项目呈现三个发展特点,即全球化、多元化、专业化。

(1)全球化发展。

主要表现在国际间的项目合作日益增多、国际化的专业活动日益频繁、项目管理专业信息的国际共享等。项目管理的全球化发展既为我们创造了学习的机遇,也给我们提出了高水平国际化发展的要求。

(2)多元化发展。

当代的项目管理已深入到各行各业,以不同的类型、不同的规模出现,这种行业领域及项目类型的多样性,导致了各种各样项目管理理论和方法的出现,从而促进了项目管理的多元化发展。

（3）专业化发展。

专业化发展突出表现在项目管理知识体系（PMBOK）的不断发展和完善、学历教育和非学历教育竞相发展、各种项目管理软件开发及研究咨询机构的出现等。应该说这些专业化的探索与发展,也正是项目管理学科逐渐走向成熟的标志。

3. 国际工程对从业人员的需求

结合国际工程市场的发展态势和国际工程建设项目的特点,国际工程建设企业只有培养出一大批懂技术、会管理、能按照国际惯例办事的国际工程管理人员和职业化的操作及服务人员,才能在国际工程市场上占据竞争优势。国际工程建设企业应从战略高度认识到国际工程人才的培养教育和后备人才储备的重要性和紧迫性,并找到切实可行的提高国际工程从业人员素质的方法和途径。

（二）国际工程建设项目从业人员发展趋势

国际工程从业人员的发展趋势是指国际工程对项目从业人员素质方面要求的倾向性。

1. 国际工程管理人员发展趋势

国际工程是一项跨国的复杂的经济活动,进入市场具有很高的风险性。对项目管理必须实施严格的合同管理。同时国际工程管理又是一门跨多个专业和多个学科的新学科,它也在不断地发展和创新,国际工程管理人员的发展趋势是,国际化、综合型、职业化。

（1）国际化。

国际工程管理人员的国际化趋势不仅指外语水平,更包括了解和熟悉有关的国际惯例,包括经济、管理、技术等。具体如下:

① 外语方面。除具有熟练的外语听说、阅读和较好的信函、合同书写能力外,还应熟悉和理解国际通用的项目管理专业用语和合同文本;

② 经济方面。了解国际经济形势,经济周期及所在国经济发展阶段,了解国际上有关贸易、融资、工程保险以及财务等方面的要求;

③ 管理方面。掌握国际工程建设项目管理原理,熟练应用有关管理技巧,带领团队朝既定目标努力,特别要熟悉合同管理以及工程进度、质量和

成本管理,能够使用国际上通用的计算机软件进行项目管理;

④ 技术方面。熟悉国际通用的设计规程、技术规范、实验标准等。

(2)综合型。

综合型指知识结构要求国际工程管理人才要有专业,更要会管理,即一方面应具备某一个专业领域的工程技术理论基础及实践经验,另一方面要具有管理学和经济学的理论基础。国际工程管理人才一直以来就是知识结构单一,很多人仅是某一领域的技术专家,然而参与国际工程建设或承包,常常要求一个人既懂技术,又要懂管理和经济,否则将不能胜任。

① 工程技术理论基础。一般指在一个专业领域具有工程师的知识结构和基础,涉及领域包括土建、管道、电气、机械、石油、地质等;

② 管理学基础。包括管理学、运筹学、组织行为学、人力资源管理、财务管理、市场学、管理信息系统、工程项目管理、合同管理、工程估价以及有关法律知识等;

③ 经济学基础。包括经济学、会计学、工程经济学、国际贸易、国际金融、保险以及公司理财等。

(3)职业化。

国际工程管理人员的职业化是指国际工程管理人员在知识、技能、观念、思维、态度、心理上符合国际工程管理人员的职业规范和标准。包含职业化素养、职业化行为规范和职业化技能三个部分内容。

① 职业化的素养,尤其是职业责任感、使命感、敬业精神,还包括积极主动、自信心、进取心、永不放弃、团队精神、规范意识和服务意识;

② 职业化行为规范,是职业化在行为标准方面的体现,包含职业化思想、职业化语言、职业化动作三个方面。

③ 职业化技能,是根据职业的活动内容,对从业人员工作能力水平的规范性要求。作为国际工程管理人员,应当持有国际认可的项目管理职业资格证书。

发达国家相当重视项目管理专业人才的培养和资质认定,美国项目管理学会及欧洲一些国际性项目管理组织在对项目管理人员资格的认证都提出自己的一列要求和程序,形成了相当规模的行业。其中美国的项目管理学会和欧洲国际项目管理协会在资格的认可及培训方面都实行了较为先进的认证系统,并分别于2000年和2001年进入中国市场。我国劳动与社会保障部于2002年推出的项目管理师资格认证系统。

2. 国际工程操作及服务人员发展趋势

国际工程操作及服务人员作为一线任务执行者,其工作成果直接影响工程项目的质量。根据国际工程市场需求动态,国际工程操作及服务人员的素质发展趋势是责任意识强、持证上岗、一人多岗、本土地化。

(1)强烈的责任意识。

强烈的责任意识是国际工程操作及服务人员的基本素质要求,具有强烈责任意识的操作及服务人员在工作岗位上会积极钻研业务,不断提高技能,是技术多面手,是国际工程需要的基层操作或服务人员的意识素质,这种素质将引领基础工作的未来。

(2)持证上岗,以国际认可,所在国的要求为准。

国际工程有一个显著特点,即不论工程是世界组织投资或哪个国家投资的,他们都会选用一个发达国家的工程标准。因此,参与国际项目竞争的操作和服务人员既要有国内施工资格证件,又要取得国际认可的证件,特别是所在国认可的证件。例如,美国投资的项目,电焊工要取得 API 焊工证,欧盟的项目,电焊工要取 EN287 焊工证。目前很多操作人员没有国际施工有关资格证书,会影响到工程承包合同的签订与实施。

(3)一人多岗,多种技能。

国际项目往往是一人多岗,国内长期是按工种划分工作岗位,不能适应国外施工的要求。例如,在一些管道项目施工中,一线操作人员就要求既有建筑施工资格,又必须同时具备电、焊等施工操作资格。另外,不少施工骨干人员苦于英语水平不行,懂技术不懂交流,无法与外商合作。新引进一些英语人才,又因为不懂施工技术,无实际施工管理或技术经验,也无法委以重任。

(4)本土化。

本土化是指外来企业融入当地经济社会的程度。随着国内大型炼厂的兴建,国内的专业技术工人也逐步紧缺起来,成建制地派往海外从事工程建设的难度越来越大。与此同时,海外安全风险加大及项目所在国为促进本国就业而设置的外国人就业限制也迫切需要我们走当地化的道路。

中国石油开拓海外市场以来就在不断地寻找"当地化"钥匙,把自身的发展同当地社会经济发展紧密结合在一起,休戚与共。比如说,招收相当数量的具备当地企业文化背景和经济背景的当地工人、工程技术人员和管理人员等,促进和当地的各种融合。

第三节　提高国际工程建设项目从业人员素质的途径与方法

伴随着经济全球化和国际工程市场的竞争,国际工程市场对项目从业人员的素质也提出了越来越高的要求。基于这种形势,提高项目从业人员素质对于国际已占领市场的巩固、新市场的开发所发挥的作用将越来越大,同时也面临着巨大的压力和挑战。

一、国际工程建设项目从业人员状况分析

(一)关键岗位从业人员总量不足

国际工程建设项目大都是大型工程或技术要求高的工程。合同金额大,一次要派出很多会语言、懂技术与管理的人员对国际工程建设企业是一个非常大的挑战,对一些小语种国家的项目,这种人才紧缺感更为明显。

(二)项目从业人员各类取证不能满足需要

国际工程建设项目大都参照国际标准来组织项目的招投标工作。项目所在国大多会提出资格证书要求,比如国际项目管理证书、操作类的上岗证等,并且不同国家的要求也不一样,这就要求国际工程建设项目从业人员要持证上岗,国际工程建设企业压力增大。

(三)现有人员复合能力不强

对国际工程人才的能力要求惯例是复合型。比如操作类人员要一人会多种操作技能,并且持有相关资格证书,大多人员要求具有语言交流沟通能力。现有人员综合能力不强将直接影响项目团队的组建,以及项目工作的开展。

(四)高层次人才引进比较困难

目前,随着所在国用人本土化策略的实施,很多项目海外雇员人数已经超过中方人数。由于我们管理理念,特别是跨文化管理理念的滞后,方法失

当,导致外方雇员的劳资纠纷比较多。引进高层次人才,受管理者自身理念、素质影响,受人才使用、激励机制影响,高层次人才引进在国际工程建设项目上比较困难。

二、提高国际工程建设项目从业人员素质指导思想

国际工程建设项目从业人员素质提高方案的制订,必须根据国际工程从业人员素质和规格需求,遵循国际工程从业人员成长规律和教育规律,构建国际型人才培养的课程体系及实施方案。

提高国际工程建设项目从业人员素质应遵循两个规律。一是遵循成人教育规律,按照成人教育规律设计教育模式和方案。要在方法与途径上,按照人才成长的特点,设计培养目标,构建知识体系,安排课程模块。二是遵循经济规律,就是要遵循经济发展对人才的需求特点,培养适应和引领经济社会发展的人才,培养适应国际工程建设项目人才素质需要的合格人才。

三、提高国际工程建设项目从业人员素质途径与方法

结合国际工程建设项目从业人员现状,遵循提高从业人员素质的指导思想,根据我们前面对国际工程从业人员的分类,首先概括通用的提高国际工程从业人员的途径与方法,再分类阐述。

(一)按照国际标准甄选国际工程建设项目从业人员

1. 过硬的业务能力

管理人员必须有一定的专业背景和丰富的经验。能够解决复杂的专业问题。因为在远离总部的异国任职,要求管理人员应具备过硬的技术和专业水平,具备根据当地的具体情况独立的做出决策的能力,以便独立开展工作。

2. 全面管理能力

项目所选择的管理人员,需要具备全面管理能力,高效的计划能力,合理地组织所有生产要素的能力。此外,管理人员还要了解和认同公司的企业文化,并能够将本公司的企业文化同所在国的文化特点相结合,协调总部与项目之间的生产与经营活动,树立企业的总体形象,扩大影响。

3. 灵活的适应能力

灵活的适应能力是指管理人员适应多种文化、经济和政治环境的能力，具有解决在不同文化背景下的业务问题的灵活性。从客观上，要求管理人员能够使用当地语言。聘用的当地或第三国人员会使用通用语言，了解地区文化。从主观上，要求管理人员在新环境面前表现出的心理特征。例如，能与不同背景的人融洽相处、足智多谋、宽容耐心、遇事冷静勇敢、善于分析并具有外交策略等。

4. 正确的动机

良好的工作态度和动机，能给人带来工作激情和动力。保证他们把全部的精力投入到工作中。因此，国际工程建设项目在挑选外派人员时，应选拔那些动机正确的人。

(二)科学使用和配备人员，保持项目团队精干高效

国际工程建设项目团队的组建，应根据公司人力资源规划及员工个人职业生涯规划，以及项目目标任务及个人特长，合理配置人力资源。

国内派出的人员往往是根据其以往的经历和能力进行选拔的，是基于一定条件做出的价值判断。但在国外不同的社会、自然条件下，在各种不同激励约束条件下，部分人往往会逐渐显现出特有的各种才能，部分人也可能无法胜任新环境下相应的工作。因此，应努力发掘各人的特长，根据情况合理调整岗位安排，把他们放置到能发挥他们最大优势的位置上，或让他们离开使他们陷于最大劣势的位置，实现资源的合理优化配置。

(三)完善激励机制，提高从业人员完善自身素质积极性

根据人性特点，大多数员工都希望得到比现在更高层次的岗位和薪酬，它带给个人的满足感要高于其他激励手段，最能有效地调动员工的积极性。近年来，许多国际工程建设企业纷纷进行薪酬激励制度改革，技术人才的培养、待遇有所提高，但也存在一些问题，比如技术人员的工资水平普遍低于管理领导岗位上的人员，技术人员与普通员工相比往往只有奖金上有所区别，而且幅度较小。这与他们的工作绩效相比形成较大反差，致使技术人员缺乏成就感，工作、学习积极性下降，很多人在挤"当官"这座独木桥。

薪酬、晋升激励与约束机制要结合项目绩效管理来发挥机制的作用，以项目工作目标引导员工行为，以激励约束制度为依据来奖励或惩罚员工，辅以诚信与责任的文化氛围，提高从业人员完善自身素质的积极性。

（四）提高国际工程建设项目管理人员素质途径与方法

1. 国际工程管理专业教育

"国际工程管理"是"工程管理"专业的四个方向之一，该方向十分重视技术基础以及围绕国际工程的管理和经济基础知识的教育。专业课中包括国际工程承包（含投标报价）、国际工程合同管理、FIDIC 合同条件（原文版）、项目管理等课程，还十分重视学生的英文听说读写能力的训练。该方向的毕业生具有比较扎实的理论基础，很受各国际工程公司的欢迎。有的公司采取了"跑步上岗"的方法，即在每年秋冬即来校招聘学生，签约后在第二年春天即到该公司实习和培训，这样毕业后很快即可到国外第一线去工作。其中获得科技英语、法律、金融等双学位的学生更受各国际工程公司欢迎。

工程管理专业的工学硕士和工程硕士也很适合各类工程专业毕业生或有几年工作经验的工程师脱产或不脱产攻读，以培养高层次的工程管理人才。

2. 举办有针对性的项目培训班

在国际工程建设企业拿到大型项目的前后，组织拟派往项目的人员到有基础的高校或本公司培训基地，参加 3～6 个月的培训班。培训内容包括理论与实践两个部分，即除了国际工程建设项目管理有关课程外，还包括专业外语及计算机应用软件的学习。这种培训班的学员除了有一定的工程实践经验外，外语基础很重要，最好先经过培训选拔，否则很难达到预期目标。实践证明，这种培训班非常具有时效性和针对性。

3. 举办短期专题培训班

举办短期专题培训班有利于项目专业问题的解决，这种培训班有助于满足公司部分人员的特殊需要，如合同管理、安全管理、风险管理、投标报价、风险管理、索赔管理、F1DIC 合同条件等。这种培训班时间虽然短但针对性强，结合专题研讨咨询，请业内专家授课，形式非常受企业欢迎，不但解决工作中遇到的难题，而且实际效果也比较好。

4. 争取国际资源，培养所需人才

他山之石，可以攻玉。国际工程建设企业如果以一种开放的心态来经营管理国际工程管理人才，有利于国际工程建设企业奠定基业长青的人才基础，有利于人才、学术、技能及管理的交流，有利于国际工程管理人才的学

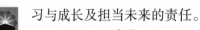

习与成长及担当未来的责任。

国际工程建设企业可以充分利用国际资源培养项目所需人才,包括送到外国公司去参加工作,参加国外组织的各类培训班,请外国的专家到国内讲学等。选拔外语好、有一定实践经验的工程师去外国公司较长期的参加工作,在实践中学习,可以学习到外国公司第一手的经验,不仅仅是技术知识和管理技巧,还有处理各类问题时一些新的理念和工作作风。而且外文也会有一个大的提高。

5. 在中外"联合体"中培养人才

无论在国内还是国外,我国公司有时和外国公司组成联营体承包工程,这样可以相互取长补短,取得双赢的效果。采用"联合体"方式承包工程也是向外国公司学习的很好机会。国际工程建设项目可以选派一批外文功底好的人员参加联合体的工作,尽可能地在各部门担当一定的职务,这样可以参与问题的讨论与决策,才能达到在工作中培养人才的目的,切忌只是在联营体中充当分包与劳务的角色。

6. 工程实践锻炼人才

去海外参与国际工程承包本身就是对管理人员最好的培养。每个人在现场都会遇到许多棘手的问题,因而应该不只要求管理人员做好工作,更应要求每个部门和人员及时总结经验和教训,写成论文或报告。一个工程在实施过程中应该陆续产生一批论文或报告,而在竣工后,则应编印论文集或工程总结(包括技术、管理等方面)。相关人员在撰写论文或报告的过程中必然要去学习有关理论、整理有关数据,才能总结出带有指导性的经验。

7. 核心工程管理人员的培养与储备

核心工程管理人员的培养与储备是提高国际化人才队伍素质的关键。项目经理、各专业工程师、经营管理人员是国际化人才的核心成员,要在选好人员的基础上,还要注重实际能力的锻炼。实践证明,有充分的核心工程管理人员的培养与储备,有利于国际工程建设项目的承接及项目团队的快速组建,有利于国际工程建设企业的长期发展。

8. 培养各类专家型人才

国际项目是实践性很强的阶段性工作形式,其顺利开展工作离不开各类专家型人才的参与。国内有学者曾提出适应国际工程市场竞争,需要的十五类人才:第一是国际工程企业家,第二是国际工程项目经理,第三是国际工程咨询专家,第四是国际工程合同管理专家,第五是国际工程投标报价专家,第六是国际工程施工专家,第七是物资管理专家,第八是财务管理专家,第九是融资专家,第十是风险和保险专家,第十一是国际工程索赔专家,第十二是国际工程信息管理专家,第十三是国际工程安全管理专家,第十四是环境保护专家,第十五是国际法律专家。根据国际项目特点,培养这些专家型人才非常有必要。特别是国际工程建设公司,可统筹公司人才结构,结合项目情况,有选择重点地培养这些专家型人才,作为企业解决专业或综合问题的杀手锏。

总之,对国际工程管理人才的培养应理论联系实践。有一定实践经验的管理人员,通过理论学习,可以使其认识水平更加系统全面,并得到理论上的提高;有理论基础的人员,特别是刚毕业的学生则应到第一线去工作。一个企业必须有一个全面的人才培养的战略规划,只有这样,企业才能造就一大批高水平的国际工程管理人才,才能不断提升核心能力,提高企业国际竞争优势。

（五）提高国际工程操作及服务人员素质途径与方法

1. 强化操作及服务人员的责任意识

国际工程建设项目,应把责任意识和职业观念的培养作为技能服务型人才培养的重要一环:(1)进行世界观、人生观和价值观的教育,让技能人才明确工作的意义和价值。(2)进行爱岗敬业的好传统和好作风继承发扬下去的教育,并结合当前新形势、新任务,赋予新的内涵,给予发扬光大。(3)落实岗位责任制。制度建立健全的自身建设,加强监督和考核,使得落实岗位责任制成为员工自觉遵守的良好职业习惯。(4)树立榜样,采取榜样引路的办法。通过评比、竞赛等方式,在各行各业中选树一批优秀拔尖技能人才,组织广大技能人才以先进为榜样,学习先进,赶超先进。

2. 培养复合型人才,提升核心竞争力

国际工程建设企业应打破长期以来按工种定岗位的模式,对操作及服务人员应以本岗位应知应会为重点,兼顾相关工种的应知应会、全方位培训各类人员,使操作及服务人员的技能做到 T 字结构,一专多能,一人多证,适应国际工程市场需要,提升本企业竞争力。

3. 创新操作及服务人员的培训模式

培训是技能人才培养的基本手段。加强高技能人才的深度培训,根据需要举办脱产性质的高级技工班和非脱产性质的技术骨干理论提高班、高技能人才学历提高班等高级培训班,促进新知识、新技术、新工艺、新装备的学习和运用,使技能人才的知识层次不断提高,知识结构不断更新;结合岗位开展培养工作,继续探索"名师带徒"及每日一题、每周一课、每月一考、每季一赛的"四一"活动等方式进行培训和岗位练兵;针对新增劳动力和新上项目,积极探索校企联合、"订单式"培养的新路子;运用可视化教学、案例教学、网络教学等现代学习手段,提高对技能人才培养的实际效果,从而促进国际工程建设项目操作及服务人员队伍素质整体提升。

4. 拓宽操作及服务人员成长渠道

(1)广泛开展职业技能竞赛,以赛促培、赛训结合。国际工程建设项目可定期、不定期举办大型的职业技能竞赛,并表彰技术能手;(2)发挥操作及服务人员中高技能人才的传帮带作用。在技能大师、高级技师和技师等高技能人才中广泛开展"名师带徒"等活动,带动更多基层职工进行学习和提高;(3)开展技能人才创新成果评选活动。根据创新成果价值等级,应给予一定物质和精神奖励;(4)发挥技师工作站的作用,建立技能人才沟通和交流的平台。通过开展技术攻关、技术交流、技术成果研究推广等活动,逐步解决基层生产技术难题和实施科技创新,激发广大技能操作人员创新意识、团队意识,增强交流合作、引领牵头的内在动力,更好地为国际工程建设项目服务。

第四节　项目团队建设

项目团队是指为了适应项目的有效实施而建立的团队。项目团队并不仅仅指被分配到某个项目中工作的一组人员,它是指一组相互联系的人员同心协力地进行工作,以实现项目目标。要使这一团队成为一个高效协作的团队,需要项目团队中每一个成员的共同努力。因此,在一个团队中,人的因素是第一位的。人是主观的、有情感的。不同的人价值观不同,为人处世的方法、思考问题的方法不同,还有其他种种差异,人际沟通在项目中重要性显突出来。而团队在项目运作过程中,需要体现的是一种合力,积极的合力可以使得整体大于部分,一个项目虽然可以获得各种优秀人才,但是让他们协同工作,就需要有一个良好的团队建设管理组织。一个团队是协调还是分裂,将直接决定整个工程项目的成败。

根据项目团队建设的一般理论,项目团队建设主要从团队文化、沟通渠道、队伍活动、职业化建设4个方面着手实施。

一、团队文化建设

(一)项目团队文化的概念及其层次

团队文化是组织文化的一个重要组成部分,是一种具有团队个性的信念和行为方式。团队文化是团队在建设、发展过程中形成的,为团队成员所共有的工作态度、价值观念和行为规范。团队文化对团队效能有着重大的影响。项目团队文化是被团队成员所理解的一套价值观,经常是人们所在团队中一种潜移默化的行为方式。

团队文化分为三个层次:表层文化、中层文化和深层文化,如图 9 - 3 所示。

表层文化表现为实体的物质层文化,是人们能够看得见、摸得着的,如技术、设备、建筑式样、商标、广告等。中层文化是通过员工行为表现出来的行为形态的文化,如各种管理制度、员工服饰、行为方式、工作方式、交往和娱乐等。深层文化是通过员工意识形态表现出来的,呈观念形态的文化,如团队宗旨、团队精神、道德规范和员工思想文化素质等,又称为精神文化,是团队文化的核心所在,是支持团队文化建设发展的脊梁,也是团队赖以生存的灵魂。

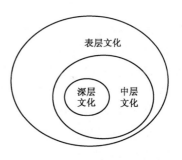

图9-3　团队文化三层次图

(二)项目团队文化建设内容

团队文化是团队的灵魂,直接关系到团队目标的实现,而项目团队文化建设的好坏直接决定着团队的生命力和活力。在进行团队文化建设的过程中,应主要考虑以下几个方面。

1. 团队学习

团队学习是提高团队成员相互配合、整体搭配与实现共同目标的学习活动和过程。团队学习不仅能提高成员的工作能力,还能提高思想上的共同认识,有利于形成共同的价值观和信仰。

团队学习经常运用讨论和深度会谈两种不同的交谈方式。讨论是提出不同的看法,并加以辩护。深度会谈是在无拘无束的探索中自由交流心中的想法,交流经验教训。参与交谈的团队成员并不介意自己的意见是否会占上风,团队一起思索复杂的问题,各自表达观点,相互支持启发,从而得到超越个人认识的知识。

讨论是深度会谈的辅助方法,通常用深度会谈探究复杂的问题,用讨论促成事情的决议。

2. 优秀的团队领导

团队文化需要领导来设计并且创建,领导是团队文化的领导者、传播者和驾驭者。好的团队领导总是帮助团队阐明目标与价值观,并且保证团队成员的行为过程不会偏离目标与价值观。领导努力建立起每个团队成员以及整个团队的认同与信任,善于抓住机会展示团队是如何积极行动的,鼓励人们评价其他人的能力与技术,并在团队成员为自己的目标努力时表示赞赏。通过这种做法,团队成员的个人行动与团队整体行动相一致,并建立起责任与自治。优秀的团队领导还应该坚持不懈地强化团队中的综合技术水平。如果需要的技术与已有的技术不一致,没有任何一支团队会获得成功。团队领导要经常评价团队成员的业绩,并指出发展机会。团队领导还需要管理与外界的关系,排除团队道路上的障碍。保护团队成员,避免无故的责难或可能降低团队工作质量的管理压力。为他人创造机会。团队领导要将团队置于自我之上,通过靠后站并让团队成员负起责任或学会如何执行新的任务,团队领导为每一位团队成员创造发展机会。团队领导也要做实际的工作,团队领导要确保团队中每一个人,包括他们自己对团队具有大致相同的贡献。而且,他们要主动承担困难或别人厌恶的工作,表现出对团队负责的态度。通过这种做法,团队领导用行动证明:他们的确相信团队,并且准备为其尽最大的努力。总之,领导者要在团队文化建设中起到核心作用,增强团队的凝聚力和向心力。

3. 共同愿景

愿景是人们心目所持有的意象或景象,共同愿望是经过人们交流切磋、深度交流磨合而成。简单地讲,共同愿景就是项目团队中大家共同愿望的景象,是人们心目中一股令人深受感召的力量,是项目团队想要创造的价值。

共同愿景有四个重要性质。(1)必须能够相互沟通。愿景如果只是装在脑子里,那它是一钱不值的;(2)有战略意识,要考虑到项目的目标、约束、资源和机会。共同愿景是具有挑战性的,但也要是现实可行的;(3)项目经理一定要信任愿景。激情是形成有效愿景的重要因素;(4)是他人灵感的源泉。

团队共同愿景的作用极为重大。首先,它能够激励成员付出最大的努力,将不同背景的专业人员结合起来,达成统一的愿望。其次,它可以鼓励成员们做最有利于项目的事情。再次,愿景为大家提供了重点,增加了无形的沟通,这样可以有利于成员们做出适当的判断。最后,对项目的愿景培养了团队成员的长期承诺,保证了项目质量。

二、建立沟通渠道

项目需要有效的沟通,确保在适当的时间以低代价的方式使正确的信息为合适的团队成员所用。项目信息的沟通主要是指人际沟通和组织沟通。人际沟通是将信息由一个人传递给其他人的过程,组织沟通是组织之间额定信息的传递。沟通是项目经理的主要职责之一,项目经理的大多数时间花在与团队成员及项目干系人的沟通上,无论这些成员和干系人是来自组织内部还是外部,是中国人还是国际雇员或当地雇员,有效的沟通能在各种各样的团队成员及干系人之间架起一座桥梁,把具有不同文化和组织背景、不同技能水平以及对项目执行或结果有不同观点和利益的团队成员及干系人联系起来,尤其是对国际雇员与所在国当地雇员,显得更为重要。沟通可以分为正式沟通和非正式沟通,不同类型的沟通具有不同的沟通渠道。

(一)正式沟通渠道

正式沟通一般指在项目系统内,依据组织明文规定的原则进行的信息传递与交流。例如,组织与组织之间的公函来往、组织内部的文件传达、召开会议、上下级之间的定期情报交换等。正式沟通有下向(Downward)、上向(Upward)、横向(Lateral)等几种渠道:

1. 下向沟通

这是在传统组织内最主要的沟通流向。一般以命令方式传达上级组织或其上级所决定的政策、计划、规定之类的信息,有时颁发某些资料供下属使用等。如果组织的结构包括有多个层次,则通过层层转达,其结果往往使下向信息发生歪曲,甚至遗失,而且过程迟缓,这些都是在下向沟通中所经常发现的问题。

2. 上向沟通

主要是下属依照规定向上级所提出的正式书面或口头报告。除此以外,许多机构还采取某些措施以鼓励上向沟通,例如意见箱、建议制度以及由组织举办的征求意见座谈会或态度调查等。有时某些上层主管采取所谓"门户开放"政策(Open – door policy),使下属人员可以不经组织层次向上报告。但是据研究,这种沟通也不是很有效,而且由于当事人的利害关系,往往发生沟通信息与事实不符或压缩的情形。

3. 横向沟通

横向沟通指的是流动于组织机构中具有相对等同职权地位的人之间的沟通。相对下向沟通和上向沟通而言,横向沟通信息传递环节少,质量高,成本低,具有快速、便捷和高效的优点。它可以使办事程序、手续简化,节省时间,提高工程效率;使企业各个部门之间相互了解,有助于培养整体观念和合作精神,克服本位定义倾向,但是,横向沟通头绪过多,信息量大,易于造成混乱。

(二)非正式沟通渠道

非正式沟通,是团队成员在社交、感情基础上建立起来的摆脱组织限制、不受组织监督、可供自由选择、正式沟通之外的信息传递及交流。例如,组织成员之间的私人往来、聚会、小道消息、流言蜚语等。非正式沟通往往灵活多变,信息不完整,但是信息容易受到人们的重视,同时也受到时间、地点、内容的限制。

在组织中,非正式沟通渠道一般由四种形式:单线式、流言式、偶然式、集群式:

(1)单线式是指信息通过最亲密的人进行单线传递,终止于某个人;

(2)流言式是在沟通网络中有一个主要的信息员,他有意将信息进行广泛的传播,借以扩大信息的影响力;

(3)偶然式是以偶然的方式进行传播,信息传播对象的选择较差,容易

道听途说,形成小道消息;

(4)集群式是以某几个人为信息传递的中心点,他们有选择地将信息传递给相关的人,在一定范围内传播信息。

非正式沟通弥补正式沟通渠道的不足,传递正式沟通无法传递的信息,使团队领导了解在正式场合无法获得的重要情况,了解项目团队成员私下表达的真实看法,为决策提供参照;减轻正式沟通渠道的负荷量,促使正式沟通提高效率等。在沟通管理中要发挥非正式沟通的长处,限制其消极影响,对非正式沟通进行合理的监督、使用或者抑制,使其更好地服务于项目。

三、规范队伍活动

规范队伍活动就是让员工接受项目团队的工作态度、价值观念和行为规范,接受项目团队的文化,认可团队的价值观,遵守团队的行为规范。可通过强化标语、口号等实体的、物质层面的表层文化宣传,让员工接受、深化对团队文化的认识。制定项目管理制度并严格执行,规范员工的行为方式、工作方式,按照项目团队文化建设的目标要求员工行为、工作方式。通过员工意识形态表现出来的深层文化的建设,不断强化员工的责任感,提高思想文化素质。

规范队伍活动中员工责任感和协作精神的教育与培训至关重要。责任感是团队文化最基本的要素,只有团队中每个人员都有了这种责任感,能够积极主动工作,才能够谈得上后续的沟通和相互协作,以达到团队所共同确定的目标。协作精神之根本在于企业文化所强调的互相尊重,项目团队内每位成员都应该尊重和认可其他成员所扮演的角色,学习他人的优点。如果项目成员间没有很好的协作精神,主动沟通去解决问题,项目成员没有团队观念,团队目标的实现就无法得到有力的保证。

规范队伍活动的另一个方面就是让成员之间的分歧通过合适的方式得以解决。项目团队成员之间的分歧在所难免,分歧解决的关键在于通过何种方式。要让团队成员通过建立起来的正式或者非正式的沟通渠道,针对不同的问题,采取最合适的渠道,反映给团队其他成员或者项目领导,直接或者间接地解决分歧。避免团队成员采取过激或者对项目团队产生消极影响的方式反映问题、解决分歧。

四、加强队伍职业化建设

加强队伍职业化建设是项目团队建设的一项重要活动。职业化往往是指一种工作状态的标准化、规范化和制度化，即要求人们把社会或组织所产生的岗位职责，专业地完成到最佳，正确地定位自己的角色。职业化主要有三个方面：(1)职业素养，指从业人员应该具备的所从事职业的道德、品质特征与基本素质特征；(2)职业技能，指从业人员应该具备的所从事职业的专业技能与专业知识；(3)职业行为规范，指从业人员应该具备的所从事职业过程中的行为操作标准。

加强队伍职业化建设，根本基础是员工的职业素养，也就是员工的专业化、道德、品质等基本素质。项目团队成员的职业素养是项目运行成功与否的基石，而职业素养又更多地体现在成员的自律上。因此，要建立职业化队伍，首先项目团队要有明确的远景规划，制定团队的强制性规定，设定不能容忍的原则底线；其次，要营造一个良好的氛围，提出职业化的习惯，通过不断的培训和引导，使项目团队成员形成良好的职业素养。反过来，团队成员良好的职业素养又有助于形成一个良性的团队。

加强队伍职业化建设，重要的是职业技能提高。现代社会中技术和知识的增长用大爆炸来形容一点也不为过，日益变化的科技环境要求职业化的队伍必须重视成员的专业技能和专业知识的不断更新。因此，建设职业化队伍就要持续不断开展职业技能方面的培训和学习，对项目成员进行分层分级归类，建立培训档案，进行有针对性的职业培训计划和职业生涯规划，使在岗人员都能够满足岗位任职要求。持续的培训有助于员工的成长，挖掘员工的个人潜力，并为其提供个人展示的平台和实现发展的机会。

加强队伍职业化建设，还应该树立职业化行为规范。职业化行为规范更多地体现在按照制定的行为规范开展工作，主要包括职业化思想、职业化语言、职业化动作三个方面的内容，不同的行业不同的行为规范。员工职业化行为规范往往是通过建立规章制度制定行为规范，然后通过示范、培训、监督、激励来形成统一行为规范。

加强队伍职业化建设，必须与项目的战略目标相一致。项目的战略目标是项目发展的整体性、长期性和基本性的计划，而队伍职业化建设是实现项目战略目标的具体措施，是为项目实现战略目标提供人力资源保障，如果不与项目的战略目标相结合，那么职业化建设也就毫无意义。

第五节　项目冲突管理

一、冲突管理

(一)认识冲突

对于冲突一词,人们有着诸多不同的定义,但共同点是冲突必须是双方感知到的,且双方的意见是对立的或者是不统一的。从总体上看,冲突是指个人或者团队对于同一事物持有不同的态度与处理方法而产生的矛盾。在国家工程建设项目执行环境中,冲突不可避免。

(二)冲突管理

现代冲突管理理论中,冲突被看做是团体现象的一部分,是中性名词。冲突管理是在一定组织内的活动,包括冲突管理者对冲突进行分析、评判并对其进行可行性研究;确定管理的目标,设定计划及程序安排;调动可采用的资源进行管理计划,并对各方进行引导和沟通;对冲突管理过程进行一定的监督和控制,保证具体运行与管理目标相一致。

冲突管理首先是对冲突进行分析、评判。目前,普遍认为资源稀缺、进度优先级排序和个人工作风格的差异等均可引起冲突。冲突发展的过程:冲突的觉知期;情感反应期;冲突认知期;冲突白热化期。冲突管理目标:有助于激发有效紧张;有助于增强成员对团队关心;能够认真考虑不同意见;管理者要能检视问题以处理问题;管理者要能做出正确决定;冲突的解决要能使团队获得一致共识。

冲突是团队中的正常过程,按对组织目标实现的贡献,冲突可分为建设性冲突和破坏性冲突。建设性冲突是指冲突各方目标一致,实现目标的途径手段不同而产生的冲突。建设性冲突可以使组织中存在的不良功能和问题充分暴露出来,防止了事态的进一步演化。同时,可以促进不同意见的交流和对自身弱点的检讨,有利于促进良性竞争。破坏性冲突又称非建设性冲突,是指由于认识上的不一致,组织资源和利益分配方面的矛盾,员工发生相互抵触、争执甚至攻击等行为,从而导致组织效率下降,并最终影响到组织发展的冲突。在破坏性冲突中,各方目标不同造成的冲突,往往属于对抗性冲突,是对组织和小组绩效具有破坏意义的冲突。

二、冲突解决技巧

(一)破坏性冲突解决方法

成功的冲突解决可以提高生产力,改进工作关系。如果管理得当,意见分歧有利于提高创造力和做出更好的决策。如果意见分歧成为负面因素,首先由项目团队成员负责解决。如果冲突升级,项目经理应该协助,促成满意的解决方案。应该采用直接和合作的方式,尽早并且通常在私下处理冲突。如果破坏性冲突继续存在,则可使用正式程序,包括采取惩戒措施。

团队冲突是团队发展过程中的一种普遍现象,美国管理协会进行的一项针对中层和高层管理人员的调查表明,管理者平均要花费 20% 的时间来处理冲突,可见有效解决团队中的冲突问题非常重要。在国际工程实践中,归纳以下几种常用的冲突解决方法,比如问题解决、转移目标、开发资源、回避或者抑制冲突、缓和、折中、上级命令、改变人的因素、改变组织结构因素等。

1. 问题解决

又称为正规法,即发生团队冲突的双方进行会晤,直面冲突的原因和实质,通过坦诚讨论来确定并且解决冲突。在讨论过程中要注意沟通策略,不能针对人,只能针对事,因为这种解决方式是以互相信任与真诚合作为基础和前提的。例如,在国际工程 EPC 项目中,设计协调人员、采购人员、施工人员经常要面临这种冲突,必须定期坦诚进行沟通,才能推进总体计划的执行。

2. 转移目标

转移目标方法包括两个方面:一是转移到外部,指冲突双方可以寻找一个能将双方的注意力转向外部的目标来降低团队内部的冲突,另一个是指目标升级,指通过提出能使双方的利益更大的,更高一级的目标来减少双方的利益冲突,这一更高的目标往往由上一级提出。该方法可以使冲突双方暂时忽略彼此的分歧,使冲突逐渐化解,但此方法知易行难。实际操作中,冲突双方共同目标的制定不能过于理想化而脱离实际,这对于团队管理者来说是很难的。

3. 开发资源

如果冲突发生是由于团队资源缺乏造成的,那么使用此方法可以产生双赢的效果。如果是由于缺乏人才,团队就可以通过外聘、内部培训来满足需要;如果是由于资金缺乏或者费用紧张,则可以通过申请款项或者贷款来解决,从而化解冲突。

4. 回避或抑制冲突

回避或者抑制冲突是一种试图将自己置身于冲突之外,或无视双方分歧的做法。这种方法常适用于以下情形:面临小事时;认识到自己无法获利时;当其他人可以更有效地解决冲突时等。

5. 缓和

缓和法的思路是寻找共同的利益点,先解决次要的分歧点,搁置主要的分歧点,设法创造条件并拖延时间,使冲突降低其重要性和尖锐性,从而变得好解决。虽然此法只是解决部分的而非实质性的冲突,但却在一定程度上缓和了冲突,并为以后解决冲突赢得时间。

6. 折中

这种实质上是妥协,团队冲突的双方进行一种交易,各自都放弃某些东西而共同分享利益,适度地满足自己的关心点和满足他人的关心点,通过一系列的谈判和让步避免冲突陷入僵局。冲突双方没有明显的赢家和输家。这是一种经常被使用的方法,一般有助于改善冲突双方关系并保持和谐。当冲突双方势均力敌时,则双方都应做出适当的让步,常采取这种方法。

7. 上级命令

上级命令是指通过团队的上级管理层运用正式权威来解决冲突。当冲突双方通过协商不能解决冲突时,按下级服从上级的团队原则,强迫冲突双方执行上级的决定或者命令。这种方法一般不能解决冲突的本质,只有在紧急情况下才有其特殊的作用,不能滥用命令,发号施令,并且要注意上级裁决的公正性。

8. 改变人的因素

团队之间的冲突很大程度上是由于人际交往技巧的缺乏造成的,因此,运用行为改变方法来提高团队成员的人际交往技能,是有利于改变冲突双方的态度和行为的。此外,通过对冲突较多的部门之间的人员进行互换,也有利于工作的协调和冲突的解决。

9. 改变组织结构因素

通过重新设置岗位、进行工作再设计及调动团队小组成员等方式,可以因改变正式的组织结构而缓解冲突,也可以协调双方相互作用的机制,消除冲突根源。进行团队改组,重新设计团队现有的工作岗位和责权利关系,将有利于彻底解决冲突。

(二)激发建设性冲突

团队缺乏建设性冲突,将无法激发团队的活力,因此,有效激发建设性冲突是团队管理中非常必要的。

1. 运用沟通技术

沟通是缓解团队成员之间的压力及矛盾的最有利的方式,同样也是激发团队建设性冲突的方法。主要分为两种情况:一是上级向下属团队提倡新观念,鼓励成员创新,明确冲突的合法地位。对于冲突过程中出现的不同意见乃至一些未确认的错误,团队管理者不应轻易地进行批评、指责,而是要给予冷静的分析,对引发冲突的原因进行深入的思考;二是运用具有威胁性或者模棱两可的信息促进人们积极思考,改进对事物漠然处置的态度,提高冲突的水平。

2. 鼓励团队成员之间适度竞争

鼓励竞争的方式包括开展各类型竞赛、公告绩效记录、根据绩效提高薪酬水平等。竞争能够提高团队成员的积极性,但是必须对竞争严格控制,严防竞争过度和不公平竞争对团队造成的损害。

3. 引进新人

引进新人作为激励现有成员的作用机制,被人们称之为鲇鱼效应。其机理在于通过从外界招聘或内部调动的方式引进背景、价值观、态度或者管理风格与当前团队成员不相同的个体,来激发团队的新思维、新做法,造成与旧观念的碰撞、互动,从而形成团队成员之间的良性冲突。此方法也是在鼓励竞争,而且,从外部进入的不同声音,还会让领导者兼听则明,做出正确的决策。

4. 重新构建团队

重新构建团队是指改变原有的团队关系和规章制度,变革团队和个人之间的相互依赖关系,重新组合成新的工作团队。这种做法能打破原有的平衡和利益关系格局,从而提高冲突水平。重新构建团队与改变组织结构是类似的,不同的是构建团队是主动地,而改变组织结构是被动的。

三、案例分析

《西游记》的故事中国人都耳熟能详,而在现代项目团队建设中,去西天取经更多地被用来描述一个项目团队建设的过程。唐僧师徒四人是一个项目团队,他们有着一个共同的项目目标,即三年内到西天取到真经。

如来佛是这个项目的发起人,他提出了项目的目标,负责为项目的存在提供在目的上的依据,提供项目相关资源和协调相关利益者,也是项目结束与否的最终决定人。如来佛尽到了作为项目发起人的责任。首先选择项目经理(唐僧)以及在人员配备方面(孙悟空等)提供协助;其次提供了项目经理的条件,协调各部门职能经理(观音等各路神仙);同时,提出了项目的管理原则(九九八十一难);接着全程关注项目的进展,适当的时候施以援手,但并不过多干预;最后对项目进行评估及奖惩,决定项目是否结束。

项目客户是唐太宗,他使用项目结果,即真经教化于民。

观音以及各路神仙是各职能部门经理,大多数项目需要的资源掌握在他们的手中,这些职能部门经理为项目提供资源,规范项目的运行,并记录项目的过程,当项目遇到困难时,及时给予帮助,甚至亲自出马。

唐僧是项目经理,他的职责是实现项目目标。无疑,唐僧是个成功的项目经理,他懂得业务(会念经,也知道真假经),了解项目运行的规则(佛家规矩),与各方关系相当良好,重要的是懂得管理团队(无为而治)。

项目团队成员无疑就是孙悟空、猪八戒、沙僧和白龙马了。这四个人分别代表着一般项目团队中成员的角色,孙悟空是技术骨干,沙僧类似项目秘书,白龙马是项目的辅助人员,猪八戒则是项目的凝聚剂,有了他的存在,西天取经的路上才丰富多彩。

这个项目团队是一个成功的项目团队。作为项目的实施团队,唐僧几人出身、背景、能力和性格特征各不相同,他们在一个共同的项目目标指引下,各自履行自己的岗位职责,有沟通有冲突,通过团队文化(佛文化)的影响,在遭遇困难的情况下,积极努力团结协作,最终实现目标。可以说,西天取经的过程基本上囊括了整个项目团队建设的过程。

第十章　员工关系管理

第一节　概　　述

一、员工关系管理内涵

员工关系管理(Employee Relations Management)是人力资源管理的一个特定领域,从广义上讲是在企业人力资源体系中,各级管理人员和人力资源职能管理人员通过拟订和实施各项人力资源政策和管理行为以及其他的管理沟通手段调节企业和员工、员工与员工之间的相互联系和影响,从而实现组织的目标并确保为员工、社会增值。从狭义上讲,员工关系管理就是企业和员工的沟通管理,这种沟通更多采用柔性的、激励性的、非强制的手段,从而提高员工满意度,支持组织其他管理目标的实现。其主要职责是:协调员工与管理者、员工与员工之间的关系,引导建立积极向上的工作环境。

本书所涉及的员工关系,主要是从狭义角度所做的界定,或者说只是从狭义的国际工程建设项目本身出发来理解,即所谓员工关系主要是指国际工程建设项目与受雇于项目部、参与项目工作的所有员工之间的一种相互影响、相互制约的工作关系。这种关系,以项目部与员工签订的合同或协议为基础,以工作组织为纽带,以实现某一任务或工作为目标,主要表现为在项目执行过程中所需要的各类管理而引发的项目部与员工的人际互动关系,这一关系的实质也可以在一定程度上被看做项目管理中各利益相关方之间的经济、法律和社会关系的特定形式。

二、员工关系管理法律环境

员工关系管理的环境包括外部环境和内部环境,内部环境是指企业内部影响员工关系及其管理的环境和因素,主要包括企业的内部规章制度、组织结构、管理程序、企业文化等,而外部环境是指在企业外部影响企业内员工关系及其管理的环境和因素,主要包括法律与制度环境、政治与政策环境、宏观经济环境、技术更新环境、社会文化环境等,这其中,法律环境是影响员工关系管理的关键因素。

法律环境是指某个国家或某个地区规范雇佣双方行为的法律、法规和其他法律制度,特定的法律法规强制性地约束了雇佣双方的权利、义务和关系,确定了最基本的员工关系管理的范围和内容。在我国,对员工关系有直接影响的法律主要是《劳动法》、《劳动合同法》、《促进就业法》、《劳动争议调解仲裁法》以及由劳动社会保障等部门颁布的相关法规和标准,可统称为劳动和社会保障法律体系,国家按照不同的分类标准将各个层次的劳动关系、社会保障的法律法规,组合而成法律系统,成为企业员工关系管理所依赖的法律环境。参考我国目前的劳动立法情况,结合国际工程建设项目所在国家和地区的一般法律规定,员工关系管理受到了以下法律环境的影响。

（一）劳动就业和劳动合同相关立法

《劳动合同法》:该法律制度从法律层面明确了劳动合同所应包含的内容以及劳动合同签订的条件、程序等,在促进我国企业劳动关系的契约化,规范、调节劳动者和企业之间的雇佣关系方面发挥着重要作用,它以专项立法的形式对劳动合同、雇佣方式、薪酬待遇、辞退裁员、劳务派遣及非全日制员工管理等相关的劳动关系和劳动争议处理进行了明确的法律规定,使企业和员工之间的关系趋向规范化和法制化。

集体协商、集体合同等相关法律法规:集体协商和集体合同制度的推行是为了完善企业劳动关系的三方协调机制,发挥雇佣双方自主协调企业内部员工关系的作用。根据我国现行的《劳动法》、《劳动合同法》和《工会法（修订）》等法律规定,职工一方与企业以及实行了企业化管理的事业单位可以就劳动报酬、工作时间、休息休假、劳动安全卫生、保险福利等事项,进行平等协商,签订集体合同。我们已经颁布的相关法规包括《工资集体协商试行办法》、《集体合同规定》等,对企业集体协商的内容、程序和协商代表的保护等事项作了具体规定。

劳动标准和劳动保护制度:我们对基本劳动标准的推行,实行最低工资保障制度、工时制度以及对未成年职工和女职工的特殊劳动保护制度等,都对保护劳动者,特别是弱势劳动群体的基本权益起到了强制性的法律保护作用。

就业保障、促进就业的相关法规:除《劳动法》《劳动合同法》等相关法律制度之外,我国已经颁布的《促进就业法》、《职业教育法》、《残疾人保障法》、《妇女权益保障法》以及《劳动争议调解仲裁法》等,在协调劳动关系、扩大就业、促进就业、保障困难群体就业、强化服务培训和促进公平就业等方面也都作出相关的规定,为企业员工关系管理提供了法律依据。

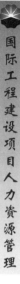

(二)劳动保险制度相关立法

在企业员工的养老保险、失业保险、医疗保险、工伤保险、生育保险等方面,我国已经相继颁布了一系列法律,对企业社会保险的覆盖范围、享受条件、支付方式、待遇标准、过渡办法和调整机制等做了规定,并确立了当前中国劳动保险制度的基本运行框架,同时,为了保证社会保险制度的正常运行,建立了劳动保障监察机制和劳动争议仲裁制度等。

(三)国际工程建设项目法律环境

在大多数进行国际工程建设项目招标的国家或是地区,这些国家或是地区除了上述提到的基本的劳动和社会保险基本法律法规外,一般都另外制定了规范外国人在本国或本地区就业的法律,通过法律明确规定了项目执行机构需要在当地进行员工招聘的比例,部分国家甚至明确要求管理层内的管理者数量或是所占比例(类似于境外投资比例的要求),以促进当地的就业,同时,对于引进的外国管理和操作人员,一般会明确要求这些人员所应具有的学历、资历,并且只有在办理了劳务工作许可之后,才能持工作签证入境工作。

(四)劳动关系协调机制

目前国际上最为通行也相对完善的劳动关系协调机制是政府、雇主组织和工会的三方制衡或协调机制。所谓三方机制,按照国际劳工组织的定义,它是指由政府、雇主组织和工会通过一定的组织机构和运作机制共同处理所有涉及劳动关系的问题,如劳动立法、社会政策的制定、就业与劳动条件、工资水平、劳动标准、职业培训、社会保障、职业安全与健康、劳动争议处理等。鉴于关系三方有不同的利益要求和价值取向,在涉及劳动关系和员工管理方面难免出现分歧和矛盾。为了协调利益关系,大多数国家需要建立或是已经建立了一种制度和机制来处理分歧,通过协商、对话来达到妥协与合作。

三、员工关系管理对象

一般而言,员工关系管理需要五个角色的沟通和参与,即高层管理者、员工关系经理(或人力资源经理)、部门经理、员工及其组织五方,构成了员工关系管理的对象,这五方对象根据他们在员工关系管理中的角色,各有不同分工。

高层管理者:在员工关系管理中,高层管理者主要承担战略决策支持、政策制定和行为表率的作用。

员工关系经理(或人力资源经理):作为职能人员,员工关系经理或人力资源经理在员工关系管理中扮演着核心角色,主要承担的职责是:员工关系的分析与监控、对部门经理的专业培训、就劳资冲突和员工投诉提出建议、向部门经理介绍沟通技巧,以及设计员工关系促进计划等。

部门经理:部门经理是员工关系管理中的实施者和直接维护者,所承担的职责主要包括:和谐员工关系的维护、相关法律遵从和执行、参与劳资谈判和协商、保持有效沟通以及实施员工关系促进计划等。

员工:员工是员工关系的主体之一,他们既是管理和服务的对象,同时也是主要参与者和自我管理者,特别是员工的自我管理是现代员工关系中的一个重要特征。

员工组织:工会及职代会等员工组织是员工关系管理中需要特别注意的对象,鉴于员工关系与劳动关系之间存在性质上的区别,但也有许多具体内容上的交叉,因此,对于员工组织而言,作为员工利益的代表,应该在员工关系管理中扮演合作者和员工利益维护者的角色。所谓合作者的角色,包括帮助企业和管理者协调好企业、管理者与员工之间的关系,推动各种有利于员工关系发展的计划和方案等;所谓员工利益维护者的角色,是指当企业方出现无视或忽视员工利益保护,或不利于员工关系协调的政策、制度和行为时,工会和职代会等员工组织应该站在员工一方,督促、协助和采取措施处理好在员工关系管理中各种可能出现的矛盾和冲突。

四、员工关系管理内容

员工关系管理的最高目标,是做到"让员工把精力放在工作上而没有后顾之忧"。在这一目标之下,有很多具体工作可以展开,涉及员工的衣、食、住、行、娱乐等都存在员工关系管理发挥的空间。员工关系管理是一种"无形服务",这种服务涵盖"沟通、冲突处理、职业发展顾问等"内容,并以"公平、信任"为基础。员工关系管理工作的重点主要是人际关系管理、劳动关系管理、沟通与交流管理、民主参与、企业文化和企业精神管理等。不管是在国企、外企,还是国际工程建设项目,从人力资源部门的管理职能看,员工关系管理主要有以下内容。

（一）劳动合同及相关的员工关系管理

（1）雇佣协议和劳动合同的管理,包括劳动合同管理方面的制度建设,具体办理劳动合同的签订、续订、变更、解除和终止手续等;

（2）集体协商的推行和管理,包括制定相关的规章制度,安排集体协商日程,完善集体合同草案的内容,以及解决相关的劳资合作和争议问题等;

（3）员工信息库的建设,包括收集、整理和公布劳动合同订立、履行、变更、解除、终止等信息。

（二）员工离职管理及相关的员工关系协调

员工离职管理是由于劳动契约关系的解除或终止而产生的管理行为,具体包括:

（1）员工主动离职管理,包括离职原因、离职影响、离职风险及相关的员工关系协调与管理等;

（2）员工被动离职,即辞退管理,包括对违纪员工、试用期不符合条件的员工、不胜任工作员工及不能执行劳动合同员工的管理和员工关系协调等;

（3）裁员及其员工关系管理,包括对裁员类别界定、裁员方法选择、裁员实施步骤,以及如何在裁员中处理好员工关系等。

（三）纪律、惩戒及员工不良和不健康行为管理

（1）纪律和惩戒管理,指纪律规章制度的建设及具体实施过程中的管理

行为,包括:制定纪律管理的规章制度、管理流程等,对员工进行国家法律法规、企业规章制度和自律管理的教育、培训,以及对违纪员工依照法律和制度进行处理等;

(2)"问题员工"管理,包括对"问题员工"的行为界定、甄别和特殊处理;

(3)员工不良和不健康行为规范,主要表现为毒品、酒精滥用防治、艾滋病防治、工作场所暴力和性骚扰防范等。

(四)员工参与和沟通管理

员工参与沟通是提高员工积极性和主动性的重要方法,是实现民主管理的有效途径,在这个方面,员工关系管理的工作内容包括:

(1)建立员工参与机制和管理推进制度等,员工沟通贯穿于员工管理的各环节,建立和完善员工沟通制度和管理体系是推进员工参与的基本保障;

(2)选择恰当的方式推进员工参与管理活动;

(3)建立多种员工沟通渠道,培训管理者和员工的沟通技巧,有效消除阻碍员工关系协调的沟通障碍。

(五)员工抱怨、申诉和劳动争议处理

员工抱怨、申诉和劳动争议处理是从制度上构建和谐员工关系的途径与渠道之一,它与员工参与和沟通管理相配合,共同促进员工关系在组织沟通和交流方面的规范与畅通,主要的管理工作包括:

(1)员工抱怨和情绪管理:员工抱怨是通过非正式方式表达的对组织或管理者的不满,抱怨管理在员工关系中异常重要,需要依据相关的原则和制度管理,以避免对员工情绪造成不利影响;

(2)员工申诉:申诉是员工通过正规渠道表达对组织和管理者的意见和不满,企业需要依法建立正规的员工申诉处理制度和程序,以保证将员工的意见和不满降至最低水平;

(3)劳动争议处理:许多员工关系问题也涉及劳动争议与处理,从企业管理的角度主要是依据相关的法律妥善处理在员工雇佣、离职、报酬福利、劳动保护、培训、晋升以及民主管理等各方面所涉及的劳动纠纷和劳动争议等,同时进行劳动关系和员工关系的危机防范。

（六）员工保护与员工援助

这方面的工作内容相对丰富，可操作的层面和措施比较灵活，是近年来引起关注的员工关系管理领域，主要包括：

（1）员工安全与健康管理：安全管理主要包括安全生产管理和安全事故防范与处理，健康管理主要包括职业病和心理疾病防范；

（2）压力管理：主要针对员工工作压力所造成的心理压力进行减压管理，例如主动沟通谈话、提供心理咨询和心理问题治疗等；

（3）员工援助计划的制订与实施：主要是从组织角度帮助员工解决工作和生活中的问题，例如，通过推进员工援助计划，帮助员工克服遇到的困难，便于员工以充沛的精力和积极的心态从事工作；

（4）员工工作与家庭平衡计划：这个计划属于员工援助计划的一个特殊方式和途径，其主要目的是正视员工的工作与家庭角色冲突，实施在员工"工作—家庭"平衡方面的组织干预等。

（七）员工满意度调查与分析

员工满意度调查实质上是从被管理和服务对象的角度评价企业员工关系管理的质量，具体有以下方面的内容：

（1）定期或在必要的情况下组织并实施员工满意度调查；

（2）诊断企业员工管理的状况，发现员工关系管理中的现存问题，分析问题的根源；

（3）制订员工关系改进计划，并对计划实施效果进行评估。

（八）非正式员工关系管理

与正式员工不同，非正式员工关系管理中有许多特点和关键环节，特别是国际工程建设项目中会大量聘用合同期限相对较短的各类非正式员工，因此非正式员工关系管理在国际工程建设项目的员工关系管理中需要重点对待，主要包括：

（1）非正式员工的雇佣选择与特点：包括企业或是项目部选择非正式员工雇佣的原因、非正式用工形式选择和管理特点研究等，需要兼顾中方雇员、当地雇员以及来自第三国的国际雇员的加入方式、双方的需求和期望等；

（2）非正式员工的员工关系问题：主要涉及在雇佣合同和雇员关系、劳动报酬和劳动时间安排、劳动条件、职业安全健康、无歧视和平等待遇以及非正式员工与工作组织和人际关系等方面的问题处理；

（3）非正式员工员工关系改善对策：主要的对策为法律和政策协调、倡导职场公平、推行劳动标准以及提倡雇主的社会责任和人性化管理等；

（4）劳务派遣员工关系管理：劳务派遣员工属于企业使用的非正式员工群体，因为在雇佣关系及相关的管理中，涉及三方主体即劳务派遣（用人）机构、劳务使用（用工）机构和被派遣的员工，所以其雇佣和劳动关系较为复杂。

在国际工程建设项目中，非正式员工均为中方员工，主要由项目所属的国内企业派遣到项目部工作，对于当地雇员和第三国国际雇员来说，由项目部直接与他们签订聘用协议，成为项目员工而为项目执行服务。对于中方非正式员工的管理关系问题，根据项目所属的国内企业管理特点，结合项目部的需要，最佳的处理方式是以项目部的名义与所有参与项目的中方员工签订"岗位协议"，协议效力等同于项目部自主同当地雇员、第三方雇员签订的雇佣协议或劳动合同，以协议的方式确定和统一各类标准，淡化因员工来源不同而产生的项目正式员工与非正式员工区别，忽略正式与非正式之差异，强调均为项目员工，在项目部范围内，执行无差别政策，公平对待，使所谓的非正式员工在项目执行中发挥应有的作用，作出应有的贡献。

五、国际工程建设项目员工关系管理特点

作为国际工程建设项目，项目部的员工来自中国、项目所在国和第三国，每一类员工都有不同的工作习惯、文化背景，项目员工关系管理如果要达到高效、有序、和谐的目标，就要注意从以下几个方面的特点入手。

（一）推行"以人为本"管理

项目的执行和企业的运行有相似之处，但在时间性上，项目的执行周期是一定的，项目执行完毕即预示着项目员工的工作结束，特别是对于项目所在国聘用的员工，项目结束即预示他们需要重新寻找工作。因此，在员工为项目工作期间，项目的员工关系管理更应重视从员工角度实施相关管理制度，"以人为本"即以员工为本，关注员工工作价值观的变化、关注员工对工作稳定性的期待、关注员工工作满意度的提升，尊重员工的个体差异，提倡和谐的员工工作关系。

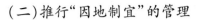

（二）推行"因地制宜"的管理

国际工程建设项目的具体执行地点在国外，项目派遣中方员工前往项目所在地工作，同时不可避免地要在所在国招聘当地雇员，并要根据所在国、所在地区的法律规范，接收当地政府部门的监督和管理。员工关系管理在这个层面上，涉及和当地政府部门的接洽，并需要按照当地合规的做法或是通行的做法，结合项目管理特点，"因地制宜"确定具体的员工管理制度。

（三）推行"入乡随俗"的管理

每个国家都有不同的社会特点，每个不同的地区也会有相对独特的社会风俗与就业习惯，比如说某些国家或是地区的人力资源丰富、专业、敬业，而某些欠发达国家或是地区的人力资源状况则匮乏、慵懒、业务疏松，国际工程建设项目则需要根据不同国家或是地区的人力资源外在状况，结合当地的社会生活风气，有针对性地对当地雇员进行"入乡随俗"的管理，将有利于更多的获得在项目所在国或地区的社会认可，并通过项目内部的强化管理来促进项目的员工关系管理。

（四）推行"互利双赢"的管理

项目员工关系管理的宏观目标是实现企业和项目的盈利目标，提升项目的组织绩效，而微观目标是通过具体的措施对项目员工的行为和绩效进行有效的管理。基于不同的目标有不同的管理模式，但重视员工关系管理的项目管理更强调宏观目标和微观目标的结合，需要更强调员工的状态、态度、行为、情绪和心理预期等方面的管理，提倡更高层次的员工自我管理和民主管理，员工获得发展和个人成就，项目执行获得经济和社会收益，"互利双赢"是员工关系管理的最终目标。

【案例分析】哈萨克斯坦的员工之家

某公司自2000年进入哈萨克斯坦以来，一直坚持对中哈员工管理上的"三统一"：统一工作要求，统一餐饮标准，统一节日福利。统一工作要求，即在分配工作上，不区分中方员工、哈方员工，只根据员工的岗位来安排工作，只认工作成绩不认人，奖罚分明，在一定程度赢得了哈方员工的尊重，也激励了外派的中方员工工作激情；统一餐饮标准，在项目现场实行餐饮供给制度，考虑到中哈员工的饮食习惯，虽然是分开就餐，但餐饮费用的标准是一样的，而且做到定期发布菜谱，成立中哈双方员工参加的伙食委员会，共同管理食堂，这在其他很多海外项目上是不多见的；统一节日福利，主要从两个方面入手，遇上中国的传统节日，则中方人员放假调休，哈方员工在保证工作延续的同时，适度参加中国的节日庆祝活动，反之亦然，遇到双方的重大节日，则中哈员工共同组织活动，感受对方国家的节日气氛，从文化和习俗层面促进了员工团队的协作。

中哈员工亲切地将项目部的多功能活动室和大餐厅称之为"员工之家"。通过积极建设"员工之家"，有效地克服了中哈双方员工的文化差异，最大程度上减少了哈方员工对中资企业的排斥心理，同时也增强了中哈双方员工和谐共处的向心力，创造了比较宽松的内部环境，提高了项目员工的工作动力，实现了员工关系管理的优化。

第二节　劳动合同管理

劳动合同也称为劳动契约、雇佣协议，是劳动者和用人单位确立劳动关系、明确双方权利和义务的协议，是劳动关系的载体和法律契约形式，劳动合同管理则是员工关系管理的基本内容之一。员工进入企业工作，企业应根据《劳动法》《劳动合同法》等劳动法律法规，订立劳动合同，从而对员工和企业双方当事人产生约束力；如果发生劳动争议，劳动合同是员工关系管理者处理劳动争议的直接证据和依据。除合同文本，企业和员工双方还可以协商制定劳动合同的附件，进一步明确双方的权利、义务的具体内容，附件和合同文本具有同样的法律效力。

一、劳动合同种类

劳动合同的种类划分：

（1）根据在同一份劳动合同上签约的劳动者人数不同，可以分为个体劳动合同和集体劳动合同。

（2）根据劳动合同的期限不同，劳动合同分为固定期限劳动合同、无固定期限劳动合同和以完成一定工作任务为期限的劳动合同。

第一，固定期限劳动合同，是指用人单位与劳动者约定合同终止时间的劳动合同。具体是指劳动合同双方当事人在劳动合同中明确规定了合同效力的起始和终止的时间。劳动合同期限届满，劳动关系即告终止。如果双方协商一致，还可以续订劳动合同，延长期限。固定期限的劳动合同可以是较短时间的，如半年、一年、两年，也可以是较长时间的，如五年、十年，甚至更长时间。不管时间长短，劳动合同的起始和终止日期都是固定的，具体期限由当事人双方根据工作需要和实际情况商定。

固定期限的劳动合同适用范围广，应变能力强，既能保持企业与员工劳动关系的相对稳定，又能促进人力资源的合理流动，使资源配置合理化、效益化，是实践中运用较多的一种劳动合同。对于那些常年性工作、要求保持连续性及稳定性的工作、技术性强的工作，适宜签订较为长期的固定期限劳动合同。对于一般性、季节性、临时性、用工灵活、职业危害较大的工作岗位，适宜签订较为短期的固定期限劳动合同。

第二，无固定期限劳动合同，是指用人单位与劳动者约定无确定终止时间的劳动合同。无确定终止时间，是指劳动合同没有一个确切的终止时间，劳动合同的期限长短不能确定，但并不是没有终止时间。只要没有出现法律规定的条件或者双方约定的条件，双方当事人就要继续履行劳动合同规定的义务。一旦出现了法律规定的情形，无固定期限劳动合同也同样能够解除。这种合同适用于工作保密性强、技术复杂、又需要保持人员稳定的岗位。这种合同对于用人单位来说，有利于维护其经济利益，减少频繁更换关键岗位的关键人员而带来的损失。对于劳动者来说，也有利于实现长期稳定职业，钻研业务。

第三，以完成一定工作任务为期限的劳动合同，是指用人单位与劳动者约定以某项工作的完成为合同期限的劳动合同。用人单位与劳动者协商一致，可以订立以完成一定工作任务为期限的劳动合同。某一项工作或工程开始之日即为合同开始之时，此项工作或工程完毕，合同即告终止，如为完成某项科研任务，以及带有临时性、季节性特征工作的劳动合同。合同双方当事人在合同存续期间建立的是劳动关系，劳动者要加入用人单位集体，参加用人单位工会，遵守用人单位内部规章制度，享受工资福利、社会保险等待遇。这种劳动合同实际上属于固定期限的劳动合同，只不过表现形式不同。

一般在以下几种情况下，用人单位与劳动者可以签订以完成一定工作任务为期限的劳动合同，包括：

（1）以完成单项工作任务为期限的劳动合同；

（2）以完成承包任务为期限的劳动合同；

（3）因季节原因临时用工的劳动合同；

（4）其他双方约定的以完成一定工作任务为期限的劳动合同。

二、劳动合同订立

用人单位自用工之日起即与劳动者建立劳动关系，根据《劳动合同法》要求，建立劳动关系，双方应当订立书面劳动合同。用人单位与劳动者在用工前订立劳动合同的，劳动关系自用工之日起建立。

（一）劳动合同订立原则

1. 合法原则

合法是劳动合同有效的前提条件，所谓合法就是劳动合同的形式和内容必须符合现行法律、法规的规定。首先，劳动合同的形式要合法，除一些临时用工外，劳动合同需要以书面形式订立。如果是口头合同，当双方发生争议，法律不承认其效力，用人单位要承担不订立书面合同的法律后果。其次，劳动合同的内容要合法。如果劳动合同的内容违法，劳动合同不仅不受法律保护，当事人还要承担相应的法律责任。

2. 公平原则

公平原则是指劳动合同的内容应当公平、合理。在符合法律规定的前提下，劳动合同双方公正、合理的确立双方的权利和义务。对有些合同内容，相关劳动法律、法规往往只规定了最低标准，在此基础上只要双方自愿达成协议的内容，就是合法的，但有时合法的未必公平与合理。因此用人单位不能滥用优势地位，迫使劳动者订立不公平的合同或一些"霸王"条款。

3. 平等原则

所谓平等原则就是劳动者和用人单位在订立劳动合同时在法律地位上是平等的，没有高低、从属之分，不存在命令和服从、管理和被管理关系。只有地位平等，双方才能自由表达真实的意愿。当然在订立劳动合同后，劳动者成为用人单位的一员，受用人单位的管理，处于被管理者的地位。因此，这里讲的是平等，是在确定劳动契约关系中法律意义上的平等或是形式上的平等。在劳动力供大于求的形势下，多数劳动者很难和用人单位做到地位上的平等，这就要求用人单位要坚持依法和自律的原则，在订立劳动合同

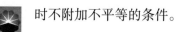

时不附加不平等的条件。

4. 自愿原则

所谓自愿原则是指订立劳动合同完全是出于劳动者和用人单位双方的真实意志,是双方协商一致达成的,任何一方不得把自己的意志强加给另一方。自愿原则包括是否、与谁以及合同的内容都要本着双方自愿约定等。根据自愿原则,任何单位和个人不得强迫劳动者订立劳动合同及相关条款。

5. 协商一致原则

协商一致就是用人单位和劳动者要对合同的内容达成一致意见,一方不能凌驾于另一方之上,不得把自己的意志强加给对方,也不能强迫命令、胁迫对方订立劳动合同。在订立劳动合同时,用人单位和劳动者都要仔细研究合同的每项内容,进行充分的沟通和协商,解决分歧,达成一致意见。只有体现双方真实意志的劳动合同,双方才能忠实地按照合同约定履行。现实中一些劳动合同在签订时往往由用人单位提供格式合同文本,劳动者只需要签字就可以了。格式合同文本对用人单位的权利规定得较多,比较清楚,对劳动者的权利规定得少,规定得模糊。因此,在使用格式合同时,劳动者要认真研究合同条文,并就某些约定条款与用人单位具体磋商。

6. 诚实信用原则

在订立劳动合同时要诚实和讲信用,双方都不得隐瞒真实情况,更不容许有欺诈行为。用人单位招用劳动者时,应当如实告诉劳动者工作内容、工作条件、工作地点、职业危害、安全生产状况、劳动报酬,以及劳动者要求了解的其他情况;用人单位也有权了解劳动者与劳动合同直接相关的基本情况,劳动者应当如实说明。

(二)劳动合同订立程序

劳动合同的订立程序和其他合同订立程序的主要区别在于,劳动合同的被要约方在开始时是不确定的,需要首先确定被要约方,即确定与用人单位签订劳动合同的劳动者才能完成要约承诺的全过程。确定要约人是人力资源的招聘甄选与录用程序的连续环节之一。

劳动合同签订的一般规则是,用人单位提出劳动合同草案,劳动者如果完全同意,即视为承诺;如果劳动者对劳动合同草案提出修改或补充意见,双方要经过新的要约——再要约,就劳动合同的内容反复协商,直至最终达成一致协议。双方经协商,就劳动合同的内容取得一致意见后,双方签名、盖章,劳动合同成立。

(三)劳动合同续订

劳动合同期满,如果双方协商一致,可以续订劳动合同。续订劳动合同,双方可以就劳动合同的具体内容和条款重新进行协商,也可以在上期劳动合同的内容不改变的情况下进行续订。

一般的劳动合同续订的程序为:

用人单位根据考核情况,劳动合同到期前作出续签合同与否的决策。如果续签劳动合同,应该在合同到期前的 30 天左右以合适的方式告知员工续订劳动合同的意向,对于一些关键的重要岗位的员工,应该在合同到期前更长一些的时间内进行合同续订的告知。

员工在得到续订劳动合同的告知后,考虑决定是否与企业续订劳动合同。如果同意续订劳动合同,则将意见明确反馈给人力资源部门。

双方重新对劳动合同的内容、条款进行考虑和协商,直至达成一致意见。

在上一期合同到期前,双方签订新的合同,经签字、盖章后,合同成立,续订程序结束。

三、劳动合同各方权利与义务

劳动合同的内容是指以契约形式对劳动关系双方权利和义务的界定。由于权利和义务是相互对应的,一方的权利即为对方的义务,因此劳动合同往往从义务方面表示双方的权利义务关系。

(一)劳动者主要义务

(1)劳动给付的义务,包括劳动给付的范围、时间和地点。劳动者必须按照合同约定的时间、地点亲自提供劳动,有权拒绝做约定范围以外的工作;

(2)忠诚的义务。包括保守用人单位在技术、经营、管理、工艺等方面的秘密;在合同规定的时间和地点,服从用人单位及代理人的指挥和安排;爱护所使用的原材料和机器设备;

(3)附随的义务。由于劳动者怠工或个人责任,使劳动合同义务不能履行或不能完全履行时,应负赔偿责任。

（二）用人单位主要义务

（1）劳动报酬的给付义务。即按照劳动合同约定的支付标准、支付时间和支付方式按时足额向劳动者支付劳动报酬，不得违背国家有关最低工资的法律规定及集体协议规定的最低标准。

（2）照料的义务。用人单位应为劳动者提供保险福利待遇，提供休息、休假等，保障劳动者享有职业培训权、民主管理权、结社权等，并为行使这些权利提供时间和物质条件保证。

（3）提供劳动条件的义务。用人单位有义务提供符合法律规定的生产、工作条件和保护措施，如工作场所、生产设备等其他便利条件，提供劳动保护设备等。

在上述义务中，给付劳动和支付劳动报酬是劳动合同的主要义务，忠诚义务和照料义务是次要义务。用人方面通过增强劳动者的责任感促使其长期、准时、出色地履行劳动义务。除劳动义务外，劳动者还负有忠诚义务，即除本职工作外，在可期望的范围内，劳动者还必须照顾和维护雇主利益，负有不得扰乱企业安宁和严守企业秘密等义务。员工的忠诚义务和雇主的照料义务一样，表明劳动关系并不局限于以劳动换取报酬，而是一个广泛包括了诸多权利和义务于一体的法律关系，因这种法律关系，双方当事人都负有尽可能维护另一方利益的义务。

四、劳动合同管理

劳动合同的条款可分为必备条款和约定条款（即可备条款）。

（一）劳动合同必备条款

劳动合同的必备条款是指法律规定的劳动合同必须具备的内容。在法律规定了必备条款的情况下，如果劳动合同缺少此类条款，劳动合同就不能成立。一般的必备条款包括：

第一，用人单位的名称、住所和法定代表人或者主要负责人。为了明确劳动合同中用人单位一方的主体资格，确定劳动合同的当事人，劳动合同中必须具备这一项内容。

第二，劳动者的姓名、住址和居民身份证或者其他有效证件号码。为了明确劳动合同中劳动者一方的主体资格，确定劳动合同的当事人，劳动合同中必须具备这一项内容。

第三，劳动合同期限。劳动合同期限是双方当事人相互享有权利、履行义务的时间界限，即劳动合同的有效期限。劳动合同期限与劳动者的工作岗位、内容、劳动报酬等都有紧密关系，更与劳动关系的稳定紧密相关。合同期限不明确则无法确定合同何时终止，如何给付劳动报酬、经济补偿等，则可能引发争议。因此一定要在劳动合同中加以明确双方签订的是何种期限的劳动合同。

第四，工作内容和工作地点。所谓工作内容，是指劳动法律关系所指向的客体对象，即劳动者具体从事什么种类或者内容的劳动，特指工作岗位和工作任务或职责。该条款是劳动合同的核心条款之一，是建立劳动关系极为重要的因素。它是用人单位使用劳动者的目的，也是劳动者通过自己的劳动取得劳动报酬的缘由。劳动合同中的工作内容条款应当规定得明确具体，便于遵照执行。如果劳动合同没有明确规定工作内容或约定的工作内容不明确，用人单位将可以自由支配劳动者，随意调整劳动者的工作岗位，这将难以发挥劳动者所长，也很难确定劳动者的劳动报酬，从而造成劳动关系极不稳定。工作地点是劳动合同的履行地，是劳动者从事劳动合同中所规定的工作内容的地点，它与劳动者的工作环境、生活环境以及劳动者的就业选择相关。

第五，工作时间和休息休假。工作时间是指劳动者在企业等用人单位中，必须用来完成其所负担的工作任务的时间。一般由法律规定劳动者在一定时间内（工作日、工作周）应该完成的工作任务，以保证最有效地利用工作时间，不断地提高工作效率。合同中规定的工作时间条款包括工作时间的长短、工作时间方式的确定，如有 8 小时工作制还是 6 小时工作制，是日班还是夜班，是正常工时还是实行不定时工作制，或者是综合计算工时制，工作时间安排的不同，对劳动者的就业选择、劳动报酬等均有影响，是劳动合同不可缺少的内容。

休息休假是指企业等用人单位的劳动者按规定不必进行工作，而自行支配的时间。休息休假的权利是每个国家的公民都应享受的权利。休息休假的具体时间根据劳动者的工作地点、工作种类、工作性质、工龄长短等各有不同，用人单位与劳动者在约定休息休假事项时应当遵守劳动法及相关法律法规的规定。

第六,劳动报酬。劳动合同中的劳动报酬,是指劳动者与用人单位确定劳动关系后,因提供了劳动而取得的报酬。劳动报酬是满足劳动者及其家庭成员物质精神生活需要的主要来源,也是劳动者付出劳动后应该得到的回报。因此,劳动报酬是劳动合同中必不可少的内容。主要包括以下几方面内容:

(1)工资水平、工资分配制度、工资标准和工资分配形式;

(2)工资支付办法;

(3)加班、加点工资及津贴、补贴标准和奖金分配办法;

(4)工资调整办法;

(5)试用期及病、事假等期间的工资待遇;

(6)特殊情况下工资(生活费)支付办法;

(7)其他劳动报酬分配办法。

此外,劳动合同中有关劳动报酬条款的约定,要符合国家有关最低工资标准的约定。

第七,社会保险。社会保险是政府通过立法强制实施,由劳动者所在的工作单位或社区以及国家三方面共同筹资,帮助劳动者及其亲属在遭遇年老、疾病、工伤、生育、失业等风险时,防止收入的中断、减少和丧失,以保障其基本生活需求的社会保障制度。在我国以及其他一些国家,国家实行强制社会保险制度,因此成为劳动合同不可缺少的内容。

第八,劳动保护、劳动条件和职业危害防护。

(二)劳动合同约定条款

所谓劳动合同的约定条款是指对于某些事项,法律不做强制性规定,由当事人根据意愿选择是否在合同中约定,劳动合同缺乏这种条款不影响其效力。劳动合同可以将这种条款作为可备条款。劳动合同的某些重要内容关系到劳动者的切身利益,但是这些条款不是在每个劳动合同中都应当具备的,所以法律不能把其作为必备条款,只能在法律中特别地予以提示:"劳动合同除前款规定的必备条款外,用人单位与劳动者可以协商约定试用期、培训、保守商业秘密、补充保险和福利待遇等其他事项。"这里所规定的"试用期、培训、保守商业秘密、补充保险和福利待遇"都属于法定可备条款。

第一,试用期。试用期是指对新录用的劳动者进行试用的期限。用人单位与劳动者可以在劳动合同中就试用期的期限和试用期期间的工资等事

项作出约定,但不得违反法律有关试用期的规定。

第二,培训。培训是按照职业或者工作岗位对劳动者提出的要求,以开发和提高劳动者的职业技能为目的的教育和训练过程。企业应建立健全职工培训的规章制度,根据本单位的实际对职工进行在岗、转岗、晋升、专业培训,对新录用人员进行上岗前的培训,并保证培训经费和其他培训条件。职工应按照国家规定和企业安排参加培训,自觉遵守培训的各项规章制度,并履行培训合同规定的各项义务,服从单位工作安排,搞好本职工作。

第三,保守商业秘密。商业秘密是不为大众所知悉,能为权利人带来经济利益,具有实用性并经权利人采取保密措施的技术信息和经营信息。在市场经济条件下,劳动者因工作需要,了解或掌握了本企业的技术信息或经营信息等资料,用人单位可以在合同中就保守商业秘密的具体内容、方式、时间等与劳动者约定保守商业秘密条款和竞业禁止条款,以防止自己的商业秘密被侵占或泄漏。

第四,补充保险。补充保险是指除了国家基本保险以外,用人单位根据自己的实际情况为劳动者建立的一种保险形式,用来满足劳动者高于基本保险需求的愿望,包括补充医疗保险、补充养老保险等。补充保险的建立依用人单位的经济承受能力而定,由用人单位自愿实行,国家不作强制的统一规定,但要求用人单位内部统一。用人单位必须在参加基本保险并按时足额缴纳基本保险费的前提下,才能实行补充保险。因此补充保险的事项不作为合同的必备条款,由用人单位与劳动者自行约定。

第五,福利待遇。福利待遇包括住房补贴、通讯补贴、交通补贴、子女教育等。不同用人单位在福利待遇上的差别,已成为劳动者就业选择的一个重要因素。

鉴于劳动合同种类和当事人的情况非常复杂,法律只能对劳动合同的主要条款进行概括,无法穷尽劳动合同的所有内容,因此当事人根据需要在法律规定的可备条款之外对有关条款作新的补充性规定。

五、劳动合同变更

(一)含义和性质

劳动合同的变更是指劳动合同依法订立后,在合同尚未履行或者尚未

履行完毕之前,经用人单位和劳动者双方当事人协商同意,对劳动合同内容作部分修改、补充或者删减的法律行为。劳动合同的变更是原劳动合同的派生,是对双方已存在的劳动权利关系义务的发展。

劳动合同的变更是在原合同的基础上对原劳动合同内容作部分修改、补充或者删减,而不是签订新的劳动合同。原劳动合同未变更的部分仍然有效,变更后的内容取代了原合同的相关内容,新达成的变更协议条款与原合同中其他条款具有同等法律效力,对双方当事人都有约束力。

(二)劳动合同变更情形

在一般情况下,只要用人单位与劳动者协商一致,都可变更劳动合同约定的内容。对变更劳动合同,用人单位和劳动者之间应当采取自愿协商的方式,不允许合同的一方当事人未经协商单方变更劳动合同。如果在协商过程中,有任何一方当事人不同意所要变更的内容,则该部分内容的合同变更就不能成立,原有的合同就依然具有法律效力。在变更过程中还必须遵循与订立劳动合同时同样的原则,即合法、公平、平等自愿、协商一致、诚实信用的原则。

劳动合同订立时所依据的客观情况发生重大变化,致使劳动合同无法履行,是劳动合同变更的一个重要事由。所谓"劳动合同订立时所依据的客观情况发生重大变化",主要是指:

(1)订立劳动合同所依据的法律、法规已经修改或者废止。

(2)用人单位方面的原因。用人单位经上级主管部门批准或者根据市场变化决定转产、调整生产任务或者生产经营项目等。

(3)劳动者方面的原因。例如,劳动者的身体健康状况发生变化、劳动能力部分丧失、所在岗位与其职业技能不相适应、职业技能提高了一定等级等,造成原劳动合同不能履行,或者如果继续履行原合同规定的义务对劳动者明显不公平的情况等。

(4)客观方面的原因。主要有:由于不可抗力的发生,使原来合同的履行成为不可能或者失去意义;由于物价大幅度上升等客观经济情况变化致使劳动合同的履行会花费太大代价而失去经济上的价值等。这些客观原因的出现使得当事人原来在劳动合同中约定的权利义务的履行成为不必要或者不可能。

（三）劳动合同变更时应注意问题

变更劳动合同，应注意以下问题：

（1）必须在劳动合同依法订立之后，在合同没有履行或者尚未履行完毕之前的有效时间内进行。即劳动合同双方当事人已经存在劳动合同关系，如果劳动合同尚未订立或者是已经履行完毕则不存在劳动合同的变更问题。

（2）劳动合同允许变更，但不允许单方变更，任何单方变更劳动合同的行为都是无效的。

（3）必须合法，不得违反法律、法规的强制性规定。用人单位和劳动者约定的变更内容必须符合国家法律、法规的相关规定。

（4）变更劳动合同必须采取书面形式。劳动合同双方当事人经协商后对劳动合同中约定内容的变更达成一致意见时，必须达成变更劳动合同的书面协议，任何口头形式达成的变更协议都是无效的。劳动合同变更的书面协议应当指明对劳动合同的哪些条款作出变更，并应订明劳动合同变更协议的生效日期；书面协议经用人单位和劳动者双方当事人签字盖章后生效，以免双方当事人因劳动合同的更变问题而产生争议。

（5）劳动合同的变更要及时进行。提出变更劳动合同的主体可以是用人单位，也可以是劳动者，无论是哪一方要求变更劳动合同的，都应当及时向对方提出变更劳动合同的要求，说明变更劳动合同的理由、内容和条件等。如果应该变更的劳动合同内容没有及时变更，由于原定条款继续有效，往往使劳动合同不适应变化了的新情况，从而引起不必要的争议。当事人一方得知对方变更劳动合同的要求后，应在对方规定的合理期限内及时做出答复，不得将对方提出的变更要求置之不理。

劳动合同当事人一方要求变更劳动合同相关内容的，应当将变更要求以书面形式送达另一方，另一方应在对方规定的合理期限内及时作出答复，逾期不答复的视为不同意变更劳动合同。

劳动合同变更的具体程序是：

（1）劳动合同的一方以书面形式提出劳动合同变更要求，另一方在规定的期限内予以答复；

（2）签订变更协议；

（3）变更后的劳动合同生效；

（4）变更后的劳动合同文本由用人单位和劳动者各执一份。

六、劳动合同终止

劳动合同的终止，是指劳动合同期满或者当事人约定的劳动合同终止条件出现，或双方当事人的权利义务履行完毕，结束劳动关系的行为。

（一）劳动合同终止条件

有下列情形之一的，劳动合同终止：

（1）劳动合同期满的；

（2）劳动者开始依法享受基本养老保险待遇的；

（3）劳动者死亡，或者被法院宣告死亡或者宣告失踪的；

（4）用人单位被依法宣告破产的；

（5）用人单位被吊销营业执照、责令关闭、撤销或者用人单位决定提前解散的；

（6）法律、行政法规规定的其他情形。

固定期限劳动合同的期限，决定了合同的终止日期。无固定期限的劳动合同，当约定的劳动合同终止条件出现，也可终止劳动合同，但要合法约定。

（二）劳动合同终止程序

（1）劳动合同期满前，如果企业一方不再希望与员工续签劳动合同，应当提前按照相应的法律规定，将"终止劳动合同意向书"送达员工。如果企业希望续签而员工一方不再希望与企业续签劳动合同，则员工应在人力资源部门出具的"续订劳动合同意向书"的回执联签署"不同意续签，到期终止"反馈给人力资源部门，以便员工和企业为后续相关事宜进行准备工作。

（2）法定的劳动合同终止的情形出现，则人力资源部门为员工出具"终止劳动合同通知书"。

（3）企业与员工应该在终止劳动合同15日内办理离职相关手续。如果是企业一方不愿意续签而终止劳动合同，或者是由于用人单位被依法宣告破产、被吊销营业执照、责令关闭、撤销或用人单位决定提前解散而终止劳动合同，企业需要向员工支付经济补偿金。

（4）在离职相关手续办理完后，企业人力资源部门为员工出具"终止劳动合同证明"。

（三）企业不得终止劳动合同情形

符合下列条件之一的，即使劳动合同期满，用人单位也不得终止劳动合同：

（1）员工在医疗期、孕期、产期、哺乳期内，劳动合同期限届满时，企业不得终止劳动合同。劳动合同的期限应自动延续至医疗期、孕期、产期、哺乳期期满为止；

（2）用人单位不得终止伤残程度为1~6级的工伤职工的劳动合同；

（3）用人单位对于未进行离岗前职业健康检查的员工不得终止劳动合同，用人单位在员工进行疑似职业病病人诊断或者医学观察期间，不得终止劳动合同；

（4）法律、法规规定的其他不得终止劳动合同的情形。

七、劳动争议解决

（一）劳动争议

1.劳动争议及劳动争议处理的内涵界定

劳动争议，又称劳动纠纷、劳资争议或劳资纠纷。它是指劳动关系双方当事人之间，对劳动权利和劳动义务及其他相关利益有不同主张和要求而引起的争议和纠纷。从世界各国看，劳动法中的劳动争议多指狭义的争议，一般指用人单位与劳动者或工会之间，在劳动法调整的范围内，因为劳动问题引起的纠纷。各国对劳动争议的处理一般有专门立法，我国劳动争议处理的专门立法是2007年底颁布的《中华人民共和国劳动争议调解仲裁法》。

2.劳动争议范围

劳动争议的范围，在不同的国家有不同的规定。根据我国《劳动争议调解仲裁法》第2条规定，劳动争议的范围是：

（1）因确认劳动关系发生的争议；

（2）因订立、履行、变更、解除和终止劳动合同发生的争议；

（3）因除名、辞退和辞职、离职发生的争议；

（4）因工作时间、休息休假、社会保险、福利、培训以及劳动保护发生的争议；

（5）因劳动报酬、工伤医疗费、经济补偿或者赔偿金等发生的争议；

（6）法律、法规规定的其他劳动争议。

（二）劳动争议处理程序

1. 劳动争议调解

（1）内涵界定。

劳动争议调解是指第三者依据一定的社会规范，在纠纷主体之间沟通信息，摆事实明道理，促成纠纷主体相互谅解、妥协，从而达成最终解决纠纷的会议。劳动争议的调解具有非强制性和非严格规范性的特点。根据我国法律规定，劳动争议案件的调解主要包括劳动争议调解委员会的调解、劳动争议仲裁委员会的调解和法院的调解。

（2）劳动争议调解机构及成员。

劳动争议调解机构为劳动争议调解委员会，它是设在企业内部和一些基层单位的调解机构。根据我国现行《劳动争议调解仲裁法》规定："在用人单位内可以设立劳动争议调解委员会。劳动争议调解委员会由职工代表和企业代表组成。劳动争议调解委员会主任由工会成员或者双方推举的人员担任。调解员应由具有一定素质和能力的成年公民担任。"

（3）劳动争议调解程序。

企业劳动争议的处理程序按现行法律规定为：由劳动争议当事人口头或书面提出调解申请；调解委员会成员调解劳动争议。经调解达成协议的，应当制作调解协议书。自劳动争议调解组织收到调解申请之日起，15日内未达成调解协议的，当事人可以依法申请仲裁。或者达成调解协议后，一方当事人在协议约定期内不履行调解协议的，另一方当事人可以依法申请仲裁。

2. 劳动争议仲裁

劳动争议仲裁：是指劳动争议仲裁委员会根据当事人的申请，依法对劳动争议在事实上作出判断、在权利义务上作出裁决的一种法律制度。劳动仲裁程序主要分为以下几个阶段。

（1）申诉。

劳动争议申请仲裁的时效为一年。仲裁时效期间从当事人知道或者应当知道其权利被侵害之日起计算。劳动关系终止的,应当自劳动关系终止之日起一年内提出。

申请人申请仲裁应当提交书面仲裁申请,并按照被申请人人数提交副本。

仲裁申请书应当载明下列事项:

劳动者的姓名、性别、年龄、职业、工作单位和住所,用人单位的名称、住所和法定代表人或者主要负责人的姓名、职务;

仲裁请求和所根据的事实、理由;

证据和证据来源、证人姓名和住所。

书写仲裁申请确有困难的,可以口头申请,由劳动争议仲裁委员会代为笔录,并告知对方当事人。

(2)立案。

劳动争议仲裁委员会收到仲裁申请之日起 5 日内,认为符合受理条件的,应当受理,并通知申请人;认为不符合受理条件的,应当书面通知申请人不予受理,并说明理由。对劳动争议仲裁委员会不予受理或者逾期未作出决定的,申请人可以就该劳动争议事项向法院提起诉讼。

劳动争议仲裁委员会受理仲裁申请后,应当在 5 日内将仲裁申请书副本送达被申请人。

3. 调解

当事人申请劳动争议调解可以书面申请,也可以口头申请。口头申请的,调解组织应当当场记录申请人基本情况、申请调解的争议事项、理由和时间。

调解劳动争议,应当充分听取双方当事人对事实和理由的陈述,耐心疏导,帮助其达成协议。经调解达成协议的,应当制作调解协议书。

调解协议书由双方当事人签名或者盖章,经调解员签名并加盖调解组织印章后生效,对双方当事人具有约束力,当事人应当履行。

自劳动争议调解组织收到调解申请之日起 15 日内未达成调解协议的,当事人可以依法申请仲裁。

达成调解协议后,一方当事人在协议约定期限内不履行调解协议的,另一方当事人可以依法申请仲裁。

4. 开庭审理

劳动争议仲裁委员会裁决劳动争议案件实行仲裁庭制。仲裁庭由三名仲裁员组成,设首席仲裁员。简单劳动争议案件可以由一名仲裁员独任仲裁。劳动争议仲裁委员会应当在受理仲裁申请之日起 5 日内将仲裁庭的组成情况书面通知当事人。

仲裁庭应当在开庭 5 日前,将开庭日期、地点书面通知双方当事人。当事人有正当理由的,可以在开庭 3 日前请求延期开庭。是否延期,由劳动争议仲裁委员会决定。

申请人收到书面通知,无正当理由拒不到庭或者未经仲裁庭同意中途退庭的,可以视为撤回仲裁申请。

被申请人收到书面通知,无正当理由拒不到庭或者未经仲裁庭同意中途退庭的,可以缺席裁决。

仲裁庭对专门性问题认为需要鉴定的,可以交由当事人约定的鉴定机构鉴定;当事人没有约定或者无法达成约定的,由仲裁庭指定的鉴定机构鉴定。根据当事人的请求或者仲裁庭的要求,鉴定机构应当派鉴定人参加开庭。当事人经仲裁庭许可,可以向鉴定人提问。

当事人在仲裁过程中有权进行质证和辩论。质证和辩论终结时,首席仲裁员或者独任仲裁员应当征询当事人的最后意见。

当事人提供的证据经查证属实的,仲裁庭应当将其作为认定事实的根据。

劳动者无法提供由用人单位掌握管理的与仲裁请求有关的证据,仲裁庭可以要求用人单位在指定期限内提供。用人单位在指定期限内不提供的,应当承担不利后果。

仲裁庭应当将开庭情况记入笔录。当事人和其他仲裁参加人认为对自己陈述的记录有遗漏或者差错的,有权申请补正。如果不予补正,应当记录该申请。笔录由仲裁员、记录人员、当事人和其他仲裁参加人签名或者盖章。

5. 裁决

仲裁庭裁决劳动争议案件,应当自劳动争议仲裁委员会受理仲裁申请之日起 45 日内结束。案情复杂需要延期的,经劳动争议仲裁委员会主任批准,可以延期并书面通知当事人,但是延长期限不得超过 15 日。逾期未作出仲裁裁决的,当事人可以就该劳动争议事项向法院提起诉讼。仲裁庭裁决劳动争议案件时,其中一部分事实已经清楚,可以就该部分先行裁决。

裁决应当按照多数仲裁员的意见做出,少数仲裁员的不同意见应当记入笔录。仲裁庭不能形成多数意见时,裁决应当按照首席仲裁员的意见做出裁决。

裁决书应当载明仲裁请求、争议事实、裁决理由、裁决结果和裁决日期。裁决书由仲裁员签名,加盖劳动争议仲裁委员会印章。对裁决持不同意见的仲裁员,可以签名,也可以不签名。

劳动者对仲裁裁决不服的,可以自收到仲裁裁决书之日起15日内向法院提起诉讼。期满不起诉的,裁决书发生法律效力。

(三)劳动争议诉讼

1.劳动争议诉讼的概念

劳动争议诉讼,指劳动争议当事人不服劳动争议仲裁委员会的裁决,在规定的期限内向法院起诉,法院依照民事诉讼程序,依法对劳动争议案件进行审理的活动。此外,劳动争议的诉讼,还包括当事人一方不履行仲裁委员会已发生法律效力的裁决书或调解书,另一方当事人申请法院强制执行的活动。

2.劳动争议诉讼的机构

法院是处理劳动争议的司法机关。根据我国相关法律的规定,当事人对仲裁裁决不服的,自收到裁决书起15日内,可以向法院起诉。因此,法院对劳动争议案件有权进行审理。

3.关于劳动争议诉讼的程序

法院对劳动争议案件的审理,分为起诉与受理、调查取证、调节和开庭审理等四个阶段。

(1)起诉与受理。原告向人民法院提出诉讼请求,要求法院行使审判权,以保护自己的合法权益。起诉人必须与该劳动争议有直接的利害关系,必须有明确的被告、集体的申述请求和事实根据。劳动争议案件未经仲裁的,法院不予受理。法院只受理已经由劳动争议仲裁委员会裁决后,当事人不服裁决的争议。法院在收到原告的起诉后,要对起诉依法进行审查,并决定是否受理。符合受理条件的案件应当在7日内立案,并通知当事人,立案之日起5日内将诉讼副本发送被告,被告在收到之日起15日内提出答辩状。

经审查不符合条件的,应当在 7 日内裁定不予受理,原告对裁定不服的,可以上诉。

（2）调查取证。法院要对劳动争议仲裁机关掌握的情况、依据进行核实。对争议有关的事实进行调查、取证,弄清事实。

（3）调解。法院审理劳动争议案件,根据当事人自愿的原则,在事实清楚的基础上分清是非,进行调解。达成调解协议的,由法院制作调解书。调解书在经当事人双方签收后,即发生法律效力,当事人必须执行。

（4）开庭审理。调解不成的,或当事人在调解书送达之前后悔的,法院应及时判决。法院在开庭前 3 日将开庭时间、地点通知当事人和其他诉讼参与人。开庭要进行法庭调查,由当事人陈述争议事实,法庭出示相关证据,当事人双方进行法庭辩论。在辩论结束后,法庭作出裁决,并按规定向当事人发送判决书。

当事人不服一审判决,有权在判决书送达之日起 15 日内,向上一级法院提起诉讼。期满不起诉的,判决书发生法律效力。

八、集体合同

集体合同是指企业职工一方与用人单位就劳动报酬、工作时间、休息休假、劳动安全卫生、保险福利等事项,通过平等协商达成的书面协议。集体合同实际上是一种特殊的劳动合同,又称团体协约、集体协议等。集体合同草案应当提交职工代表大会或者全体职工讨论通过。集体合同由工会代表企业职工一方与用人单位订立;尚未建立工会的用人单位,由上级工会指导劳动者推举的代表与用人单位订立。可见,作为一种契约关系,集体合同是集体协商的结果。

（一）集体合同基本特征

集体合同首先具有一般合同的共同特征,即是平等主体基于平等、自愿协商而订立的规范双方权利和义务的协议。除此以外,集体合同还具有其自身特征:(1)集体合同是特定的当事人之间订立的协议。在集体合同中当事人一方是代表职工的工会组织或职工代表;另一方是用人单位。当事人中至少有一方是由多数人组成的团体,特别是职工方必须由工会或职工代表参加,集体合同才能成立;(2)集体合同内容包括劳动报酬、工作时间、休息休假、劳动安全卫生、保险福利等事项。在集体合同中,劳动标准是集体

国际工程建设项目人力资源管理

合同的核心内容,对个人劳动合同起制约作用;(3)集体合同的双方当事人的权利义务不均衡,其基本上都是强调用人单位的义务,如为劳动者提供合法的劳动设施和劳动条件;(4)集体合同采取要式合同的形式,需要报送劳动行政部门登记、审查、备案方为有效;(5)集体合同受到国家宏观调控计划的制约,就效力来说,集体合同效力高于劳动合同,劳动合同规定的职工个人劳动条件和劳动报酬标准,不得低于集体合同的规定;(6)集体合同是一项劳动法律制度;(7)集体合同适用于各类不同所有制企业;(8)集体合同的订立,主要通过劳动关系双方的代表或双方的代表组织自行交涉解决;(9)集体合同制度的运作十分灵活,没有固定模式,并且经法定程序订立的集体合同,对劳动关系双方具有约束力;(10)集体合同制度必须遵循的一项重要原则,就是劳动关系双方在平等自愿的基础上相互理解和相互信任。

（二）集体合同订立

集体合同的订立,是指工会或职工代表与企事业单位之间,为规定用人单位和全体职工的权利义务而依法就集体合同条款经过协商一致,确立集体合同关系的法律行为。集体合同按如下程序订立:

(1)讨论集体合同草案或专项集体合同草案。经双方代表协商一致的集体合同草案或专项集体合同草案应提交职工代表大会或者全体职工讨论;

(2)通过草案。全体职工代表半数以上或者全体职工半数以上同意,集体合同草案或专项集体合同草案方获通过;

(3)集体协商双方首席代表签字;

(4)登记备案。集体合同签订后,应将集体合同的文本及其各部分附件一式三份提请县级以上劳动行政主管部门登记备案。劳动行政部门有审查集体合同内容是否合法的责任,如果发现集体合同中的项目与条款有违法、失实等情况,可不予登记或暂缓登记,发回企业对集体合同进行修正。如果劳动行政部门在收到集体合同文本之日起 15 日内,没有提出意见,集体合同发生法律效力,企业行政、工会组织和职工个人均应切实履行;

(5)公布。集体合同一经生效,企业应及时向全体职工公布。

（三）集体合同的变更、解除和终止

一般而言,就集体合同的变更或者解除可以分为法定和约定的变更和

解除:

（1）就约定变更和解除而言，根据劳动和社会保障部于2004年颁布的《集体合同规定》第39条的规定，只需要双方意思表示一致即可以变更或者解除集体合同。

（2）就法定变更和解除而言，《集体合同规定》第40条的规定，有下列情形之一的，可以变更或解除集体合同或专项集体合同：①用人单位因被兼并、解散、破产等原因，致使集体合同或专项集体合同无法履行的；②因不可抗力等原因致使集体合同或专项集体合同无法履行或部分无法履行的；③集体合同或专项集体合同约定的变更或解除条件出现的；④法律、法规、规章规定的其他情形。

此外，就变更和解除集体合同的程序而言，《集体合同规定》第41条规定：变更或解除集体合同或专项集体合同适用本规定的集体协商程序。

集体合同的终止，是指双方当事人约定的集体合同期满或者集体合同终止条件出现，以及集体合同一方当事人不存在，无法继续履行劳动合同时，立即终止劳动合同的法律效力。《集体合同规定》第38条规定：集体合同或专项集体合同期限一般为1~3年，期满或双方约定的终止条件出现，即行终止。集体合同或专项集体合同期满前3个月内，任何一方均可向对方提出重新签订或续订的要求。

第三节 奖 惩 管 理

一、员工激励机制

员工激励机制，也称员工激励制度，是通过一套理性化的制度来反映员工与企业相互作用的体现。通过激励机制，一是可以运用工作激励，尽量把员工放在他所适合的位置上，并在可能的条件下轮换一下工作以增加员工的新奇感，培养员工对工作的热情和积极性；二是可以运用参与激励，通过参与，形成员工对企业的归属感、认同感，可以进一步满足自尊和自我实现的需要，激发出员工的积极性和创造性。三是管理者要把物质激励与形象激励有机地结合起来。给予先进模范人物奖金、物品、晋级、提职固然能起到一定作用,但形象激励能使激励效果产生持续和强化的作用。

（一）激励机制五项原则

1. 员工分配的工作要适合他们的工作能力和工作量

人岗匹配是配置员工追求的目标,为了实现人适其岗,需要对员工和岗位进行分析。每个人的能力和性格不同,每个岗位的要求和环境也不同,只有事先分析、合理匹配,才能充分发挥人才的作用,才能保证工作顺利完成。

2. 论功行赏

论功行赏不但可以让员工知道哪些行为该发扬哪些行为该避免,还能激励员工重复和加强那些有利于公司发展的行为。因此,在工作表现的基础上体现工资差异,是建立高激励机制的重要内容。此外,还可根据员工的表现提供不同膳食补助金、休假制度、奖金标准等福利。

3. 通过基本和高级的培训计划,提高员工的工作能力

为员工提供广泛的培训计划,由专门的部门负责规划和组织。培训计划包括一些基本的技能培训,也涉及高层的管理培训,还有根据公司实际情况开发的培训课程,以帮助员工成长为最终目标。

4. 不断改善工作环境和安全条件

适宜和安全的工作环境,不但可以提高工作效率,还能调节员工心理。根据生理需要设计工作环境,可以加快速度、节省体力、缓解疲劳;根据心理需要设计工作环境,可以创造愉悦、轻松、积极、活力的工作氛围。

5. 实行抱合作态度的领导方法

领导者的任务是商定工作指标、委派工作、收集情报、检查工作、解决矛盾、评定下属职工和提高他们的工作水平。其中,最主要的任务是评价下属,根据工作任务、工作能力和工作表现给予公正评价,让下属感受到自己对企业的贡献、认识到在工作中的得失。评价的原则是"多赞扬、少责备",尊重员工,用合作的方式帮助其完成任务。任务被委派后,领导必须亲自检查,员工也自行检验中期工作和最终工作结果,共同促进工作顺利完成。

（二）实现员工激励途径

1. 转变激励机制理念,确立"以人为本"的企业员工激励机制

真正做到关心人,尊重人,创造各种条件,促使人的全面发展,企业的激

励制度才能迅速上正轨。要通过对不同类型人的分析,将他们的需要整理、归类,搜集与激励有关的信息,全面了解员工的需求和工作质量的好坏,不断地根据情况的改变制定出相应的政策并有针对性地进行激励。

2. 充分考虑员工的个体差异,实行差别激励

激励的目的是为了提高员工工作的积极性,每个员工的思想、性格、学识、教养、道德水准不同,千差万别,企业员工激励机制也要正视个性差异,区别对待,在制定激励机制时一定要考虑到企业的特点和员工的年龄、学历、工作年限、能力层次等方面的个体差异,这样才能收到最大的激励效果。

3. 建立企业与员工全方位的激励沟通机制

企业要重视反馈的激励作用,在企业内部建立全方位的沟通机制,形成管理层与部门领导、部门领导与普通员工、管理层与普通员工、普通员工之间的多层次交流对话机制,这样员工就会产生被信任和被尊重的感觉,意识到管理层乐于倾听他们的意见;他们所做的一切都在被关注,从而增强管理者和员工之间的理解、相互尊重和感情交流,员工就会有效地激励自己。

4. 培养员工的自我激励能力,发展员工职业生涯激励

企业应充分了解员工的个人需求和职业发展意愿,为其提供适合其要求的晋升道路,使员工的个人发展与企业的可持续发展得到最佳的结合,这样,他们在工作时会乐在其中,热爱自己的工作,千方百计地把工作做得完美出色。对有一定能力的职工,要给他一个发挥才能的空间,让他把所有的潜能都发挥出来,达到最大限度的激励作用。

5. 建立健全面薪酬体系,采用多种激励方式

薪酬包括工资、奖金、津贴、罚款四项内容,前两项内容属于“硬件”,后两项属于“软件”,只有“软硬兼施”,才有可能取得显著效果。对优秀人才实施倾斜激励政策,凭业绩决定薪资水准,奖效挂钩。采用高薪、优厚的福利、提拔晋升、表扬等。只有做到奖功罚过、奖优罚劣、奖勤罚懒,才能真正调动起人们的工作热情,形成人人争先的竞争局面。

6. 为职工创造一个宽松的环境,用企业文化提高员工凝聚力

企业文化是无形的,但其激励作用是巨大的。管理在一定程度上讲就是用一定的文化塑造人,只有当企业文化能够真正融入每个员工个人的价值观时,他们才能把企业的目标当成自己的奋斗目标。为了企业的持续发

展,为了确保企业目标的顺利实现,为了更好地激励员工,企业要努力建立公正公平、自由和谐、肯定个人价值、鼓励创新、信息通畅、知识分享的企业文化氛围。

二、员工约束机制

员工约束机制,是指为规范组织成员行为,便于组织有序运转,充分发挥其作用而经法定程序制定和颁布执行的具有规范性要求、标准的规章制度和手段的总称。约束包括国家的法律法规、行业标准、组织内部的规章制度以及各种形式的监督等。

约束机制的主要执行方式为惩戒管理,对于惩戒有不同的内涵界定,但是从员工关系管理的角度,惩戒是指针对在绩效、行为和遵守规则等方面没有达到预期标准的员工,管理者按照企业的管理规则和规章制度采取的一种正式的带有惩罚性质的处理行动。实施惩戒管理,是为了在纠正违规员工的同时,保护其他员工免受不公正和不合理的对待,同时也为企业和管理者提供筛选不符合标准员工的机会。

(一)惩戒的标准

企业和组织之所以对员工进行惩戒管理,主要是因为员工没有按照规则和契约履行其行为,或者说没有达到组织的期望,因此,管理者要合理和正当地对员工实施惩戒措施,换言之,惩戒的前提是必须规定“什么样的行为会受到惩戒,什么样的行为不应该受到惩罚”。一般而言,员工受到惩戒的行为是因为违背了三类规则。

1. 一般社会准则

员工的个人行为要受到一般社会准则的约束,作为一个社会公民,要遵守社会规则,这些规则不仅约束员工的工作之外的行为,也约束其工作行为。

2. 法律规则

国家的法律是对所有公民行为的规范和约束,员工违反了国家法律要受到法律制裁,同时也要受到企业的惩罚。这除了要求企业规则的制定要遵守法律之外,还因为许多法律规定,员工在工作中如果发生与职务相关的违法行为,雇主也负有连带责任。

3. 组织规则

企业为了保障正常的生产和经营秩序,要制定和实施企业的制度和规则。但是这些规则不能由企业单独和单方制定:一要依法;二要有员工或工会的参与。无论员工还是管理者违反了企业内部的规则,均属于一种违背契约的行为,都要承担相应的违规责任。

(二)惩戒行为类别

一般讲,各企业对惩戒行为的规定有所不同,但主要可归纳为以下类别。

1. 非直接工作行为

这些行为不与工作相关,但也会对企业或员工管理造成不良的影响,主要是一些与员工个人品质和不良表现相关的行为,例如打架、偷盗、吸毒、诈骗等,此外还包括在工作场所的一些歧视行为,如种族歧视、性骚扰等都属于被惩戒的非直接工作行为。

2. 一般工作行为

这些行为直接影响了组织正常的工作秩序和工作氛围,包括旷工、缺勤和怠工等,以及不适宜的穿着、滥用组织的设施和资源等,这些行为都属于不遵守劳动契约的行为,纵容它们的发生有可能严重影响工作和生产的正常进行。

3. 不胜任工作或工作绩效差的行为

由于企业越来越重视绩效管理,组织通常会采取一些规则和措施提升员工的工作绩效,或者约束员工不能完成绩效标准的行为。

4. 危及安全健康的行为

目前法律对企业员工安全健康行为的规范越来越重视,特别是在一些高危行业,不允许员工有任何违反安全健康法律和规则的行为和苗头发生,这些行为不仅危害企业的利益,也伤及员工本人、同事、顾客及其他人员的安全和健康,一些重大的事故甚至会造成严重的社会影响。

第十一章　战略合作伙伴

战略合作伙伴是经济全球化过程中许多跨国公司的主要战略选择之一，作为一种新的组织形式得到快速发展。下面简要介绍战略合作伙伴的相关知识及其在国际工程建设项目人力资源管理中的应用。

第一节　概　　述

一、战略合作伙伴概述定义

（一）战略合作伙伴（Strategic partnership）起源

《辞海》记载：战略是"对战争全局的筹划与指导。是依据国际、国内形势和敌对双方政治、经济、军事、科学技术、地理等因素确定的。战略解决的主要问题是：对战争的发生、发展及其特点、规律的分析与判断，战略方针、任务、方向和作战形式的确定，武装力量的建设和使用，武器装备和军需物资的生产，战略资源的开发、储备和利用，国防工程设施，战略后方建设，战争动员以及照顾战争全局各方面、各阶段之间的关系等。或泛指重大的、带全局性或决定全局的谋划"。

中国的谚语："一个篱笆三个桩，一个好汉三个帮"，这是中国人对于朋友、合作伙伴的诠释。而英国前首相丘吉尔曾经对合作伙伴有过另外的解释，大致意思是"大英帝国没有永远的朋友或者敌人，如果敌人逃到地狱，我们愿意和魔鬼谈合作"。同样一个字眼，中西方两种视角出发截然不同的解释。但在如今现实的市场上，这两种观点正越来越融为一体，那就是企业的发展一定需要强有力的合作伙伴，否则不说寸步难行，但难做强做大。

从上述理解中，我们注意到，战略运用的前提实际上是存在敌我双方，或敌我友三方，而战略合作伙伴关系则是我友双方共同对敌的结盟关系。

最早的战略合作伙伴关系出现在日本。20 世纪 70～80 年代日本企业的崛起引起了美国学者的关注,他们通过观察发现:日本企业与其供应商在产品研发上的紧密合作关系,或者说特殊的合同关系,是日本企业超越美国企业的关键因素。对此日本通产省也承认:日本制造业竞争力强的缘由,是日本有独特的零部件外协合作关系系统。自 20 世纪 90 年代末以来,无论是国家层面还是企业层面,都根据自身利益及其在国际体系中的位置,努力寻求与其他国家或企业结成某种战略伙伴关系,谋求在更多方面的合作和发展。例如,法俄、日美以及中俄、中加等先后建立了各种形式的战略合作伙伴关系。在企业层面,以我国企业为例:山东浪潮集团与美国微软公司缔结全球战略合作伙伴关系,以国际视野为本土客户服务;中国电力与埃森哲的战略合作,范围将涵盖企业战略设计、组织机构规划和流程重组等领域。建立战略合作伙伴关系已经成为新形势下政治和经济发展的新的运作模式。

（二）战略合作伙伴定义

所谓战略合作伙伴,是指能够通过合资、合作或其他方式,给企业带来资金、先进技术、管理经验,提升企业技术的核心竞争力和拓展国内外市场的能力,推动企业技术进步和产业升级的国内外先进企业。

战略合作伙伴关系本质上是一种为了特定的目标和利益,基于高度信任,伙伴成员间共享竞争优势和利益、共享信息、共担风险的协同发展关系,它能对外界产生独立和重大的影响,并为合作各方带来深远的意义。互利是战略合作伙伴的基础,互补是选择战略合作伙伴的前提。

二、战略合作伙伴类型

战略合作伙伴按不同的考虑因素可划分为不同的类型。通常讲,战略伙伴可分为以下四类。

（一）按合作内涵分类

（1）政治内涵的战略合作伙伴关系。这是以政治关系合作为主,一般是政治体对政治体的战略合作关系。例如,中美"建设性战略伙伴关系"明确提出摆脱冷战思维,坚持用战略眼光和长远眼光审视、处理两国事务。

（2）经济内涵的战略合作伙伴关系。这是以经济关系合作为主,一般是经济体对经济体的战略合作关系。例如,苏宁电器与摩托罗拉建立战略合作伙伴关系,目标是共同为消费者提供零售体验和获取最大的经济价值。

(3)综合内涵的战略合作伙伴关系。这是既有政治关系又有经济关系的战略合作关系。如我国与印度建立战略合作伙伴关系,除了在政治上进一步深化友好关系,应对日益复杂的国际形势外,还在经济贸易方面加强合作,寻求互利双赢。

(二)按合作层面分类

(1)政府间签署的战略合作伙伴关系。这种合作主要涵盖区域与区域的发展。例如,2007年12月,深圳市政府和香港特别行政区政府正式宣布两地建立战略合作伙伴关系,共建世界级大都会。其重点在于加强城市规划、口岸及基础设施以及在深港创新圈、金融贸易等领域的合作和衔接,并在此基础上积极推动珠三角和泛珠三角区域合作。

(2)政府与企事业单位的战略合作伙伴关系。这种合作主要涵盖社会和经济的发展。例如,2007年10月广州市政府与中山大学签订市校战略合作伙伴关系协议书,协议构建的战略合作框架涵盖了城市发展总体规划、科学技术、医疗卫生、产业转化等领域;北京经济技术开发区、天津经济技术开发区与中软国际有限公司建立了电子政务战略合作,共同实施数字化园区解决方案;辽宁劳动和社会保障厅与东软集团实施战略合作,共同打造辽宁社会保险信息化建设工程。

(3)企事业与企事业的战略合作伙伴关系。这种合作主要涉及合作方领域内资源的共享和优势互补。例如,亿阳信通股份有限公司与微软(中国)有限公司的战略合作伙伴关系,就是共享微软的技术优势和亿阳信通在本土市场和本土客户上的专长,为客户特别是通信、交通和能源行业客户带来更多的价值。

(三)按合作的规模分类

(1)一对一的战略合作伙伴关系。这种合作主要指单元体与单元体之间的战略合作,合作领域较独立,甚至具有一般垄断性。例如,国家邮政局与《参考消息》报的战略合作伙伴关系,国家邮政局专门为新华社报刊召开全国电视电话会议,定期督促收订进度,有效促进了《参考消息》的征订工作。

(2)一对多的战略合作伙伴关系。这种合作主要指单元体与单元群体之间的战略合作,涉及的行业领域较多。例如,广东中兴通讯公司先后与微软、英特尔、思科、阿尔卡特等国际知名企业建立的战略合作伙伴关系。

（3）多元体的战略合作伙伴关系。这种合作主要指群体之间共同实施的战略合作，涵盖了更广的区域，可推动整个项目的领域性发展。例如，为了更好地推动互联网电子商务在中国的实际应用，由国内最大的专业竞价网站——雅宝竞价交易网牵头，与包括网易、东方网景等中文网站以及北京信息港、金陵热线等约100余家各类网站达成合作共识，结成战略合作伙伴，签署了共同开发、经营"联合在线竞价频道"的协议。

（四）按合作的期限分类

（1）长期的战略合作伙伴关系。这种合作主要指群体之间的战略合作着重长远利益、稳定的发展，实现企业的长治久安。

（2）中短期的合作伙伴关系。这种合作主要指群体之间为完成特定的项目、开发特定的市场等进行的战略合作，完成特定任务后可能就解散合作伙伴关系。

第二节 战略合作伙伴的人力资源管理

企业战略决策决定了企业的发展方向，而企业战略合作伙伴的人力资源管理控制体系的建立与健全，却决定着企业是否能从战略规划走向战略现实。

一、战略合作伙伴人力资源管理定义

（一）概念

战略合作伙伴人力资源管理是新兴的概念。目前在管理界并没有绝对清晰的定义。根据国际工程建设项目管理多年的经验，战略合作伙伴人力资源管理可以理解为战略合作的各方为了实现企业的既定战略目标和长远的发展利益，形成的有利于战略结盟发展独特的人力资源管理体系，实现合作各方权责明确、管理模式清晰有效。

战略合作伙伴人力资源管理不仅需要考虑到原本企业人力资源管理体系的继承性，同时与时俱进，建立起符合战略合作的人力资源管理特色体系。

成功建立战略合作伙伴人力资源管理体系，合作方各级人力资源部门不仅要了解企业的经营、业务部门对人才的要求、员工的要求,还需要了解客户的需要,将人力资源策略与企业的经营策略结合起来,去支持实现战略目标。

国际工程建设项目在战略合作的情况下,员工来自不同的国家、企业,不同的民族文化带来了不同的价值观,不同的企业文化带来不同的管理方法、手段,这就使得战略合作伙伴中的人力资源管理变得更加复杂,此外不同的战略合作伙伴类型,也会要求相应的人力资源管理策略。所以,与一般的人力资源管理相比,战略合作伙伴组织内的人力资源管理呈现出复杂性以及动态管理的特性。战略合作伙伴一般具有较松散的组织形式,就会要求较弱的人力资源管理功能。只要各方按照战略合作协议等契约让渡某些对合作伙伴有价值的东西即可,员工之间的交流沟通可能较少。但是,战略合作伙伴往往基于各自战略目标形成共同的战略目标,各方深入参与,要求交换财务、管理资源等,并形成一个独立的法律实体,由于来自各方的员工需要长期在一起工作,雇员之间沟通交流就显得很重要,需要进行文化整合、跨文化培训等,以减少沟通障碍并建立员工对组织的忠诚。

(二)战略合作伙伴人力资源管理体系

战略合作伙伴人力资源管理体系是企业战略得以最终实现的关键因素之一。

在企业的发展中,人、财、物是企业得以发展的三大关键因素。随着企业竞争的加剧,未来的不可预知性加强,企业间对人才的争夺战也愈演愈烈,人才竞争成为企业竞争的核心。谁掌握了人才,谁掌握了人力资源的核心竞争力,谁就是掌握了竞争制胜的法宝。在建立战略合作伙伴时,如果不考虑合作各方人力资源的优势互补,建立起人力资源的核心竞争力,那么战略合作伙伴关系的效果将会大打折扣。

目前制约战略合作伙伴人力资源管理体系建立的首要障碍是观念问题。首先,许多企业高层管理者还没有意识到战略合作伙伴中人力资源管理的重要性,人力资源负责人往往不是董事会的成员或者项目管理委员会的成员,在这种情况下人力资源从业人员不但很少有机会从人力资源角度评价企业战略的可行性,而且由于缺乏对企业战略意图和目标的准确理解直接影响了人力资源规划的科学性。其次,人力资源部门将自己的职能仅仅定位于人力资源支持和服务的角色,对公司的业务流程、生命周期、运营模式以及整个的行业特点缺乏明确的了解,企图用通用的人力资源模式去解决企业的人力资源问题,缺乏系统观和大局观。因此,从以上分析可以看出,实现战略合作伙伴的人力资源管理,首先需要高层管理人员和人力资源从业人员转变观念,即从战略、文化和组织建设等高度认识企业人力资源部门的重要作用及其特殊性,也只有这样,才能真正缩短角色转变的进程。

二、合作各方人力资源管理权责划分

合作各方权责的划分,主要取决于各方的竞争优势以及所处的地位。

在企业战略合作伙伴的人力资源管理体系构建过程中,对于权力与责任的划分,应坚持以下几个原则:

(1)信任。信任是划分权力与责任的基础。信任是建立在对于战略合作伙伴的信誉以及独特的竞争能力、个人能力基础上,且这种能力足以使其实现组织和团队对他们的期望。

(2)权责对等。权力与责任是一个事情的两个方面,必须对等,没有单纯的赋予权力而不承担责任,也没有单纯的承担责任而不赋予权力。权力与责任的不对称必然使授权不会持久和成功,迟早会走向失败。

(3)授权与控制的平衡。如果只有控制而没有真正的授权,那只能是集权;而如果只进行授权不加控制,则又会导致权力的失控和混乱。要实现授权与控制的平衡,就必须明确授权的范围,明确哪些是应该授权的,哪些是不应该授权的。要真正做到有效的授权和合理的控制,还必须有相应合理的考核制度。

(4)职能的重新定义。一旦授权计划实施,个人的权力和责任将会有很大的变化,那么原来的职位内容将被重新修改,否则容易出现责任的真空和权力的交叉。因此,授权计划的实施预示着职能的重新定义。

(5)建立授权与承担责任的组织文化。建立授权与承担责任的组织文化,关键是要正确、全面地了解和认识授权和承担责任的本质及其给组织所带来的变化。建立授权的文化氛围,一是要更新管理人员的观念,学会大胆地放权,同时要让他们明白,授权将给他们带来哪些好处。一些组织也执行了授权计划,但当他们发现项目团队的运作经常发生一些工作失误、甚至有的偏离了他们的方向时,他们又介入了团队的管理中,随之而来的就是权力的回收,结果,授权计划无疾而终;二是要做到团队授权,组织应该有一定的容错能力和相应的指导系统,这样可以保证授权计划的顺利进行而不是半路夭折;三是要使管理人员舍得手中的权力,使团队成员有更多的自主权;四是要在组织范围内灌输授权思想,使员工敢于接受权力的挑战,敢于承担更多的职责,同时要经常地与员工沟通,了解他们的想法,听取他们的意见,赢得他们的信任;五是要给予员工相应的技能和知识培训,保证授权计划的顺利实施;六是要在组织范围内尽可能实现知识和信息的显形化和共享,实现团队成果的利益共享,以提高团队成员的工作积极性和工作效率;七是要保证授权的有效控制,保证将来权力的必要回收和授权的动态化。

三、合作各方人力资源管理管控模式

战略定位不同,企业发展阶段不同,战略合作伙伴的人力资源管理也有差异。战略合作伙伴的人力资源管控模式可以分为四种:直控型、策控型、服务型、混合型。

(一)直控型模式

如果战略合作伙伴来源于同一集团内部或者具备相似的背景或者企业文化特征,那么直接的管控模式是比较合适,有利于保持人力资源管理体系和政策的一致性。在中国石油天然气集团公司,许多项目的战略合作伙伴来源于集团内部,他们有着集团内部统一的文化背景或人力资源管理体系,采取直控型的管理更能有效地进行战略合作,同时能避免因不同文化背景的磨合导致的效率低下。此外,从习惯的角度,大家也比较容易接受直控型模式。

(二)策控型模式

战略合作伙伴有可能来自不同的企业集团、不同的行业或者不同的国家,在文化背景差异很大,管理模式多元化的情况下,战略合作伙伴的人力资源管理模式最好采用政策控制型模式。其优点是在保持人力资源管理政策和制度的统一的同时,保持人力资源管理模式的灵活性,促使各合作伙伴根据实际情况优化人力资源管理体系,保证战略结盟的有效实施。

（三）服务型模式

考虑到战略合作伙伴各方文化的差异、业务结构的差异、地域的差异等因素，要实现统一的人力资源管理风格或者在战略合作伙伴各方对于管理模式意见不统一的情况下，可以优先考虑服务型的人力资源管控模式。服务型人力资源管控模式的主要职能是：（1）信息的收集、了解；（2）人力资源现状盘点与诊断；（3）人力资源管理技术的支持；（4）政策的咨询及理念的培训等具体工作。随着文化的整合与深入，人力资源职能定位在向策控型转移。

（四）混合型模式

考虑到战略合作伙伴各方的复杂性，也可以采取以上三种人力资源管控模式的结合，根据不同的战略合作伙伴，采取不同的人力资源管控模式。总之，一切为了结盟战略的顺利实现，可以灵活的调整战略合作伙伴的人力资源管理模式。

因此，根据结盟战略的定位不同以及战略合作伙伴各方管理差异的不同，人力资源管控模式应有所不同。此外，还需要强调的是，没有一成不变的管控模式，企业需要根据自身战略、结构、商业模式以及外部的环境、政策的变化等内外部因素，适时调整管控方法，只有正确合理地选择适合企业自身特点的人力资源管控模式，才能最大化的提升人力资源管理价值。

此外，人力资源专业人员整体素质状况也会影响人力资源管理模式的选择。人力资源管控模式的变革需要高素质的人力资源队伍来支撑。采取集权程度高的人力资源管控模式需要有强大的总部管控能力，因此，总部必须配备高素质的人力资源管理人员，如果总部人力资源管理人员专业素质不到位，就很难有效的对下属企业或者分包商进行有效地指导和管理。同样实施"政策指导型"或"顾问式"的分权人力资源管控模式，也需要子公司的人力资源管理人员有较高的专业水平，如果合作伙伴各方人力资源管理人员专业水平低，没有能力制定差异化政策采取分权程度高的人力资源模式，也会造成下属企业在低端人力资源管理水平上徘徊，影响战略合作伙伴的整体效益回报。

四、战略合作伙伴人力资源管理注意事项

在人力资源管理的模块中，应注意以下几个方面。

（一）团队建设

在国际工程建设项目中，合作伙伴要做到全员参与，向着一个目标努力，在法律法规、合作协议、岗位职责以及工作程序的约束下做到利益共享、责任分担，使所有人员能步调一致形成高效团队。一项工作，可能涉及所有合作伙伴、诸多部门和岗位，仅仅依靠工作流程、岗位职责等约束还不够，必须发挥管理技能，使所有人员做到"一个团队，一个步调，一个目标"。要通过各种有效方式，使员工认识企业的目标和发展方向，避免合作伙伴的员工在不明白企业的目标和发展方向的情况下参与企业活动。要建立统一的企业风气和环境，通过合作伙伴各方员工对企业任务的参与和制定，在合作企业与员工之间建立一种"感情的结合"。要在战略合作伙伴中建立起互相信任的机制。"兄弟合心，其利断金"，战略合作伙伴就是"兄弟"关系，是基于一种对未来行为的承诺。在参与合作的过程中，担心由于企业机密暴露给对方，导致自身在未来市场竞争中失去优势，就会导致各方从自身利益出发，有保留地进行合作，这样就会导致信任与亲密程度降低，抑制战略合作的效果。因此，合作方必须建立互相信任的机制，这是合作伙伴人力资源管理的前提。

（二）加强跨文化培训

战略合作伙伴中的文化差别往往会导致冲突，为加强不同文化背景的员工对不同文化传统的反应和适应能力，促进员工之间的沟通和理解，有必要进行跨文化培训。通过对文化共性的认识，建立起合作伙伴的经营观和强有力的独特的"合作"文化。要想使这种文化取得良好的效果，可以采用共性培训的方法，即不同文化承载人一起就不同的文化进行训练，如让中外员工共同接受培训，这有利于各方进行跨文化对话，促使双方互相尊重。

（三）规范考核和激励

为了进行晋升、薪酬等决策，就需要对合作伙伴的员工进行绩效考核，但由于合作伙伴是不同企业，评估方法就不可能完全吻合。所以，要重新建立合适的评估标准，要避免采用其中一个合作方的评价体系，因为这会给其他企业的员工带来相抵触的文化反应。一般在合作的初期，对员工的考核遵从母公司的指导原则；随着战略合作的逐渐成熟，要在合作伙伴内部建立起不同于各方母公司的绩效评估体系，为员工提供公平合理的报酬。

第十二章　跨文化管理

第一节　跨文化人力资源管理

随着经济全球化的日益加深,随着世界经济一体化和区域经济集团化的不断发展,企业的国际化发展已成为势不可挡的趋势。在国际化企业中,企业的管理者和员工来自不同国家、不同民族,代表着不同文化,使企业成为跨文化企业。这些企业在管理上要面对诸多文化上的差异,这就给人力资源管理提出了新的挑战。尤其是跨文化人力资源管理,已经成为影响企业生存和发展的一个关键性因素。

一、跨文化人力资源管理定义

(一)文化的定义及特征

关于文化的定义,至今学术界也没有形成统一的认识。

从最广义的角度说,文化是人类所创造的一切物质财富和精神财富的总和。从心理学的角度看,文化有其特定的含义:文化是影响某一群体总体行为的态度、价值观和准则。

文化总是以一种非理性的方式持续影响和控制着人们,人们遵循习惯的行为方式,这些方式决定了他们生活中特定规则的内涵和模式。文化是由人类社会特定群体成员共同形成的,是一代代传下来的对于存在、价值和行为的共识。

文化的一个重要特征在于,它是一个如此微妙的过程,以至于人们并不总能意识到它对价值观、态度和行为的影响。人们通常在不得不面对另一种文化时,才真正了解到文化之间的差异。任何赴海外的旅行者,无论他是个观光客还是商务人员,都要遇到在语言、食物、服饰、卫生以及对待时间的态度等方面的文化差异。虽然旅行者可以视此类差异为新奇,甚至是一种消遣,但对于到一个新国家工作和生活的人来说,这种差异可能带来麻烦。他们要经历文化冲击(人们跨越文化时所经历的一种现象)。新的环境要求在相对短的时间内做出许多调整,这对人们的观念形成了相当大的挑战,以至于他们的自我意识,特别是国籍意识出现了问题。实际上,人们对新的文化经历产生冲击反应并由此导致的心理迷惑,是因为他们误解或者不能识别重要的文化符号。

(二)跨文化的定义及其三个层次差异

当一种文化跨越了不同的价值观、宗教、信仰、原则、沟通模式等不同文化时,我们就称之为跨文化。说到跨文化,人们通常会想到跨文化差异。正因为不同文化之间存在差异。才有跨文化管理的必要性。跨文化差异,指的是不同群体或组织的文化差异。它主要包括三个层面的差异。

1. 宏观层面差异

即双方母国(或民族)文化背景差异。厦门大学人力资源研究所所长廖泉文教授认为,这一层次的跨文化差异还应包括双方母地区、母城市的文化背景差异。最典型的如港资企业、台资企业、中资企业,这些企业中的员工都来自中华民族,可是由于历史的原因,香港、大陆、台湾之间的文化内涵已大有不同。此外,即使同是大陆的员工,由于中华人民共和国的多民族性,幅员广大,土地辽阔,少数民族的员工、东西部的员工等,存在程度不等的文化差异,跨文化管理同样成为这些企业的管理者所不得不面对的一大挑战。

2. 中观层面差异

即双方母公司自身特有的"公司文化"风格差异。这一点在通过兼并收购而重组的企业中特别明显。例如,海尔兼并青岛红星电器厂时,只派了三个人去,没有增加一分钱的投资,没有换一台设备,主要是去营造公开、公平、公正、竞争的文化氛围,灌输并实践海尔的生产经营理念。结果兼并的当年,红星电器厂即转亏为盈。应该说,当时海尔公平、公正的企业文化与青岛红星电器厂拉帮结派、办事讲圈子的企业文化是大相径庭的。正因为海尔成功地实施了跨文化管理,才成功地救活了一个企业。

3. 微观层面差异

即个体文化差异。现实生活中,年长者和年轻者、男性和女性、上级和下级、不同部门的员工之间等,任何不同的两个人身上都可能存在跨文化差异。企业管理者应善于了解并总结每个员工身上的文化差异,然后认真分析,对症下药,更好地实施跨文化人力资源管理。

（三）跨文化三个阶段

第一阶段:跨国企业起步时属于"种族优越主义"阶段。企业赴海外活动,主要目的在于谋求母公司的利益,由公司所在的母国发号施令,指挥在外国文化下的分支机构如何行事。

第二阶段:跨国企业进入愈来愈多的国家后,不能再以母国的利益为重,转向"多轴心主义"阶段。国外的营运重任愈来愈由当地管理阶层主导,他们比单纯的外国人更受到当地政府及文化的左右,但也能掌握母国公司的文化精髓。

第三个阶段:公司开始"以地球为中心"阶段。只要和企业成长及生存相关,都是从公司利益出发,任何人可以凭功绩在全球化企业中步步高升,不会因国籍而有不同待遇。新的企业文化诞生,经理人不再担负任何包袱,其中包括国家文化方面的包袱。

（四）跨文化人力资源管理定义

所谓跨文化人力资源管理就是跨文化的、国际化的企业为了保持竞争优势,在人员选择与任用、工作分析、绩效考评和薪酬管理、劳资管理等方面,根据文化差异的特点进行合理控制和管理,在交叉文化的背景下,通过相互适应、调整、整合而塑造出本组织企业文化,以提高人力资源配置与适用效率和效益的管理活动。跨文化人力资源管理是相对于单一文化人力资源管理提出的,它又被称为国际人力资源管理,或者全球化人力资源管理,这是经济全球化所带来的人力资源全球化的必然结果。

二、跨文化人力资源管理环境

跨文化人力资源管理环境指宏观方面的环境,包括政治与法律、经济、技术以及社会文化环境,主要讨论国际工程建设项目的宏观环境及其对国际工程建设项目人力资源管理的影响。

（一）跨文化人力资源管理的政治法律环境

政府与经济生活有着密切的联系,各种社会政治集团以及政治力量不同程度地影响着国际工程建设企业的经营。从国际工程建设企业角度来看,全球性运作要求企业的管理者理解国外的政治和法律体系,了解本国政府与企业所在国政府之间的相互关系,遵守所在国的法律规定,熟悉与所在国当地各部门打交道的策略,才能保证企业的国际化经营得以顺利开展。

一国的基本政治环境因素包括政府组织结构及形式、政党体制、国家利益重点及政府在经济中的介入程度等。这里特别需要注意的问题是国际政治风险,这种风险对于国际工程建设企业的经营常常产生深刻的影响。政治风险往往与经济风险密切联系。历史表明,一国的政治事件及其风险可能对经济产生重要影响。防范的手段主要包括:监视事件信息、了解预期政策、适应环境和购买保险等。

就法律环境而言,影响国际工程建设企业的法律环境是由企业本国法律、国际法律和所在国法律共同组合而成的。其中本国法律与所在国法律之间的差异常常体现为法律体系或具体法律规定的差异上。不同国家的法律在国内和国际两个层面上影响着企业的商业活动。通常一国政府或者是以本国法律为基础,或者是通过双边或多边的国际公约和条约来管理本国企业和外国企业的经营活动。从这个意义上说,国际工程建设企业必须重视各种法律体系,才能顺利开展国际化运作。在国际法律体系中,国际化经营企业应遵守一些基本的法律原则,比如主权原则、国籍原则、地域原则、保护原则和礼仪信条等。国际工程建设企业特别要了解各国在人力资源管理方面的一些法律规定与差异,比如工作时间的规定、休假的规定、工作签证的规定、解雇员工的规定、最低工资的规定等,以利于开展正常的人力资源管理工作。

(二)跨文化人力资源管理的经济环境

了解一国的经济环境,特别是其所处发展阶段及其与人力资本存量的相关关系,对国际化企业的人力资源管理工作有着重要的现实意义。处于不同发展阶段的国家,其市场功能和特点有很大差异,其生活水平、消费特性不同,技术、人员储备都有不同程度的差别。

作为国际化的企业,必须根据市场所在国的经济发展阶段制订经营计划,创造经营机会,并克服经营中的难题。国际工程建设企业要了解项目所在国所处经济发展阶段,一国经济发展水平与阶段往往会影响或显示一国人力资本等资源存量上的差异,这些差异无疑将影响国际工程建设企业的人力资源管理政策的选择。

（三）跨文化人力资源管理的文化环境

跨文化人力资源管理的文化环境，是由生活在既定群体或社会中的人们的态度、要求、期望、智力高低和受教育程度、信念及习惯构成的。国际化经营企业的管理者面对各个国家不同的行为方式，关键就是要了解其中的差异，而文化或者亚文化也许是全球各地的人们行为产生差异与变化的最重要原因。

在跨国经营中产生的国际化企业，由于处于不同的文化背景、地域环境中，必然遇到前所未有的机遇或挑战。在国际化的经营环境中，企业会面对差异化的文化环境，而文化的演变又是一个漫长而又缓慢的过程，文化差异不仅客观存在，还会在一定阶段内长期存在。文化的差异有可能带来相互吸引、可能产生智慧的碰撞，但也可能带来的是文化的冲突。成功的国际化企业管理者通过努力理解文化差异来避免各种误解，这种努力的目标是为了提高文化的敏感性。驻外管理人员不必放弃自身的价值观念，但是必须提高适应企业文化的相关能力。国际化经营企业的管理人员可以通过学习其他国家的文化知识来减少地区主义，他们还可以学会如何理解潜在的各种误解，最终目标都是为了尊重文化价值观念中的差异，避免文化冲突。

（四）跨文化人力资源管理的技术环境

技术是人类为满足社会需求，在改造和控制自然的实践中所创造的劳动手段、工艺方法和技能体系的总和，具有自然和社会的双重属性。人类历史的发展表明，每次具有里程碑意义的科技革命都会引发人类劳动的性质及生产过程的变化，甚至引起人力资源的重大变革。

跨文化人力资源管理的技术环境是指企业所面临的对国际化经营产生影响和制约作用的各种技术因素的集合。企业从事国际化经营所面临的技术环境可以大致分为三个层面：母国的技术环境、所在国的技术环境和整个世界的技术环境。就跨文化人力资源管理而言，目前信息和网络技术的发展改变着人类的组织过程和工作样式，进而引起了人力资源队伍结构的深刻变化。技术的发展，使得知识工作者成为未来全球劳动力队伍中的骨干力量，并引起了组织结构、工作安排的深刻变化。在员工的强烈渴求、科学技术的强力支撑下，一些全新的、并且更具挑战性的工作形式——远程办公、在家办公、虚拟办公等已经彻底推翻了传统企业直线管理的基础。越来越多的公司意识到，要给予员工特别是知识型员工更多的自主权，并放弃那种"对员工每天的管理控制是提高绩效的先决条件"的陈旧思想。总之,技术的发明与革新不断改变着人们的思维模式和行为习惯,改变着企业运行环境和管理手段;改变着人力资源管理的对象,也改变着人力资源管理本身。

三、跨文化人力资源管理思考

(一)跨文化人力资源管理中存在的问题

1.沟通问题——语言障碍

语言与文化向来密不可分,语言是文化的重要组成部分,也是文化的载体,是企业内部和外部交流与沟通的媒介。

在国际化企业中,管理者与员工来自不同的国家或地区,他们的母语各不相同,因此,语言成为交流和沟通的障碍。国际化企业应该选用什么语言作为企业的工作语言?如何选拔和培养具备国际交流能力的高素质人才?用什么标准来测评工作人员的语言沟通能力?企业内如何实现跨文化沟通与管理?如何确保员工在国际工作环境中进行有效沟通和交流以促进企业顺利开展全球性业务?都是国际化企业人力资源管理中必然要面对的问题,也是企业必须重视和解决的问题。

2.文化差异问题——文化冲突

文化差异主要是指以价值文化为核心的社会文化差异,它特别容易引起文化冲突。来自不同文化背景的人们具有不同的价值观,他们总是对自己民族的文化充满自豪感。大多数人总是有意无意地把自己的文化视为正统文化,而认为外国人的言行举止总是稀奇古怪的。而事实上,这些在他国人看来似乎古怪的言行举止、价值观念对该国人民来说却是非常自然的。在全球化的大市场中,不同文化间的差异和冲突无处不在。它对国际化企业的人力资源管理有着多方面的影响,而且它常常在无形中发生作用,当人们还没有意识到它的作用时后果已经形成。在许多国际化企业在经营管理过程中只重视战略和财务因素,忽略企业国际化以后文化不兼容的影响,从而导致了管理上的困难,甚至造成经营失败。

企业国际化最大的障碍是来自文化和人的方面。从某种意义上说,文化的整合比技术或业务上的整合更加困难,因为文化的整合牵涉到消除员工的顾虑并建立一种新的观念,而这是一个相当复杂而漫长的过程。如何保持本土文化的优势和特色,又能吸收外来文化的精华,将成为国际化企业的生存之道。这就需要国际化企业的管理者具有更敏锐的文化意识,及时地进行角色转换和观念重塑,掌握跨文化条件下进行经营与管理的策略。

(二)跨文化人力资源管理的两种方式

1. 文化"移植"

所谓"移植",是指简单地将一个地方的"树苗"移植到另一个地方的"土壤",这是一种单纯的"更换土壤"的思维方式。然而文化是有生命的东西,它的生存一定需要适宜的"土壤"才行。如果单纯地把"土壤"更换,再有生命的东西也会因"水土不服"而枯萎。跨文化企业如果想当然地把带有母国文化的管理方式直接运用于合资企业中去,或者合资企业简单地照搬所在国的管理模式,采取迎合所在国文化的管理方式,其跨文化人力资源管理是低效且容易失败的。很多跨国企业的海外经营都不得不提前打道回府,原因就在这里。

2. 文化"嫁接"

所谓文化"嫁接",是指科学地将一个地方的"树苗"有生命力的那部分嫁接到另一个地方的"土壤"中去,用"合成"的文化物质去滋养促进其生长发育的一种全新的管理模式,这是一种复杂的"更换品种"的思维方式。跨国企业若想在管理结构、管理职务、人事政策上完全超越国家和文化的界限既不可能,也不可取。跨国企业真正需要的是借助于对跨文化差异的沟通及对跨文化管理的积极参与、实践,达到跨文化的真正融合,形成跨文化和谐的具有所在国特色的经营管理模式,在互相决定的各种需求之间获得动态的平衡。

值得注意的是,"嫁接"不同于"折中",虽然二者都是在不同文化之间求同存异,但是后者只是企业文化理念间的妥协与退让,这种方式缺乏跨文化的理解与沟通,企业将会损耗掉不少"杂交"后应具有的优势。

跨文化企业若想真正地达到多文化的跨文化融合,就必须采取文化"嫁接"的方式,而非文化"移植"。

（三）跨文化人力资源管理的应对方法

1. 采用国际化、标准化、量化的语言管理模式

国际化企业参与国际竞争、扩展国际业务需要进行有效的跨文化沟通与管理，为此，需要建立国际化、标准化、量化的语言管理模式。

在这种语言管理模式下，首先，国际化企业要确定本企业的工作和日常交流语言。随着全球化时代的日渐迫近，企业间的国际联系和交往日益密切，迫切需要一种国际化的语言作为交流媒介。由于人力、物力、财力、精力等各种条件的限制，任何国家都不可能开展多种外国语教育。由于历史的原因，英语已经逐渐成为目前世界上使用人数最多的一种国际通用的交流媒介，成为一种全球性的语言。因此英语现在是世界上几乎所有国家对外交流的主要工具，成为实现国际间联系和交往的重要手段。

英语对于国际化企业的员工来说不仅十分重要，而且也是一种能力。在确定了企业的工作和日常交流语言后，企业在引进和选拔人才时要对候选人的英语沟通能力进行测评，但很多企业缺乏一套行之有效的、世界通用的英语沟通能力衡量与考评标准。那么，如何运用国际标准建立跨文化交流与员工选拔及培训的考核体系呢？采用大学或成人四六级考试方式肯定不行，因为它无法考核员工的职业英语沟通和交流能力。美国教育考试服务中心开发的 TOEIC 考试（Test Of English For International Communication），即托业考试，可以帮助国际化企业测量员工在国际工作环境中使用英语进行交流的能力。TOEIC 考试素有"商业托福"之称，是比较权威的国际职业英语测评标准。

采用托业考试作为企业在语言培训、海外任职、员工选拔等重大人事决策中的语言测评标准，帮助企业对员工的英语交流能力进行量化的评估，可以有效避免人事决定中的主观臆断。至今，全球已有 60 多个国家和地区的 5300 多家著名的跨国企业已使用 TOEIC 来营造本企业的语言交流管理体系，将 TOEIC 考试纳入其人力资源战略管理体系中作为员工聘用、考核、升迁、海外任职的重要衡量标准，并在招聘、培训、岗位要求、海外任职等人力资源管理和企业国际化人才建设上获得显著成效。

对人力资源管理经理所进行的一份调查表明，在国际化企业中，英语口头与书面沟通能力已经成为考虑员工入职与考核员工表现的重要指标。运用国际标准建立员工选拔和培训的语言考评体系，可以帮助企业对应聘者

的英语交流能力进行量化的评估,有效地降低招聘成本;在英语培训中,可以帮助企业准确地考核培训效果,了解员工学习进展,掌握培训方向,真正地实现员工从"企业让我学"到"我自己要学"的转变。

2. 提高国际化企业经理人才的文化智力

国际化企业的人力资源管理人员不仅要像国内企业管理者一样具有较高的智商(Intelligence Quotient)和情商(Emotion Quotient),还要有较高的文化智力(Culture Quotient)。文化智力(CQ),是指人们在新的文化背景下收集处理信息,做出判断并采取相应的有效措施以适应新文化的能力。它是国际化经理人才所必备的重要素质。

首先,提高国际化经理人才的文化认知能力,即认识、了解和领悟不同文化的能力,对异质文化的敏感性和领悟力。比如中国管理人员到美国去从事工作,如果能够很快地适应周围环境,并融入到美国社会中去,很快和周围的人有了共同语言,那就是对市场认知比较准确,很快就找到了共同点,是具有较高文化认知能力的表现。其次,增强国际化经理人才的文化认知动力,即融入其他文化的愿望和激情。有的人积极融入到异质文化中去,而有的人却不积极。比如在美国老一代的中国人到了美国以后从事卖菜、开饭馆等工作,在美国生活了几十年却一直用中文,而且跟美国人交流不多,对此也不积极,因此他们融入美国社会很慢。与之相比,现在的年轻人到美国就有了解美国文化和社会的强烈愿望和激情,愿意尽快融入到美国社会中去。最后,增强文化行动能力。文化行动能力包含几个方面:尊重不同文化的诚恳态度,模仿不同文化的应变能力,和异质文化沟通融合的能力,以及协调解决文化冲突的能力。

3. 充分认识文化差异的客观性

文化差异是一个非常普遍的问题,东、西方文化差异较大,比如常见的西方追求卓越,东方追求和谐;西方崇尚个人,东方崇尚集体。很多东西在中国适应,但是在美国不适应;在美国觉得很正常的事在中国却不被接受。我们会认为欧洲文化看起来差不多,但其实欧洲文化之间的差别也很大。在德国,除非获得允许,否则什么事情都不准做;在英国,除非受到禁止,否则什么事情都准许做;在法国,即使受到禁止,什么事也准许做。德国人最受约束,英国人其次,法国人不受约束。德国人到法国办公司,不好办;法国人到德国办公司,照样也不好办。所以,正确认识文化差异不是一件容易的事情。

国际化企业所面临的不只是企业层面的文化差异和冲突,还包括国家层面的文化差异及冲突,所以国际化企业跨文化管理面临极大的挑战。

4. 正确处理文化差异和冲突

正确处理文化差异和冲突首先要培养多元文化意识,充分认识不同文化背景下人们不同的思维方式、行为模式等文化维度特征。例如,美国企业相对注重个人主义。这种国家文化的差异在企业文化中体现在对高级管理人员的薪酬体制上。因此,在美国企业与欧洲企业的并购案例中,薪酬往往都是整合的焦点及不和谐的根源。在欧洲,特别是法国和德国,员工们不喜欢不确定性,他们需要知道企业国际化对他们的企业和个人会带来什么样的影响。国家的劳动法对解雇员工的严格规定及对员工的保护是对确定性需求的体现。从中国企业的文化特征来看,一方面中国人对风险的接受程度高,另一方面又倾向于较高的权利距离指数,这就导致了中国企业的成败往往取决于企业最高领导。他们在组织职能并不完善的情况下,通过对下级的直接干预来管理企业,而下级更多的是服从领导的安排。显然,通过这种方式来管理其他发达国家的企业,是行不通的,因为在这些国家的企业中,企业中层往往扮演非常重要的角色(图12-1)。

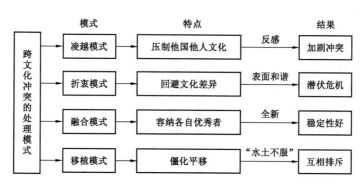

图12-1　跨文化冲突的处理模式

在人力资源管理中充分考虑到文化因素,若对方国家权利距离指数较低,则应选派民主型、关怀型领导,反之则选派权威型领导,如对方国家不确定性回避指数高,进入该国后首要工作就是树立稳定、专业、规范的企业形象,制定好各项规章制度,如对方国家不确定性回避指数低,则可以优先考虑市场机会等。

有了多元文化意识后,还要提高文化敏感性和文化适应性。提高文化敏感性要训练员工对当地文化特征的分析能力,弄清楚当地文化是如何决定当地人的行为的,掌握当地文化的精髓。较为完善的文化敏感性培训能使员工更好地应付不同文化的冲击,减轻他们在不同文化环境中的苦恼、不适应性或挫败感,促进不同文化背景的人之间的沟通和理解,避免他们对当地文化形成偏见。文化的适应性训练,可以派员工到海外工作或者出差,让他们亲身体验不同文化的冲击,或者让他们在国内与来自不同文化背景的人们比如总部的外籍员工相处,员工可以通过实践经历和海外出差获取适应其他文化的知识和技能。这也就是所谓"到水里学游泳"的方法。这种方法虽然令人痛苦,但事半功倍。另外,还可以通过引导不同文化背景的员工建立工作和生活关系,加快不同文化的相互适应。

来自不同文化背景的员工要互相尊重,双方企业文化求大同存小异,各展所长、优势互补。

5.努力促进双方或多方文化的融合

国际化企业要想真正搞好跨文化条件下的人力资源管理,必须根据民族文化维度理论所提供的不同文化的特质采取一系列步骤和措施整合不同的文化,融合各文化中的优秀特质,建立起一套适合跨文化条件下的企业管理新模式,最终目的是把双方或多方文化融合在一起形成新的文化。这个过程如果搞不好,最终会导致企业国际化的失败。

文化融合首先应当是思想观念的融合。对于国际化企业而言,注入新的思想观念比注入资金更重要,因为陈旧的观念是阻碍企业发展的最大障碍,也是文化融合的最大阻力。企业的员工必须认识到企业国际化的过程不可避免,没有国际视野就没有生存空间,国际视野与本土智慧融合已经成为主流的成功商业操作模式。文化融合的过程就是双方或多方企业通过相互学习、相互交流、相互尊重、相互吸收对方文化的优点,调整自身文化中的一些弊端,使得双方或多方文化相互渗透、相互影响,从而形成共同的价值追求,充分调动各方面的积极性,增强企业的凝聚力,建立起更能适应国际化环境的新型企业文化,在共同发展的原则下,推动企业向更高层次、更高水平发展。

【案例分析】明基是如何避免引爆因文化差异埋下的'地雷'的？全球副总裁洪宜幸建言：

（1）避免偏见。领导者应该学会用中性词来描述与文化相关的事物，尽力避免或消除文化偏见。文化没有好与坏之分，只有适合与不适合之分。

（2）包容其他文化。一个现代跨国经营管理者必须学会包容相互不同甚至截然相反的各种文化。

（3）己所不欲、勿施于人。换位意识是文化管理者的必备素质，相互尊重是跨文化管理最重要的基础，也是解决一切文化冲突的前提。

（4）注意细节。对于管理者来说，他还需要进一步了解其他文化的具体细节，因为对细节的处理能体现一个跨文化管理者的专业素养。

（5）在企业核心价值观的基础上建立一种双赢的文化，达成一种平衡。这种价值观必须具有开放性、兼容性、持久性等特点，把不同地区的不同文化加以融合，以适应本地化管理的需求。

第二节　社区管理与公共关系

社区一词源于拉丁文，原意是共同的东西和亲密伙伴的关系。国际工程建设企业每开工建设一个新的项目就要快速融入当地社区管理活动中。公共关系是英语"Public Rlations"的中文译称：它一方面是指公共关系状态，即社会组织在公众心目中的形象和认识总和；另一方面是指公共关系活动，即社会组织为了塑造并改善自身的组织形象而从事的各种实务活动。国际工程建设公司及其社区管理中运用公共关系的手段，就在于根据行业特征，把所在国业主关系和社区关系相结合，通过有效的信息传播，提升企业良好国际形象。

良好的国际工程建设公司及其社区形象，可以提高国际工程建设公司在国际上的地位，增强国际公众的信任感，赢得所在国政府、当地社区的尊重、信任与支持。

一、国际工程建设项目与社区管理

国际工程建设公司每开工一个项目必然面临社区管理问题，根据所在国社区管理模式选择合适的融入方式对国际工程建设公司树立形象与品牌具有重要现实意义。

（一）社区管理概念

国际工程建设项目主要涉及城市社区，当然建设过程中也涉及农村社区问题，这里主要讨论城市社区管理问题。城市社区是指生活在一定地域范围内，且大多数有劳动能力的人都从事工商业或其他非农产业，并达到一定数量的人口所形成的社会生活共同体。

城市社区有多种表现形式。从规模上，大的可以指一个城市甚至相邻的几个城市，小的指城市内部自然形成的小型社区。城市社区是城市的细胞和基础，是社会问题最敏感最集中的地区，也是政府基层政权稳定巩固的载体。

城市社区是相对于农村社区而言的，其特点主要表现为：一是人口高度集中，生活空间相对狭小；二是居民从事非农产业，异质性强，价值取向多元；三是生活方式多样化，人际关系业缘化，情感色彩较淡薄；四是组织程度较高，结构复杂，形式多样化。

城市社区管理是指城市政府及其职能部门动员和依靠社区各方面的力量，依据有关法律法规，对社区内的各项公共事务和公益事业进行规划、组织、指挥、控制、协调的过程。由于城市社区不同于一般的"行政区"，社区成员形成的各种利益关系，往往不是以行政权力的介入为前提，而是以自主、平等的社会成员的共同需要为纽带，是通过居民自治组织（居委会），以一定的契约（居民公约）为基础建立起来的，因此，社区管理始终贯穿着自我管理、自我发展、自我服务的性质，体现着"共治、共享、共有"的特征。

国际工程建设项目社区管理主要是指根据所在国社区管理规定及当地习俗，快速融入社区管理，积极参与社区活动，承担社会责任，搞好社区关系，提升国际工程建设公司形象的过程。

（二）国际上典型的城市社区管理模式

目前，典型的国外社区管理模式基本上可分为欧美型和亚太型两大类。它们的主要区别是政府与社区结合的紧密程度不同，欧美国家在社区管理上政府行为和社区行为一般是分离的，松散的。而亚洲国家和地区在社区的管理模式一般是政府行为和社区行为的结合较紧密。这种关系上紧密程度的不同,使社区的组织管理各具特色。在众多的城市社区管理模式中,较为显著的是以美国为代表的社区自治模式、以日本为代表的混合模式和以新加坡为代表的政府主导模式。

1.美国城市社区管理模式

(1)美国社区中心的内容。社区中心存在于社区中,每个社区至少有一个社区中心,根据管理方式的不同,社区中心的组织结构、原则的确定也有统一的标准。社区中心的管理层由一名中心主任、两名副主任、一名出纳员、一名秘书和一名执行主任构成。社区中心的经费来源于捐献、政府资助以及其他方面,中心的布局合理,有足够的地方开展活动,设备设施能满足不同需要,为不同年龄层次居民提供服务。

(2)美国社区自治模式的特点。社区自治模式体现为政府行为和社区行为相对分离,政府对社区的干预主要以间接的方式进行。美国的市是州政府的分治区,市政体制采用的是"议行合一"或"议行分设"的地方自治制度,实行高度民主自治,依靠社区自治组织来行使社区管理职能。因此,美国社区自治模式呈现出不同的特点:

首先,实行民主管理。美国城市社区没有政府基层组织或派出机构,实行高度民主自治,依靠社区居民自由组合、民主选举产生的社团组织如社区管理协会、社区管理委员会、社区管理服务中心等来行使社区管理职能;

其次,社区建设有序合理。在制订社区发展规划时美国政府特别强调人与环境的协调发展,其对城市建设中满足社区居民的要求,保证居民生活质量的部分考虑得非常细致周到,从而保证了周围环境不被破坏;

第三,公众积极参与社区管理。在美国,公民为自己所在的社区机构或组织提供无偿志愿服务已成为一种自觉意识。美国社区志愿者1990年已达9840万人,占成年人口总数的54%,提供公益服务的机构或组织,绝大部分工作是由志愿者来承担。因此,美国社区管理基本是"政府规划、指导、资助,社区组织具体实施的运作方式"。

2.日本城市社区管理模式

(1)日本社区管理的内容。日本社区管理是地域中心的管理模式,日本的地域类似我国街道的行政区域,而地域中心则等同于我国街道办事处。地域中心是区政府根据人口密度和管理半径划分的一定区域的行政管理机构,隶属于区政府地域中心部。地域中心负责收集居民对地域管理的意见。地域中心的经费是政府拨款,经费的使用严格按照规定和标准进行。

（2）日本混合模式的特点：

首先，体现为民服务的思想意识。日本社区管理模式的总体设想和规划、资金的投向、机构的设置等都体现了以人为本的思想，把为社区居民服务作为出发点，特别对社区内的老、弱、病、残等人给予重视和关怀；

其次，政府指导、监督社区管理工作的开展。在日本城市社区管理中，政府与社区工作部分分开，通过相应的政府组织指导社区工作，并对社区提供资金支持，有一套完善的资金使用体系；

第三，城市社区管理呈现民主化自治的趋势。政府并不直接对城市社区进行管理，而是由社区中町会等组织进行社区管理，居民主动参加社区部分领域管理的意识较强。

3. 新加坡城市社区管理模式

（1）新加坡社区管理的内容。新加坡根据地域范围划分社区管理层次，在区域层次上，每个区域建立社区发展理事会负责本社区工作，在社区发展理事会下面，以选区为单位设立公民咨询委员会，最基层的社区组织是居民委员会，全国社区的总机构是人民协会。社区的有效运行需要充足经费的支持，新加坡社区经费来源主要有两种途径：政府拨款和社会赞助。

（2）新加坡政府主导模式的特点：

首先，完善的社区管理体系。政府对社区发展进行管理，职能分明、结构严密，井然有序。新加坡社区内存在三个组织即公民咨询委员会、社区中心管理委员会和居民委员会。

其次，政府行为与社区行为紧密结合。政府对社区的干预较为直接和具体，并在社区设有各种形式的派出机构。新加坡社区发展的行政性较强，政府中设有专门的社区组织管理部门负责对社区工作的指导和管理。

第三，居民自主参与意识差。在政府主导的模式下，居民习惯接受制度安排，习惯了自上而下的管理模式，所以，居民对社区管理民主参与意识比较薄弱。

社区自治模式、混合模式和政府主导模式等三种典型的城市社区管理模式产生于不同的文化、政治背景，并在社区管理上产生了不同的运行机制和结果。这三种社区管理模式分别反映了不同的民主和自治制度，并与他们本国的国情和社会发展水平相适应。

（三）国际工程建设公司参与社区管理策略

根据所在国社区管理模式及有关规定，结合项目实际，国际工程建设公司可采取以下策略参与社区管理。

1. 遵守所在国社区法律制度

城市社区管理中法制的作用是通过各项法规协调社区中各单位、各利益集团、各家庭和个人在城市中发生的各种关系。一切社区行为都是依据法律、法规的规定来行使的。国际工程建设公司应充分了解当地法律、法规和配套制度，依法参与社区建设与管理。

2. 增强企业公民社区意识

作为社区一分子，国际工程建设公司应增强企业公民责任意识，积极参与社区管理，享受权利的同时要切实履行社区义务。国际工程建设公司必要时可赞助社区活动，协助社区开展工作；积极化解矛盾，构建和谐社区关系，把社区管理纳入国际工程建设公司的公共关系管理范畴，展示国际工程建设公司的国际形象，体现国际公司的社区建设责任。

3. 积极参与社区事务管理

根据所在国社区管理法律法规，积极参与社区事务管理，比如通过志愿服务，参加社区会议、社区听证会和竞选社区委员会等途径参与社区管理。

驻社区项目为社区提供资源支持，包括人力资源和物力资源，建立起与社区的融洽关系。根据当地情况，国际工程建设公司协助社区举办公益活动，比如养老、助残、扶幼、帮孤、济贫、环保、教育、卫生、治安等，提升企业公共形象体现社会责任义务。

二、国际工程建设项目公共关系策略

公共关系是企业中一项重要的经营活动，它可以凌驾于生产、营销等企业其他基础活动之上，是企业与外部环境交流，树立企业自身形象，争取更多支持的行为，是以推销本企业为宗旨的有序活动。

（一）公共关系的内涵和职能

1. 公共关系的内涵

企业公共关系（Public Relations）一般是指企业与各类公众之间，为取得一定的相互理解、支持而发生的各种信息交流,用以树立企业的信誉,塑造企业的形象。其核心是依据信息传播的科学原理,运用恰当的新闻和传播工具,在企业的内、外部建立双向信息沟通网络,从而不断改善企业的经营和管理,树立企业形象,赢得社会公众的信任与支持。公共关系的对象是一个企业的各类公众组成的各种社会关系。企业的社会公众是指与企业发生联系,并产生相互作用的其他组织或群体。公共关系处理的是企业的各种社会关系,它追求的是企业与社会公众的共同利益。

企业公共关系是一种状态,任何一个企业都处于某种公共关系状态中。它是一种活动,当一个企业有意识地、自觉地采取措施去改善自己的公共关系状态时,就是从事公共关系活动。企业公共关系从属于企业宗旨,为企业的目标服务。它是企业面对外在的公众和内在的员工,通过运用长期有效的双向信息沟通、双向交往、双向利益调整等方法途径,建立企业与目标对象之间的相互理解、相互信任和相互促进的互动关系。显然,企业公共关系是企业在现代市场经济和大众传播事业高度发达条件下重要的经营管理手段。随着市场经济的不断发展,企业公共关系的应用领域也不断扩大,它的应用已从市场营销中的策略组合,发展到企业发展中的重大问题的解决,甚至危机事件的处理等更为广泛地领域。开展企业公共关系的主要方法通常表现为:密切与外部的关系,吸引公众对企业产品及服务的注意,进行企业和产品的宣传报道,开展企业联谊活动,游说政府管理机构,咨询协商,编写案例经验,公众舆论调查,信息反馈,安排特别活动,支持相关团体,赞助相关活动,处理顾客抱怨等。由此可见,企业公共关系是创建企业管理组织正面公众形象的一种专业化方法。换个角度说,它又是建立并维护企业与决定其成败的各类公众之间互利互惠关系的一种经营手段。

2. 企业公共关系的职能

公共关系作为一门经营管理的艺术,其职能主要表现在信息收集、咨询建议、内外信息沟通、社会交往、培训、平衡等方面。信息收集即收集公共关系所需的信息,包括产品形象信息与企业形象信息两大类。产品形象信息包括公众对于产品价格、质量、性能、用途等方面的反映,对于该产品优缺点的评价以及如何改进等方面的建议。企业形象信息则包括公众对本企业组织机构的评价,如机构是否健全,设置是否合理,办事效率如何等。公众对企业管理水平的评价,包括经营决策评价、生产管理的评价、营销管理的评价、创新精神等方面的评价。咨询建议即对企业运行进行咨询、建议和参谋,主要包括:确定目标公众、设计企业的公众形象、制定企业的传播方案与策略、制定公共关系应变对策等方面。在这个过程中企业公关部门需要对有关宏观环境的问题、对企业有潜在影响的问题和即将进入立法程序的问题,进行分析、评估与预测,并制定相应的应对方案,使企业在变动的环境中保持主动性和应变力。在企业创建时期,信息沟通的主要任务是争取建立公众对于本企业的良好印象,能够招揽人才,争取投资来源,建立自己的独特风格。在企业遇到风险时,要弄清事情的原因,将本企业采取的预防措施向公众宣布。对企业自身过失危害公众利益时,应实事求是,使恶劣影响减小到最低限度,将本企业的改进措施公之于众,帮助企业重振声誉。

对国际工程建设项目来说,企业公共关系环境更为复杂、多变,面临的是国际环境与关系,互动的是国际关系,体现的是国际形象与国际声誉。

(二)公共关系对国际工程建设项目作用

1. 树立企业信誉,建立良好的跨国企业形象

建立良好的信誉是国际工程建设公司经营成功的诀窍,包括企业在市场上的威信、影响,在消费者心目中的地位、形象、知名度。按照公共关系学的观点,单个项目的信誉是较低层次的,只是部分公众或消费者在多次的商品交换过程中形成的对生产者和经营者的信赖程度,它只是企业技术经营素质的综合反映。而树企业信誉、创品牌企业,不仅是企业自身发展的需要,也是现代社会对企业日益强烈的要求。争取舆论支持,争取公众信任,成为企业生存发展的重要条件之一。企业公共关系在经营管理中首先要履行传播推广的职责,即通过各种传播媒介,将企业的有关信息及时、准确、有效的传播出去,争取公众对企业的了解和理解,提高企业及产品的知名度和美誉度,为企业创造良好的社会舆论,树立良好的社会形象。在国际工程建设项目的经营活动中,公共关系策略经常与其他管理活动配合使用,以便充分发挥各项管理工作的整体效应,使国际工程建设项目经营管理工作的实施效果更好。其总体的目的就是帮助国际工程建设项目建立一个良好的跨国企业形象,如果公司的形象良好,处理一些事件或者危机相对来说就有很多的优势。

2. 搜集信息,为企业决策提供科学保证

国际工程建设项目在运作过程中每时每刻都会遇到大量的问题,需要工程质量、进度安排、新技术方向、竞争者动向、潜在危险、企业形象等方面

的信息不断传递给项目部,并要求项目部做出及时而有效的决策。国际工程建设项目公共关系就是利用各种渠道和网络,搜集与项目有关的一切信息,为项目决策科学化提供强有力的保证。项目公共关系首先要履行搜集信息、监测环境的职责,即作为项目的预警系统,运用各种调查研究分析的方法,搜集信息、监视环境、反馈舆论、预测趋势、评估效果,以帮助项目对复杂、多变的公众环境保持高度的敏感性,维持项目与整个国际环境之间的动态平衡。因此,现代国际工程建设项目把公共关系信息的获取划入经营策划之中,成为项目活动不可缺少的组成部分。搜集信息包括项目战略环境信息、企业声誉信息及形象信息等。

3.帮助制定国际工程建设公司发展的长期目标

公共关系是一种长期活动,涉及的不是一个项目或一个时期的签约额,而是有关国际工程建设公司形象的长远发展战略。公共关系着手于平时努力,着眼于长远打算。公共关系的效果不是急功近利的短期行为所能达到的,需要连续的、有计划的努力。跨国企业要树立良好的社会形象和信誉,不能拘泥于一时一地的得失,而是追求长期、稳定的战略性关系。跨国企业公共关系的目标是为跨国企业广结良缘,在社会公众中创造良好的企业形象和社会声誉。一个企业的形象和声誉是其无形的财富。良好的形象和声誉是企业富有生命力的表现,也是公关的真正目的之所在。跨国企业以公共关系为促销手段,是利用一切可能利用的方式和途径,让国际公众熟悉企业的经营宗旨,了解企业的项目施工规范和质量保证体系等有关情况,使企业在国际上享有较高的声誉和较好的形象,促进项目签约的顺利进行。从长远发展来说,公共关系能起到帮助企业发展的作用。通过公共关系跟踪分析,可以帮助国际工程建设类企业了解到很多的业界发展趋势、所处周围环境的变化,帮助国际工程建设类企业确定正确的发展方向。

(三)国际工程建设项目构建公共关系体系策略

实践证明,成功的企业无不把公共关系列为企业管理的重要内容。因为公共关系架设了企业内外联系的桥梁,对树立跨国企业形象,团结企业职工,提高企业的项目签约率起着重要作用。

1.树立企业公共关系全球化思维

国际工程建设公司要适应国际贸易的变化趋势,扬长避短,发挥比较优势与区域优势效应,就要在服务形象和技术形象的塑造上下工夫,企业形象的树立归根到底来自于企业的实力和特色。这就要求企业树立公共关系全球化思维,要有文化融合意识。国际工程建设公司的员工是企业赖以存在的细胞,他们既是企业内部公共关系的对象,又是企业外部公共关系的主体,企业全球化公共关系工作的开展,有赖于每一位员工的支持和参与。因此,跨国企业公共关系全球化的全员认同十分重要。

2. 用国际品牌战略赋予企业公共关系实务以新的载体

树立良好的企业形象是跨国企业公共关系工作的主要目的。品牌形象是企业形象的重要组成部分,成功的品牌有利于良好企业形象的树立和企业经营的成功。纵观世界成功的企业,如可口可乐、耐克、富士、松下等,他们的品牌成功均与品牌的战略化发展密切相关。而品牌战略正是企业公共关系实务的载体,没有这样的战略目标,企业公关活动只能是浅层的、临时性的。国际市场已逐步步入品牌时代,随着市场竞争的日趋激烈和各国经济技术水平的不断提高,国际工程建设项目更多地倾向于品牌企业,市场竞争的最终局面必将是由品牌瓜分天下。因此,创国际品牌、树国际品牌、巩固国际品牌已成为国际工程建设企业树立良好形象和经营成功的必然选择。

3. 架构跨国企业与外部信息沟通的桥梁

企业公共关系的基本目标是为本企业在国际公众中树立形象和信誉,为企业营销目标和发展战略服务。这种良好的企业形象和信誉的建立,只有保障企业与国际社会各方面公众之间双向信息传播渠道的畅通,包括一系列信息的输入、处理和输出过程,并通过各方面不懈的努力才能实现。企业公共关系应根据企业营销活动的不同时期主动采取某些行动,有计划、有步骤地去改善企业本身的公共关系状态,使企业处于相对稳定的状态。例如,企业与当地政府部门、新闻媒介、承包商、业主、社团组织等都有密切关系,通过公共关系活动,使他们了解企业在各个发展阶段的新举措,介绍企业新技术、新工艺、发展前景,还有哪些未满足的需求,困难在哪里? 以发现需求的新动向和营销的新机遇。

4. 跨国企业应遵循公共关系活动的基本原则

公共关系的活动以真诚合作、平等互利、共同发展为基本原则。公共关系以一定的利益关系为基础,这就决定了主客双方必须均有诚意,平等互利,并且要协调、兼顾企业利益和公众利益。这样,才能满足双方需求,以维护和发展良好的关系。否则,只顾企业利益而忽视公众利益,在交往中损人利己,不考虑企业信誉和形象,就不能构成良好的关系,也毫无公共关系可言。同时,公共关系是一种信息交流活动。企业从事公共关系活动,能沟通企业上下、内外的信息,建立相互间的理解、信任与支持,协调和改善企业的社会关系环境。跨国企业公共关系追求的是企业内部和企业外部人际关系的和谐统一。

5.建立危机预警机制,提高危机公关能力

一是建立预警机制,避免国际危机事件发生,跨国企业除了要具有较强的防止公共关系纠纷的意识,如自律意识、尊重公众舆论意识等,最根本的是要建立"预警"机制,尽可能将纠纷化解在萌芽状态;二是制订危机处理预案,当危机发生时,企业如能临危不惧,处理得当,便可化险为夷,并可使危机转为契机,让企业借此得到公众更多的关注和了解。因此,建立危机处理预案十分重要;三是采取积极主动的危机应对策略。要将危机的影响降到最低,应采取积极主动的应对策略,以正确的措施去赢得公众,创造妥善处理危机的良好氛围。以公众利益代言人的身份出现,主动弥补公众的实际利益和心理利益。要勇于承担责任,如宣传沟通,通过有意识的情感影响,维护企业来之不易的良好形象。

三、运用公共关系树立国际工程建设企业及社区形象途径

(一)运用公共关系传播扩散国际工程建设企业及其社区形象

良好的国际工程建设企业及其社区形象的树立离不开传播。美国学者亚历山大·戈德称传播"就是使原为一人或数人所有的信息转化为两人或更多人所共同占有的过程"。从一定意义上说,公共关系活动就是以大众传播、人际传播和组织传播为主要方法的一种组织与公众的交流行为。在树立国际工程建设企业及其社区形象的过程中,国际工程建设项目要充分运用公共关系的技术和手段,来提高国际工程建设企业的知名度和美誉度。

(二)综合运用人际传播、组织传播、大众传播三种渠道

在国际工程建设项目及社区形象的传播中,可以结合运用人际传播、组织传播、大众传播三种渠道。以公关专题活动、公关广告等形式,开展传播

活动扩大其在社会上的影响。

（三）通过开展公关专题活动进行传播

公共关系专题活动又称为公共关系特别节目,包含赞助活动、参加展览会、典礼仪式、周年志庆、社会公共活动等。这些活动,可使广大公众潜移默化地接受举办者的各种信息,增加对举办者的亲近感,引起新闻媒介的注意进而报道,提高举办者的知名度和美誉度,为组织工作创造一个良好的社会环境。

其中举办赞助活动是一项有效的树立美誉度获得形象传播效益的公关专项活动,是企业承担社会责任与义务、搞好社会关系、提高知名度的一种有效手段。

（四）发布公关广告进行传播

公关广告较之一般的商品广告,是"要大家爱我"而非赤裸裸的"要大家买我",它不直接"推销商品",而是"推销企业",着重宣传企业的宗旨、信念、经营风格以及对社会的责任感。其中,公益广告尤为具有代表性,公益广告作为一种公众利益服务,不以赢得为目的的广告形式,越来越受到社会的重视,正由国家机关、团体、媒体单位逐渐向企业界渗透,国际工程建设项目应以敏锐的目光把握好这一有力的广告形式。公益广告服务于公众,发挥着社会效益,但企业利用公益广告则可以提升企业形象,塑造品牌,赢得消费者的好感和信任,必然能获得消费者的支持。

公益广告的宗旨是为公众利益服务。它涉及的范围很广,如倡导环保的植树造林、保护野生动物、保持环境卫生等;有利于解决社会问题的再就业广告、反对毒品、青少年酗酒等专题的广告等。面向社会公众展示它是一个具有高度社会责任感的经济实体,对于国际工程建设项目来讲,好的口碑和通过人际传播在消费者心中建立起来的良好的形象将构筑起自身的无形资产,必将为企业赢得顾客,为获得更大的经济效益打下了基础。这一迂回战略,符合当代社会营销理论发展的新趋势,具有很强的生命力。因此,国际工程建设项目公益广告较之直接推销自己的广告而言,有其独特的魅力和强劲的说服力。

（五）和新闻界保持良好公共关系状态

新闻界一般包括报社、电台、电视台、通讯社、杂志社等新闻传播机构中有组织的群体。新闻界通过新闻报道、新闻评论等,向全社会发挥表达舆论、反映舆论、引导舆论的特殊功能。中国的媒介,特别是国家级的新闻传播媒介,具有影响力大、威望高等特点。欧美的新闻学者把新闻界说成是政府立法、司法和行政三大权力之外的"第四权力"。新闻的力量不可低估,它能影响和左右舆论。在西方,国家元首都不敢怠慢记者。记录尼克松下台的影片《水门事件》,在影片的开头把记者手下的打字机发出的声音夸张成子弹的呼啸声和炮弹的轰鸣声,以暗示人们新闻的力量是多么的巨大。由此可见,任何组织要得到舆论的支持,要维持良好的声誉,都必须和新闻界搞好关系。因为新闻界的背后站着的是数十万、数百万乃至数千万读者、观众和听众。

第三节　企业的社会责任

一、企业社会责任问题的提出

自中国实行改革开放政策以来,中国在促进经济发展方面取得巨大的成功。这部分归功于国际著名的跨国公司,跨国公司纷纷入驻中国,通过吸纳就业、提高人力资本素质、水平和垂直的溢出效应提高了中国产品在国际市场上的整体竞争力,引领中国的产业结构不断向更高层次迈进。但是,跨国公司在推动中国经济发展的同时,也带来了一些负面影响和社会问题。比如,跨国公司将生产过程中的高污染环节转移到中国,对当地的环境和生态平衡造成了严重的破坏;跨国公司实行歧视性的产品和服务标准,降低产品质量、安全以及卫生方面的管理规定,使中国消费者的合法权益无法得到保证。从哈根达斯的"脏厨房"事件到肯德基的"苏丹红"事件,都凸显出在华跨国公司对于公司社会责任问题并不像其在母国那样尽职尽责。此外,跨国公司在中国的"血汗工厂"也成为国内各界人士和国际社会广为诟病的主要原因。中国具有丰富的劳动力资源,人力资本供给充裕,劳动力要素的价格与发达国家相比具有绝对的优势,因此中国劳动者的工资水平低于发达国家的平均水平从经济学的角度讲是合理的。但是一些跨国公司在雇佣中国劳动者的过程中为他们提供的工资待遇和福利已经低于要素市场供求差别所体现的合理水平,在有的情况下甚至是对最基本人权的无视和践踏,如雇佣童工、过度使用劳动力等。这在短期会降低中国产品的国际声誉,从而减少对中国产品的国际需求,同时也是对中国劳动力资源的透支开发和使用,必定在长期不利于我国的经济发展。同样,中国的跨国公司在国外也可能存在或面临企业社会责任问题,企业社会责任问题的提出具有现实和未来意义,具有跨国界意义。

企业社会责任问题的提出最早可以追溯到 17 世纪早期。随着世界经济的发展和社会的日益进步,企业的社会责任得到了不断地发展,经历了从经济责任到法律责任再到道德责任的漫长的演进过程,至今已被普遍接受。

企业的社会责任在亚当·斯密的企业利润最大化理论中就已初见端倪。亚当·斯密在他的《国富论》中将企业的社会责任阐述为企业要向社会提供产品和劳务,从而使自身实现利润的最大化。这种早期的理解只是对企业社会责任的最狭义的认识,它只是单纯地从企业的利润角度出发,将企业看做是经济人,认为企业只要考虑到股东利润的最大化以及实现社会资源的有效配置便是尽到了社会责任,而忽视了其他因素。

到了 20 世纪 30 年代,爆发了大危机,这使人们开始意识到对企业社会责任的早期认识是极其不完善的,其中存在许多弊端,而且极易引发社会问题。企业单纯着眼于股东利益,盲目追求利润的最大化,无疑会使企业的产销脱节,造成生产的无限扩大和产品的过剩,导致资源的巨大浪费以及大量的失业和贫困人口的增加,这种只服务于企业投资者的社会责任观受到了越来越多的质疑。一些学者在此基础上提出了新的见解,他们认为,企业要实现长期的利润最大化,还应该顾及股东、员工、顾客、供应商及社会公众的利益。这一观点是对早期企业责任观的进一步拓展,更多地考虑了利益相关者与企业之间的关系,使企业管理者的经营理念不再局限于眼前的经济利益,而是开始注意到一些相关的社会因素。

随着时间的推移,越来越多的经济学家开始关注企业的社会责任问题,到了 20 世纪 60 年代,逐渐出现了一些阐述企业社会责任的文献。在这一时期,人们对企业社会责任的认识有了进一步的深化,他们纷纷主张企业应当更多地承担社会责任,比如现代经济学家安德鲁斯、管理学家彼得 . F. 德鲁克都提出了自己的观点,认为企业是经济人与道德人的统一,企业除了要承担经济责任之外,还要承担道德责任。与他们相同,管理学家斯蒂芬 . P. 罗宾斯也十分重视企业的道德责任,他认为企业的经济责任与法律责任属于企业的社会义务,企业必须要承担这两种责任,然而这

些并不能构成完整意义上企业的社会责任,企业还应当承担道德责任。其他的学者也提出过类似的观点,他们都认为企业的运作要体现出道德性,企业有责任按照有利于社会的方式进行经营,也有责任对整体的环境负责。

20 世纪 80 年代以后,企业的社会责任随着社会的进步受到了愈发广泛的关注,不仅有专家学者对这一问题进行研究,而且有越来越多的企业、社会团体以及政府予以重视。同时,有关企业社会责任问题的理论也层出不穷,社会契约论就是一个典型的代表。这一理论将企业长期发展中的经济利益与社会责任相联系,认为企业的经济收益来自于社会,社会赋予了企业发展的机会和各种权利,企业与社会之间存在着一种公正的协议或契约,这一契约规范着企业与社会间相互的权利和义务,企业的经济活动受到社会契约的约束,其盈利行为必须要在社会的道德范围内进行。企业对社会的责任有下限而无上限,经营活动低于最低道德界限的企业必然会被淘汰;社会责任的上限可以延伸至道德责任,其范围随着社会的发展不断地拓宽。还有一种理论,人们称之为附属理论,这种理论认为,政府在致力于社会进步、保障公众福利方面负有主要的责任。但由于企业也是社会中的一员,也要在法律框架和社会规范下进行经营管理,因而企业也要对社会负有一定的责任,应该主动地扶助政府服务于社会、支持政府实现某些社会目标。

二、企业社会责任概念

企业社会责任,就是要企业处理与社会相关的问题,回应不同利益相关方的诉求,其中包括股东、客户、消费者、政府、劳工组织、环保组织和员工等。从内涵上看,企业社会责任是传统企业经营理念的外延,从纯粹关注股东的利益延伸至经济利益以外的目标。目前,主流的企业管理理念认为,企业社会责任就是企业在特定的法律框架、社会规范和经营环境下,在保障企业盈利和确保股东利益的同时,需要从企业的长远发展和社会公共利益角度出发,主动承担对环境、社会以及企业的非股东利益相关者的责任,包括遵守商业道德、生产安全、职业健康、保护劳动者的合法权益、保护环境、支持慈善事业、捐助社会公益、保护弱势群体等。

三、跨国企业的社会责任

随着各国经济往来的日益密切,企业的经济活动逐步走向国际化,跨国企业在经济全球化背景下不断发展和壮大起来,逐渐成为国际经济活动的主要载体,并作为一种特殊的企业形式在全球经济中起着越来越重要的作用,它的经营活动不仅涉及其母国的经济发展和社会安定,同时对其所在的所在国尤其是发展中所在国产生了巨大的影响。

既然跨国企业是企业的一种形式,那么也必然要承担起其相应的社会责任。跨国企业的社会责任与企业社会责任的含义相似,都是要求公司在谋求经济利益最大化的同时对社会承担责任,只是由于跨国企业生产经营活动不仅仅局限于一国之内,而是涉及不同的国家或地区,因而跨国企业社会责任的重点在于强调跨国企业要在所在国承担社会责任。

跨国企业承担社会责任也经历了一段认识过程。以前单纯考虑公司在所在国的经济效益,忽视了其应承担的社会责任。随着社会的发展和一系列社会问题的出现,到了20世纪70年代,世界上一些著名的跨国企业开始将社会责任内容纳入公司的经营规划中,推出了一系列具有不同特点的自律性的强化公司社会责任的方案,将人权原则、国际劳工标准和环保要求等写入公司的社会责任条例,并指派专门的管理人员负责督促落实,逐渐承担起社会责任。比如,英荷壳牌石油公司出台了"一般经营原则",该原则要求公司在所在国既要遵守当地的法律法规,包括遵守当地有关安全、环境、社会准则方面的规定,又要遵守经合组织的《跨国公司和社会政策三方原则宣言》,因为这一宣言是当时国际上自发性的多国企业行为守则。英荷壳牌石油公司的这些规定反映了其在经济事务中本着社会企业成员的身份履行社会责任的原则。尤尼莱弗公司签署了国际商会企业持续发展宪章,将公司在全球化竞争中的长远利益与所在国的社区利益联系在一起,提出要做所在国社会的良好公民。汽巴—盖奇化学公司也在经营管理中提出了有关更好地履行社会责任的原则,该原则规定公司不能盲目追求经济利益,应该充分考虑经济行为对发展中所在国的影响,因而要坚持在产品质量、安全和环保方面执行全球统一标准,并为了有效地解决公司在发展中所在国为当地利益而进行的社会活动所面临的困难设立了内部风险基金。由此可以看出,跨国企业对所在国的员工、安全、环境等多方面予以了越来越多的关注,跨国企业的社会责任问题也已逐渐成为决定跨国企业自身发展和影响全球的重要问题。

四、跨国企业社会责任内容

跨国企业在全球范围内需考虑到更多的利益相关者,所处理的企业社会责任问题也比一般公司要多,这里按照直接影响到的利益相关者分析其社会责任内容。

(一)公司治理与股东利益方面的社会责任

跨国企业应将优化公司治理结构作为履行企业社会责任的重要组成部分。不可忽视的是经济责任是公司社会责任中最为基础的责任,合理合法的保证股东利益是公司治理的首要目标。

公司治理结构方面的社会责任主要包括两方面内容。一方面企业通过合理的设置内部董事和外部董事的比例,或通过监事制度,避免权力因在企业内部过分集中而损害广大股东的利益。另一方面,企业通过设立相应的社会责任机构、制定内部社会责任政策来提高企业整体的社会责任实践水平。

跨国企业应当设立专门处理社会责任问题的机构。值得注意的是,跨国企业内设的公司社会责任机构大都处于组织结构的顶端,并由企业高管直接负责。例如,英荷壳牌石油公司建立的社会责任委员会,是该公司董事会组建的四个委员会之一,由三位非执行董事组成,负责对企业内部政策进行评估并提供相应的建议与咨询。

社会责任政策或称之为生产守则是跨国企业针对与其相关的社会问题制定的约束员工和管理者行为的内部行为规范。与非跨国公司相比,跨国企业在制定社会责任政策时会考虑到更为广泛的利益群体,受到更多的外界因素的影响,如国际公约、政府法律、企业自律、劳资谈判、市场约束、市场压力等。在综合这些因素的基础上,跨国企业将社会责任政策予以制度化,并要求在公司内部统一执行。在此之后,跨国企业会根据执行效果和社会反响对社会责任政策进行评价,并参照评价结果对公司社会责任政策进行修正和完善。据此,公司社会责任政策构成了一个包括形成、制定、执行、效果评估四个环节在内的动态循环过程。

（二）项目质量与安全方面的社会责任

一个负责任的跨国企业在承建客户建设项目时至少需要考虑三个方面的内容。首先要保证项目质量，这是任何一个建设企业对客户都必须履行的责任。20 世纪 80 年代以后，越来越多的企业开始采用全面质量管理体系（Total Quality Management），来保证工程项目的质量，从而赢得工程质量的全球声誉；其次，要保证交付客户使用后工程项目的安全与健康；第三，工程项目后期跟踪服务方面的社会责任要到位。

（三）尊重人权与体面工作方面的社会责任

一些跨国企业在发达国家和发展中国家的双重人权标准引起了包括所在国在内的强烈反感，全球范围内掀起了一阵抵制"血汗工厂"的狂潮，谴责国际利用发展中国家的制度盲点压榨当地劳动者。许多公司迫于压力开始努力改善工作条件，提高企业形象，以缓和与社会的紧张关系。

为了提高员工的满意度，跨国企业纷纷制定了更加人性化的人力资源管理战略。人力资源管理的社会责任还体现在跨国企业的就业机会公平和员工组成多样化方面。跨国公司在就业制度上往往特别重视妇女、少数民族和弱势群体的特殊需求。

这里需要说明的是，公司社会责任既是一种理念、价值观，同时也构成了企业的一种经营策略，它体现了企业作为一个经济实体的伦理属性，但同时也是工具性的，是为企业盈利服务的。对员工的人性化关怀可以激发员工的工作积极性，帮助跨国企业更有效地利用人力资本，而员工多样化有助于跨国公司快速融入所在国社区，从更广泛的渠道吸纳人才。从某种意义上说，跨国企业的社会责任正在逐步取代福特公司发明的效率工资（Efficient Wage）制度，成为提高劳动生产率的最为有效的手段之一。

（四）环境保护与生态平衡方面的社会责任

对于跨国企业来说，环境保护和企业竞争力之间的关系越来越明显。这一方面是由于当地的政府法律设定了严格的环境保护标准和惩戒措施，另一方面还与当地社区居民的环境保护和可持续发展意识的增强有关。消费者对绿色产品需求增加使得那些"低成本、高污染"战略的企业在市场上难以立足。不仅如此，跨国公司在上游厂商的选择上也变得格外谨慎，使用污染环境或破坏生态平衡的原材料将有可能使企业面对来自消费者、环保组织等利益相关者的谴责和声讨。

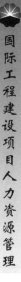

从环境保护的具体措施来讲,跨国公司与非跨国公司相比并无太大区别,都包括如下两类。

1. 外置式（End of pipe）

即在生产终端对污染物、排放物进行控制和处理。外置式的环保措施依赖于不断开发新的技术减少温室气体以及有毒有害物质的排放并对生产过程中的残渣进行回收和再利用。例如,为了减少排放到空气中的二氧化碳,英荷壳牌石油公司正致力于一项二氧化碳储存项目。按照设想,这一项目将工厂排放的二氧化碳注入两个海上油田,用以提高原油开采效率。这种办法可以在提高能源使用率的同时使二氧化碳的排放量每年减少 250 万吨。

2. 内置式（Process oriented）

从生产工艺的最初阶段就开始防控环境污染。寻找并推广使用可再生的和清洁的新型能源是内置式环保的重要途径。宝马集团在欧洲的零售公司海格（The Hague）利用氢燃料电池作为主要电能和热能来源,这种电池可以在更加高效的利用能源的同时降低二氧化碳的排放。宝马集团的目标是建立一个氢气管道网络,这样氢作为一种能源就可以在生产过程中被循环利用,而不必再从天然气中提取。

不同的是,跨国公司需要在更为复杂的环境保护战略中进行抉择。根据全球标准的差异,可以分为分散化战略和集中化战略。前者是指母公司将所有的环境问题交由子公司处理,子公司根据行业特点和所在国的法律环境来选择合适的环保标准;而后者是指跨国公司在全球的分支机构实行统一的环保标准,以确保公司在所在国不会因环境问题而影响母公司的声誉。

（五）慈善捐赠方面的社会责任

慈善捐赠是公司社会责任中历史最为悠久的内容,曾一度被认为是公司社会责任的同义语。今天,企业家和社会大众普遍认为慈善捐赠仅仅是公司社会责任的一部分而非全部。随着时间的发展,公司进行慈善捐赠的主动性更强、目的性更强,为了提高资金的使用效率,许多跨国公司开始将慈善行为与公司战略相结合,形成所谓的策略性企业慈善。

策略性慈善捐赠可以分为两类:事业管理营销型（Cause - Related Marketing,CRM）和竞争环境导向型（Context - Focused Philanthropy）。事业管理

营销型是营销与慈善活动的有机融合,企业可以通过慈善活动提高在利益相关者尤其是消费者心目中的形象,从而增加企业的市场份额,为企业带来长期利润。竞争环境导向型慈善活动与之不同,是企业根据自身所处的经济环境和行业特点针对某一具体领域集中进行慈善和资助活动,从而改善企业整体的竞争环境,提升企业的竞争优势。

(六)治理腐败与商业贿赂方面的社会责任

腐败与商业贿赂无论是从伦理学还是从经济效益的角度都是不可忽视的问题。更为严重的是,商业贿赂不但会使社会对企业失去信心,更会使政府失信于民,而这又会引发一系列的政治、社会和道德问题。

但是,商业贿赂同其他形式的腐败一样难以进行控制。首先,商业贿赂对于交易双方来说意味着巨大的经济利益。贿赂金额有可能高于受贿者收入的百倍、千倍甚至更多,这是难以抵挡的诱惑;而企业换来的将是击败行业竞争对手后的高额垄断利润。如此巨大的经济利益足以令双方铤而走险,触犯国家法律;其次,贿赂都是在经过周密安排、极为隐蔽的条件下发生的,有时还需要经过中间人的安排,再加上交易双方拥有强大的政治和经济权力作为其保护网,对于商业贿赂的侦破和惩治活动就变得更为困难。

对于跨国企业来说,治理商业贿赂的难度进一步加大。其主要难点来自于各国对于贿赂的理解和容忍度不同,而国际法和多边的行为准则监管和执行力度不强。需要跨国企业完善内部监控制度和利益相关者的监督机制,从根本上拿出解决腐败与商业贿赂问题的合理方案。

五、跨国企业履行社会责任策略

跨国企业履行社会责任是一项系统工程,需要企业从统一思想认识、组织安排、制度安排、监督机制安排等方面进行全面的制度设计并监督执行。

(一)跨国企业应强化社会责任意识,树立正确积极的企业社会责任观

跨国企业管理者的思想理念应该与时俱进,加强对企业社会责任方面有关知识的学习,不断强化企业的社会责任意识。不但关注股东回报,还要关注员工需求,如提高员工工资水平,改善员工福利待遇,关心员工身心健康等,更要关注客户、社会及其他利益相关方的需求,注意利益的平衡。这不仅会提高企业员工的工作积极性和创造性,也会提升企业的国际形象,推

动企业发展和社会进步。

(二)跨国企业应设立专门应对和处理国际社会责任事务的部门

公司社会责任部门的主要职能是即时监控并解决可能出现的社会问题,履行相应的社会责任,改善公司与社会的关系。此外,这些机构大都处于组织结构的顶端,并由企业高管直接负责。国际工程建设分公司或国际工程建设项目也应设立相应机构,负责及时沟通,执行公司总部的社会责任政策,融洽与所在国社区、政府等公共部门的社会关系,履行社会责任。

(三)跨国企业应将企业社会责任制度化,要求公司内部统一执行

跨国企业应在综合评定不同国家政治、经济、文化环境的影响基础上,制定包括公司治理、项目质量与安全、尊重人权与体面工作、环境保护与生态平衡、慈善捐赠以及治理腐败与商业贿赂六个方面的社会责任制度。

跨国企业在公布社会责任生产守则之前,一般都会考虑更多的利益相关者的需求。对客户的责任历来是跨国企业社会责任中不可或缺的一部分。一方面,越来越多的跨国企业将建立全面质量管理体系,提高最终产品的质量作为履行公司社会责任的重要内容。另一方面,在风险社会中,人们所面临的风险不仅是自然灾害所造成的,更多是由于科技进步、政府决策所带来的社会风险。对于社会风险,无论是感知、识别还是防范都需要借助科学家的专业知识,这就进一步要求企业运用先进的科学技术来保证其所建设的工程项目是安全可靠的。

人权问题是跨国企业在发展中国家生产和经营的过程中备受责难的问题之一。许多公司迫于压力都在努力改善工作条件,提高企业形象,以缓和与社会的紧张关系。许多公司对供应商实行更为严格的筛选机制,要求供应商遵守其制定的行为守则或取得国际认可社会责任认证,并委任社会责任监督员到供应商的工厂予以指导或进行检查。同时,在发达国家,跨国企业通过一系列人性化的员工管理措施,来增加员工的成就感和满意度。这一方面是履行社会责任的需求所致,另一方面也有利于提高员工的生产效率,改善公司经营业绩。

环境保护是跨国企业生产经营过程中的敏感问题,尤其在形形色色的环保组织大行其道的今天,跨国企业对于其环境和生态战略变得格外谨慎。从环境保护的具体措施上讲,跨国公司与非跨国公司相比并无太大区别,都分为外置式和内置式两种。不同的是,跨国公司的环保战略更为复杂,根据所处的行业不同,往往在战略一致性上体现出不同的特点。

跨国企业的慈善捐赠行为一般会体现出较强的策略性。这种策略性的慈善捐赠行为又可以分为两类：事业管理营销型和竞争环境导向型。但无论是哪种类型，慈善捐赠往往都伴有强烈的提高企业竞争力和经营绩效的动机，并不是一种单纯的利他行为。

商业贿赂同其他形式的腐败一样难以进行控制。再加上各国的法律和道德尺度不同，商业贿赂成为公司社会责任中最为棘手的问题之一。在实践中，跨国企业控制商业贿赂的措施应当有效而立足长远。

根据制度执行效果和社会反响对社会责任政策进行评价，并参照评价结果对公司社会责任政策进行修正和完善。据此，公司社会责任政策构成了一个包括形成、制定、执行、效果评估四个环节在内的动态循环过程。

参 考 文 献

[1] (美)约瑟夫·丁·马尔托奇奥著,杨东清,钱峰译. 战略薪酬(第三版). 北京:中国人民大学出版社,2005.

[2] (美)罗宾斯,贾奇著,李原,孙健敏译. 组织行为学(第 12 版)[M]. 北京:中国人民大学出版社,2008.

[3] (美)项目管理协会编,王勇,张斌译. 项目管理知识体系指南[M]. 北京:电子工业出版社,2009.

[4] (美)科兹纳著,杨爱华译. 项目管理[M]. 北京:电子工业出版社,2010.

[5] 马新建. 冲突管理:一般理论命题的理性思考[J]. 东南大学学报(哲学社会科学版),2007 年 05 期.

[6] 马新建. 管理学教程[M]. 大连:大连海事大学出版社,2000.

[7] 石金涛,陈琦. 职业资格制度的发展:人力资本理论的观点[J]. 科学管理研究,2003 年 06 期.

[8] 白静. 浅议员工胜任素质测评[J]. 北京广播电视大学学报,2005 年 03 期.

[9] 邢伟. 企业中高层管理人员员工评价模型研究[J]. 经济师,2006 年 03 期.

[10] 吕月胜. 专业技术职务任职资格评审信息化建设研究[J]. 铁道工程学报,2010 年 01 期.

[11] 朱艳,戴良铁. 素质模型在人力资源管理中的应用[J]. 理论与改革,2005 年 01 期.

[12] 朱维芳. 以能力素质模型为核心的战略型人力资源管理应用研究——以移动通信行业为例[J]. 华东经济管理,2007 年 02 期.

[13] 向阳. 对员工队伍职业化建设的思考[J]. 学术纵横,2011 年 05 期.

[14] 刘兆红,刘桂雄. 职系胜任能力模型的建构研究[J]. 机电产品开发与创新,2005 年 06 期.

[15] 刘昱. 职业资格证书的推行与人力资源开发[J]. 现代技能开发,2003 年 10 期.

[16] 刘俊波. 冲突管理理论初探[J]. 国际论坛,2007 年 01 期.

[17] 刘喜萍. 浅析人才测评技术及应用[J]. 湖南工程学院学报(社会科学版),2006 年 03 期.

[18] 杨文士,焦叔斌,张雁. 管理学原理(第三版)[M]. 北京:中国人民大学出版社,2009.

[19] 杨延. 发达国家职业资格认证制度的成功经验[J]. 考试研究,2006 年 03 期.

[20] 李新建. 员工关系管理. 天津:南开大学出版社,2009.

[21] 肖余春. 组织行为学[M]. 北京:机械工业出版社,2009.

[22] 张斯为,陈汉章. 引入职业资格认证的思考[J]. 黎明职业大学学报,2005 年 04 期.

[23] 张德. 人力资源管理(第三版)[M]. 北京:清华大学出版社,2007.

[24] 罗媛. 能力素质模型在企业绩效管理中的运用[J]. 中外企业文化,2010 年 02 期.

［25］段和军,邓瑾轩．中层管理人才素质测评探析［J］．经济研究导刊,2006 年 02 期．

［26］柴彭颐．项目管理［M］．北京:中国人民大学出版社,2009.

［27］萧鸣政．人员测评与选拔(第二版)［M］．上海:复旦大学出版社,2005.

［28］章宁.对发展职业资格证书制度的思考［J］.高等函授学报(哲学社会科学版),2002 年 05 期．

［29］程延园．员工关系管理．上海:复旦大学出版社,2004.

［30］靳代平,辛德强．试论素质模型在人员招聘中的应用［J］.科技创业月刊,2005 年 02 期．